DIREITO E PROCESSO DO TRABALHO EM TRANSFORMAÇÃO

CÓPIA NÃO AUTORIZADA É CRIME
ABDR
ASSOCIAÇÃO BRASILEIRA DE DIREITOS REPROGRÁFICOS
RESPEITE O DIREITO AUTORAL

Preencha a **ficha de cadastro** no final deste livro
e receba gratuitamente informações
sobre os lançamentos e as promoções da
Editora Campus/Elsevier.

Consulte também nosso catálogo
completo e últimos lançamentos em
www.campus.com.br

DIREITO E PROCESSO DO TRABALHO EM TRANSFORMAÇÃO

2ª Tiragem

Coordenadores

Georgenor de Sousa Franco Filho

Ives Gandra da Silva Martins Filho

Maria Cristina Irigoyen Peduzzi

Ney Prado

Simone Lahorgue Nunes

ELSEVIER

ANDT
Academia Nacional
de Direito do Trabalho

Centro de
Extensão
Universitária

CAMPUS
JURÍDICO

© 2007, Elsevier Editora Ltda.

Todos os direitos reservados e protegidos pela Lei nº 9.610 de 19/02/98.
Nenhuma parte deste livro, sem autorização prévia por escrito da editora,
poderá ser reproduzida ou transmitida sejam quais forem os meios empregados:
eletrônicos, mecânicos, fotográficos, gravação ou quaisquer outros.

Copidesque
Maria da Gloria Carvalho

Editoração Eletrônica
DTPhoenix Editorial

Revisão Gráfica
Hugo Correa

Editora Campus/Elsevier
A Qualidade da Informação
Rua Sete de Setembro, 111 – 16º andar
20050-006 – Rio de Janeiro – RJ – Brasil
Telefone: (21) 3970-9300 Fax: (21) 2507-1991
E-mail: info@elsevier.com.br
Escritório São Paulo
Rua Quintana, 753 – 8º andar
04569-011 – Brooklin – São Paulo – SP
Telefone: (11) 5105-8555

ISBN 13: 978-85-352-2432-0
ISBN 10: 85-352-2432-7

Nota: Muito zelo e técnica foram empregados na edição desta obra. No entanto, podem ocorrer erros de digitação, impressão ou dúvida conceitual. Em qualquer das hipóteses, solicitamos a comunicação à nossa Central de Atendimento, para que possamos esclarecer ou encaminhar a questão.

Nem a editora nem o autor assumem qualquer responsabilidade por eventuais danos ou perdas a pessoas ou bens, originados do uso desta publicação.

Central de atendimento
tel: 0800-265340
Rua Sete de Setembro, 111, 16º andar — Centro — Rio de Janeiro
e-mail: *info@elsevier.com.br*
site: *www.campus.com.br*

CIP-Brasil. Catalogação-na-fonte.
Sindicato Nacional dos Editores de Livros, RJ

D635   Direito e processo do trabalho em transformação / Ives Gandra da
        Silva Martins Filho (org.)... [et al.]. — Rio de Janeiro: Elsevier,
        2007. — 2ª reimpressão.

        Palestras do II Simpósio Nacional de Direito do Trabalho,
        promovido pelo Centro de Extensão Universitária (CEU) em
        cooperação com a Academia Nacional de Direito do Trabalho
        (ANDT) e com o apoio da Associação Brasileira de Empresas de
        Rádio e Televisão (ABERT) no mês de agosto de 2006 no Hotel do
        Frade em Angra dos Reis.

        ISBN 978-85-352-2432-0

        1. Direito do trabalho. 2. Processo do trabalho. 3. Justiça
        trabalhista. I. Martins Filho, Ives Gandra da Silva, 1959-.

07-0004   CDU: 349.2

Apresentação

O presente volume reúne as palestras do II Simpósio Nacional de Direito do Trabalho promovido pelo Centro de Extensão Universitária (CEU), em cooperação com a Academia Nacional de Direito do Trabalho (ANDT) e com o apoio da Associação Brasileira de Empresas de Rádio e Televisão (Abert), no mês de agosto de 2006 no Hotel do Frade em Angra dos Reis, com a participação de ministros do STF e TST, juízes do trabalho de TRTs e de Varas Trabalhistas, além de procuradores e advogados trabalhistas. Sua comissão organizadora integrou-se pelos Ministros Ives Gandra da Silva Martins Filho e Maria Cristina Irigoyen Peduzzi (TST) e os Drs. Georgenor de Sousa Franco Filho (Presidente da ANDT), Ney Prado (Coordenador de Direito do Trabalho do CEU) e Simone Lahorgue Nunes (Diretora Jurídica das Organizações Globo).

A temática central do Simpósio foi o "Direito e Processo do Trabalho em Transformação" e desdobrou-se em 5 painéis, que enfrentaram os três "Eixos de Transformação" do Direito Laboral Material e Processual, numa "Visão Multidisciplinar e Sistêmica":

1) No Eixo Legislativo, o problema do "Trabalho Intelectual e Artístico e a Contratação entre Pessoas Jurídicas".
2) No Eixo Negocial, a questão dos "Limites da Flexibilização das Normas Legais Trabalhistas".
3) No Eixo Judicial, a temática dos "Mecanismos de Celeridade e Simplificação da Prestação Jurisdicional", bem como a da "Eficácia e Celeridade da Execução Trabalhista e a Penhora *On Line*" e das "Relações de Trabalho passíveis de apreciação pela Justiça do Trabalho".

A primeira parte do livro contém as conferências de abertura e encerramento do simpósio e as demais partes as palestras que compuseram seus painéis.

O objetivo do Simpósio, atingido em parte com a publicação deste volume, era o de ofertar soluções para os principais problemas trabalhistas e processuais, de modo a tornar viável uma prestação jurisdicional mais célere, eficaz e justa, além de discutir questões afetas à área específica da produção intelectual e artística, à luz da legislação trabalhista. Com isso as entidades acadêmicas promotoras do Simpósio — o CEU e a ANDT — pretendem ter uma participação mais ativa na formulação de proposições legislativas, a partir do debate acadêmico e da formação de consensos em torno das questões mais atuais da seara trabalhista.

A metodologia adotada no Simpósio para cada painel — e bem retratada nestes anais — foi a de estabelecer uma confrontação dialética sobre cada um dos temas abordados, convidando renomados juristas para defender posições diferentes, a fim de ofertar aos participantes — que integraram os debates após a apresentação de cada painel — a mais abrangente gama de argumentos pró e contra a adoção das soluções propostas para cada problemática enfrentada. Ao leitor caberá, agora, sopesados os diferentes elementos trazidos à baila, formar seu convencimento a respeito dos melhores caminhos para se chegar à modernização do Direito e da Justiça do Trabalho, como instrumentos de harmonização das relações de trabalho e de pacificação social.

Tendo em vista a edição, no final de 2006, das leis que alteraram o processo civil, regulamentando a repercussão geral no recurso extraordinário, a súmula vinculante no âmbito do STF e a execução de título extrajudicial, os textos receberam atualização em relação à nova disciplina legal. No demais, trata-se dos roteiros utilizados para o simpósio, em sua versão original.

IVES GANDRA DA SILVA MARTINS FILHO

Sumário

Parte I

O Direito e o Processo do Trabalho em Transformação, *1*

Eixos de Transformação do Direito e do Processo do Trabalho, *3*
- *Ives Gandra da Silva Martins Filho*

Visão Multidisciplinar e Sistêmica do Direito do Trabalho, *31*
- *Ney Prado*

Parte II

Mecanismos de Celeridade e Simplificação da Prestação Jurisdicional, *83*

Mecanismos de Celeridade e Simplificação da Prestação Jurisdicional: Breve Análise da Repercussão Geral e da Súmula Vinculante, *85*
- *Gilmar Ferreira Mendes*

Celeridade da Prestação Jurisdicional e Seleção das Causas a Serem Julgadas pelos Tribunais Superiores, *113*
- *Estêvão Mallet*

Parte III

Relações de Trabalhos Passíveis de Apreciação pela Justiça do Trabalho, 127

Relações de Trabalho e a Competência Material da Justiça do Trabalho, 129
- João Oreste Dalazen

Relações de Trabalho Passíveis de Apreciação pela Justiça do Trabalho, 145
- Georgenor de Sousa Franco Filho

Parte IV

Eficácia e Celeridade da Execução Trabalhista e a Penhora *On-line*, 157

Dos Abusos no Uso do Bloqueio *On-line* e Alternativas de Celeridade da Execução Trabalhista, 159
- Aref Assreuy Júnior

Eficácia e Celeridade da Execução Trabalhista e a Penhora *On-line*, 173
- Ronaldo José Lopes Leal

Parte V

Limites da Flexibilização das Normas Legais Trabalhistas, 181

Limites da Flexibilização das Normas Legais Trabalhistas, 183
- Otavio Brito Lopes

Limites da Vontade Coletiva, Diante da Constituição e da Lei, 203
- Gelson de Azevedo

Parte VI

O Trabalho Intelectual e Artístico e a Contratação entre Pessoas Jurídicas, 209

O Trabalho Intelectual e Artístico e a Contratação entre
Pessoas Jurídicas, *211*
- *José Luciano de Castilho Pereira*

Contratação de Trabalho Artístico Através de Pessoa Jurírica, 227
- *Victor Russomano Júnior*

Participantes do II Simpósio Nacional de Direito do Trabalho, 239

Parte I

O Direito e o Processo do Trabalho em Transformação

Eixos de Transformação do Direito e do Processo do Trabalho*

IVES GANDRA DA SILVA MARTINS FILHO
Ministro do Tribunal Superior do Trabalho

Sumário

1. O Direito e o processo do trabalho em transformação
2. Os três eixos de transformação da normativa laboral
3. O Eixo Legislativo
4. O Eixo Negocial
5. O Eixo Judicial
6. Mecanismos de simplificação e modernização do processo
7. Conclusão

1. O Direito e o processo do trabalho em transformação

As **relações de trabalho**, devido ao dinamismo próprio da economia e dos avanços tecnológicos, sofrem **transformações** que a legislação não consegue regular adequada e oportunamente. A vida sempre se adianta à norma, exigindo que esta se amolde ao fenômeno social, regulando-o convenientemente. A prosperidade econômica e a harmonia das relações entre patrões e empregados dependem do **ajuste da legislação** e da capacidade que os atores sociais, autono-

---

* Os quadros gráficos correspondem aos slides utilizados durante a canferência no simpósio.

mamente, ou com o auxílio da Justiça do Trabalho, heteronomamente, tenham para **solver** os naturais **conflitos** na distribuição dos frutos da produção.

As **mudanças** nas relações de trabalho devem se **refletir** na **legislação** e na **jurisprudência**, de modo que a criatividade do legislador e do julgador reencontre sempre o **ponto de equilíbrio** capaz de **pacificar** os conflitos trabalhistas latentes numa sociedade em rápida e contínua transformação. Como dizia Arnold Toynbee em seu *Um Estudo da História* (1972), as civilizações somente se desenvolvem enquanto suas elites dirigentes conseguem dar **respostas criativas aos desafios do meio**, sendo acompanhadas pela massa popular por meio do mecanismo da **mimese**. No campo laboral, o **descompasso entre a legislação e a realidade produtiva** tem sido responsável pelo incremento das demandas judiciais trabalhistas e da economia informal.

Assim, a **evolução do mundo do trabalho**, com suas novas técnicas, métodos e instrumentos, impõe ao legislador, ao julgador e aos próprios atores sociais a necessidade de **repensarem a normativa** que sobre ele incide, sabendo distinguir entre os **princípios permanentes** e as **regras transeuntes**, entre o substancial e o acidental, de modo que **transforme o Direito e o Processo do Trabalho** sem desnaturá-los, tornando-os instrumentos eficazes de **pacificação social**.

2. Os três eixos de transformação da normativa laboral

A **normativa laboral** emerge basicamente de três grandes agentes de regulação das relações de trabalho: o **legislador**, as **categorias profissional e econômica** e o **julgador**. Daí podermos dizer que os três grandes **eixos de transformação** do Direito e do Processo do Trabalho sejam: o **legislativo** (do qual emanam as leis), o **negocial** (do qual procedem os acordos e convenções coletivos) e o **judicial** (do qual procede a jurisprudência, não só como solução dos casos concretos, mas principalmente como fonte de orientação para as relações de trabalho).

Tais eixos apontam para **diferentes problemáticas** latentes no campo das relações laborais, ligadas a **diferentes esferas** de solução dos conflitos surgidos:

a) a **legislação** como marco genérico de fixação dos direitos básicos do trabalhador, exigindo modernização urgente;
b) a **negociação coletiva** como elemento de especificação das condições de trabalho mais adequadas para cada categoria, flexibilizando a rigidez da legislação;

Eixos de Transformação

- Legislativo
- Negocial
- Judicial

Direito e Processo do Trabalho

c) a **jurisprudência** como fonte de vitalização da legislação, desde que calcada num processo que atenda aos ditames de simplicidade, celeridade e segurança.

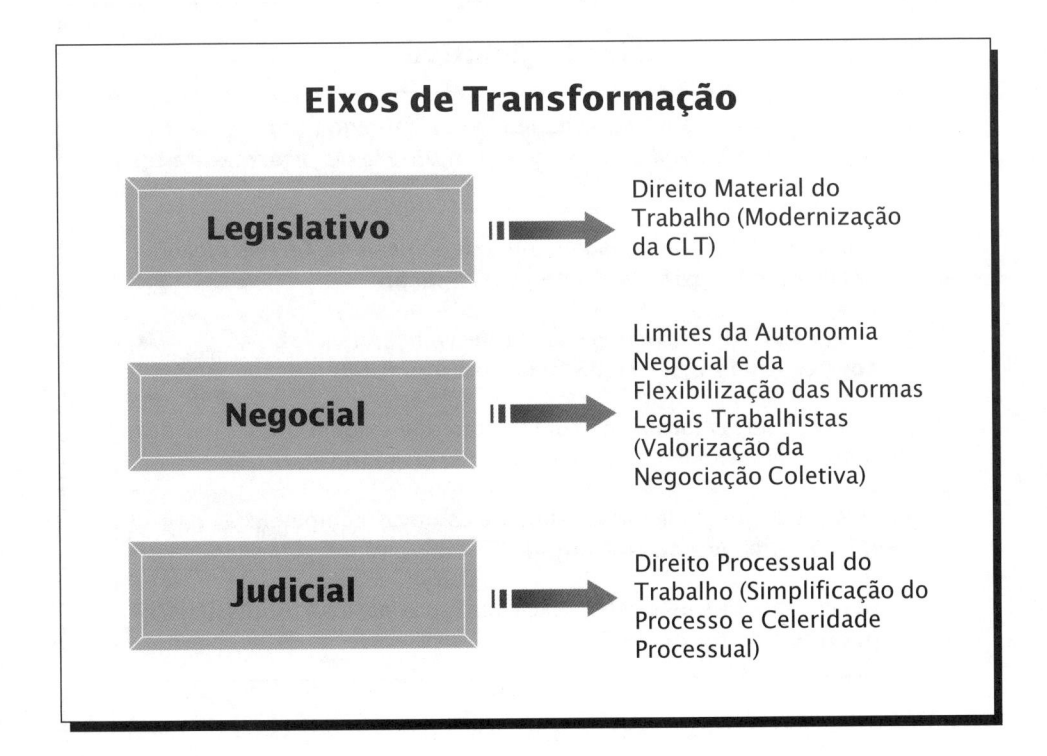

Eixos de Transformação

- **Legislativo** ⇒ Direito Material do Trabalho (Modernização da CLT)

- **Negocial** ⇒ Limites da Autonomia Negocial e da Flexibilização das Normas Legais Trabalhistas (Valorização da Negociação Coletiva)

- **Judicial** ⇒ Direito Processual do Trabalho (Simplificação do Processo e Celeridade Processual)

3. O Eixo Legislativo

A promulgação, por **Getúlio Vargas**, da **CLT** em 1943, com um corpo legal completo de normas trabalhistas, acrescido mais recentemente da **constitucionalização das principais normas laborais** na Carta Política de 1988, ampliando substancialmente os direitos básicos do trabalhador (50% de adicional de horas extras, férias com 1/3 a mais de abono, redução da jornada de trabalho para 44 horas semanais e de 6 horas para os turnos ininterruptos de revezamento), teve a sua **contrapartida** perversa no mercado de trabalho, retirando mais da metade da população economicamente ativa da **contratação formal** e, conseqüentemente, da **proteção legal**.

Daí a constante busca patronal de **formas alternativas de contratação** (prestação de serviços, cooperativas de trabalho etc.), que desonerem o custo da mão-de-obra e aumentem a competitividade empresarial, acompanhada da tentativa governamental de **gerar emprego** com base em **medidas legislativas**. Será possível resolver o problema trabalhista por meio da edição de novas leis? Em caso afirmativo, para que questões as medidas legais seriam a solução?

Eixo Legislativo

- Pode-se reduzir a informalidade e o desemprego por meio da legislação? **12,6% de desemprego e 53,7% de informalidade** (IBGE-PNAD 2004)

- Como disciplinar adequadamente o fenômeno da Terceirização? **Setor de serviços – 47% de participação**

- Como disciplinar as Cooperativas de Trabalho? **7.518 cooperativas e 6.791.054 cooperados** (OCB)

- Quais as novas formas de contratação que exigem regulamentação legal? atletas, artistas, portuários...

- É conveniente explicitar legalmente as novas competências da JT? **20 espécies de trabalhador**

- Necessita a CLT de modernização em suas normas processuais? **projetos de lei do TST**

Governar se faz fundamentalmente por **leis**. Os comandos diretivos da sociedade são materializados em **normas legais** nas mais variadas formas (leis, decretos, medidas provisórias etc.). As **políticas públicas**, dentre as quais uma constantemente perseguida pelos governos é a do **pleno emprego**, são implementadas pelo Poder Executivo conjugado ao Legislativo. Daí a enorme gama de **projetos de lei** de iniciativa do Poder Executivo, tramitando no Congresso Nacional, objetivando solucionar os diferentes problemas na seara trabalhista. Alguns podem ser destacados (sem que se mencionem os projetos de lei anexados aos ora relacionados):

Principais Projetos de Lei de Reforma Trabalhista

PL	Objeto	Dispositivos
2.902/92	Proteção em Face da **Automação**	CF, 7º, XXVII
4.653/94	Jornada de Trabalho de **40 horas**	CLT, art. 58
4.302/98	Regulamenta a **Terceirização**	Lei nº 6.019/74
1.842/03	Incentivo ao **Primeiro Emprego**	CLT, 442-456
5.016/05	Penalidades p/ **Trabalho Escravo**	Código Penal
5.689/05	Disciplina do **Trabalho Avulso**	CLT, 254-268
5.980/05	Promove Contratação **Deficientes**	CLT, 442-456
6.542/06	Delimitação **Relação de Trabalho**	CF, 114, I e IX
6.930/06	Promove contratação **> 45 anos**	CLT, 442-456
7.009/06	**Cooperativas** de Trabalho	Lei nº 5.764/71

Quanto à regulamentação dos incisos I e IX do art. 114 da Constituição Federal, referente à ampliação da **competência da Justiça do Trabalho**, o Projeto de Lei nº 6.542/06 recebeu proposta de substitutivo elencando, ainda que de modo exemplificativo, nada menos do que **20 diferentes modalidades de relação de trabalho**, sob o prisma contratual, o que mostra a complexidade do problema da sua adequada regulamentação.

Modalidades de Relação de Trabalho

Trabalhador	Disciplina	Trabalhador	Disciplina
Empregado	CLT	Gestor	CC, 861-875
Eventual	CC, 602	Empreiteiro	CC, 610-626
Autônomo	CC, 593-609	Aprendiz	CLT e ECA
Avulso	Lei nº 8.630/93	Temporário	Lei nº 6.019/74
Mandatário	CC, 653-691	Doméstico	Lei nº 5.859/72
Comissário	CC, 693-709	Rural	Lei nº 5.889/73
Agente	CC, 710-721	Cooperado	Lei nº 5.764/71
Distribuidor	CC, 710-721	Voluntário	Lei nº 9.608/98
Corretor	CC, 722-729	Estagiário	Lei nº 6.494/77
Transportador	CC, 730-756	Parceiro	Lei nº 4.504/64

Com o acréscimo da competência da Justiça do Trabalho para julgar as controvérsias decorrentes dessas novas modalidades laborais, ainda mais premente se torna a necessidade de se proceder a uma **reforma processual** que torne a Justiça do Trabalho **mais célere e eficaz**. Daí a importância também dos **projetos de lei** em **matéria processual**, encaminhados ao Congresso Nacional por ocasião do **Pacto por um Judiciário mais Moderno e Democrático**, firmado pelos Presidentes dos três Poderes da República ao final de 2004, que resultaram, quanto ao Processo Civil, na edição das recentes leis que revolucionaram o processo de execução. No entanto, por percalços aparentemente inexplicáveis, os projetos trabalhistas elaborados pelo TST não lograram, até o momento, aprovação.

Verifica-se, pois, que o **eixo legislativo** de transformação do Direito e do Processo do Trabalho é de suma importância, pois dele dependem as **mudanças mais radicais**, uma vez que estão ligadas às normas legais, que são **parâmetros** dos quais as partes e o Judiciário não podem se distanciar.

Principais Projetos de Lei Reforma Processual

PL	Objeto	CLT
4.730/04	Declaração de **autenticação de cópias** pelo advogado.	arts. 830 e 895
4.731/04	**Execução** com garantia parcial e penas por declaração inverídica.	arts. 880 e 884
4.732/04	Reduz hipótese do **recurso de revista** (não para regulamento de empresa).	art. 896
4.733/04	Reduz possibilidades de **embargos** à SDI-1 (não por violação de lei).	art. 894
4.734/04	Aumento dos valores do **depósito recursal** (60 sm p/RO e 100 p/RR).	art. 899
4.735/04	Depósito Prévio para **ação rescisória** (20%).	art. 836

4. O Eixo Negocial

Se, por um lado, a **lei** é o parâmetro básico a reger as relações trabalhistas como **conteúdo mínimo dos contratos de trabalho**, podendo as partes estabelecer individual ou coletivamente outras condições de trabalho, por outro, a Constituição Federal de 1988 admitiu a denominada **flexibilização** das normas trabalhistas, no que pertine ao **salário** (CF, art. 7º, VI) e **jornada** (CF, art. 7º, XIII e XIV), mediante **negociação coletiva** (CF, art. 7º, XXVI), o que tem gerado **acesa controvérsia** sobre quais seriam os **limites** da autonomia das partes em matéria de negociação coletiva.

Temos defendido a tese de que, se a Carta Política admitiu a flexibilização dos dois principais direitos trabalhistas – o **salário** e a **jornada de trabalho** –, todos os demais que deles decorrem (adicionais, horas extras, intervalos etc.) são passíveis de flexibilização, inclusive para eventual **redução**, em face de um contexto econômico adverso que torne mais atrativa a **garantia de emprego** do que a manutenção dos mesmos níveis salariais.

> **Eixo Negocial**
>
> - Quais os limites de autonomia dos sindicatos e empresas na fixação de normas e condições de trabalho?
> - Quais os limites de flexibilização das normas legais trabalhistas?
> - Como estimular a composição autônoma dos conflitos coletivos do trabalho?
> - Como fortalecer os sindicatos na negociação coletiva?

No final do governo FHC, o ministro do Trabalho **Francisco Dornelles** empenhou-se na aprovação do Projeto de Lei nº 5.483/01, que admitia a **flexibilização mais ampla** da legislação trabalhista, dando nova redação ao **art. 618 da CLT**, fazendo **prevalecer o negociado sobre o legislado**, ressalvados os direitos constitucionais mínimos e as normas de medicina e segurança do trabalho. Aprovado pela Câmara dos Deputados, acabou sendo **retirado pelo governo Lula**, na esperança de que se conseguisse, com o Fórum Nacional do Trabalho, um consenso quanto à reforma tópica da CLT. Assim, a questão da **flexibilização** e de seus **limites** foi deixada para ser resolvida pelo **Judiciário Laboral**, esperando-se que a **jurisprudência** pudesse superar os impasses decorrentes do fracasso na reforma trabalhista.

No entanto, o TST, como órgão de cúpula do Judiciário Trabalhista e uniformizador da jurisprudência laboral, **não tem dado sinalização unívoca** a respeito da matéria, por **não ofertar parâmetros claros e seguros** capazes de distinguir o que seja **flexibilização** e o que seja **precarização** de direitos trabalhistas. Daí a **flutuação da jurisprudência**, que, ora placita, ora cassa cláusula de acordo ou convenção coletiva que adota parâmetros diversos dos legais para disciplinar as condições de trabalho no âmbito de uma determinada empresa ou categoria profissional.

Mais recentemente, na discussão a respeito dos **turnos ininterruptos de revezamento**, a SBDI-1 do TST, interpretando a **Orientação Jurisprudencial nº 169**, estava fazendo a leitura do enunciado da OJ (em sentido contrário dos próprios precedentes que ensejaram sua edição), para deferir horas extras no caso de ampliação da jornada de 6 para 8 horas, aduzindo que a autorização negocial somente poderia ser para a dilatação da jornada, que, no entanto, não afastava o direito do obreiro às horas extras além da 6ª diária. Foi preciso que a matéria fosse levada ao Pleno do TST, para que se reafirmasse o teor original da OJ 169 da SDI-1, afastando a condenação em horas extras quando fixada a jornada normal dos turnos ininterruptos de revezamento em 8 horas.

Assim, está-se chegando a um certo **consenso** básico no TST quanto aos **limites da negociação coletiva** em termos de flexibilização das normas laborais, que seria:

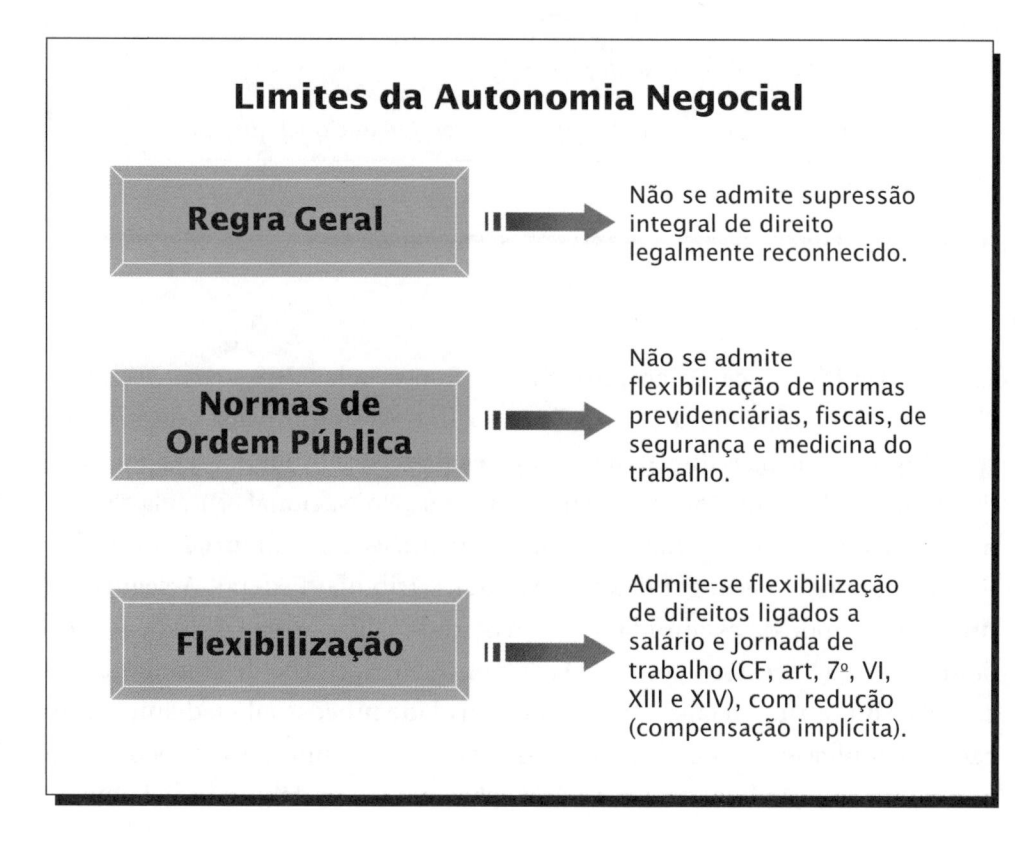

Limites da Autonomia Negocial

Regra Geral ⇒ Não se admite supressão integral de direito legalmente reconhecido.

Normas de Ordem Pública ⇒ Não se admite flexibilização de normas previdenciárias, fiscais, de segurança e medicina do trabalho.

Flexibilização ⇒ Admite-se flexibilização de direitos ligados a salário e jornada de trabalho (CF, art, 7º, VI, XIII e XIV), com redução (compensação implícita).

5. O Eixo Judicial

O **eixo judicial** de transformação do Direito Processual do Trabalho diz respeito às medidas que podem ser adotadas pela própria Justiça do Trabalho para promover a tão almejada **Reforma Processual** que **dinamize e aperfeiçoe** a prestação jurisdicional.

Eixo Judicial

- Objetivos de uma Reforma Processual:
  - Facilitar o acesso à Justiça (horizontal).
  - Simplificar o sistema recursal (vertical).
  - Ofertar segurança jurídica ao jurisdicionado.
  - Dar celeridade ao processo.
  - Reduzir os custos do processo.
  - Melhorar a qualidade da prestação jurisdicional (justiça).

Para **facilitar o acesso ao Judiciário**, foram **criadas 269 novas Varas do Trabalho**, capilarizando a Justiça do Trabalho. A **simplificação** do **sistema recursal** depende da **redução das hipóteses de recorribilidade**, seja por meio dos projetos de lei que ora tramitam no Congresso Nacional, ou pela **regulamentação do critério de transcendência** para o acesso à Suprema Corte Trabalhista e da **repercussão geral** para o Supremo Tribunal Federal. A **segurança jurídica** depende da **estabilidade da jurisprudência**, que não deve ficar oscilando, mas que necessita ser pacificada por meio da edição de **súmulas e orientações jurisprudenciais**. Atinge-se a **celeridade processual** mediante a **aplicação de multas e sanções** aos **recursos protelatórios**, interpostos apenas para postergar a solução final da demanda e o pagamento dos débitos judicialmente reconhecidos. O que **reduz os custos do processo** é contar com uma **máquina judicial enxuta**, sem a multiplicação de instâncias e julgadores para reexaminar as decisões já proferidas. E, finalmente, para melhorar a **qualidade** da prestação jurisdicional, é necessário o investimento na **capacitação dos magistrados**, por intermédio de **Escolas de Formação e Aperfeiçoamento** da Magistratura.

A **Emenda Constitucional nº 45/04** teve a virtude de promover avanços significativos para a implementação desses objetivos, destacando a:

a) **Celeridade** – elevação da celeridade processual ao *status* de **garantia constitucional**, que supõe a duração razoável do processo, com os meios para dar rapidez à sua tramitação (CF, art. 5º, LXXVIII), os quais seriam, pelo ordenamento jurídico vigente (independentemente dos projetos de lei que ora tramitam no Congresso Nacional), a utilização mais generalizada do despacho monocrático (Lei nº 9.756/98), a aplicação das multas previstas para coibir a protelação (CPC, arts. 17, 18, 538 e 557) e a redução de recursos pela implementação dos critérios seletivos denominados **repercussão geral** (CF, art. 102, III, § 3º) e **transcendência** (CLT, art. 896-A) para os recursos extraordinário e de revista respectivamente, além da **distribuição imediata** de todos os feitos (CF, art. 93, XV).

b) **Qualidade** – instituição de **Escolas Nacionais de Magistratura**, para o **aperfeiçoamento técnico** dos magistrados (CF, arts. 105, parágrafo único, I, e 111-A, § 2º, I).

c) **Segurança jurídica** – estabilização da jurisprudência (mediante a edição de súmulas e orientações jurisprudenciais) e garantia de sua observância pelas instâncias inferiores por meio da **súmula vinculante** para o STF (CF, art. 103-A).

d) **Economicidade** – mecanismos de baratear o custo do processo, mediante a fixação do **número de juízes** em cada unidade jurisdicional com base na **efetiva demanda processual** (CF, art. 93, XIII) e possibilidade de criação de **câmaras regionais** avançadas dos tribunais (CF, arts. 107, § 3º, e 115, § 2º), em vez de criação de novos tribunais, com dispendiosa estrutura administrativa;

e) **Acessibilidade** – instalação da **justiça itinerante**, nos limites territoriais da jurisdição de cada Tribunal (CF, arts. 107, § 2º, e 115, § 1º), e a generalização do sistema de **plantão**, pela atividade jurisdicional ininterrupta (CF, art. 93, XII).

Essas **inovações**, para promoverem na prática uma **transformação e modernização** do Processo, especialmente na seara trabalhista, necessitam urgentemente serem vivenciadas e utilizadas, sob pena de a reforma do Poder Judiciário ficar apenas no papel. Atualmente, pela **não-implementação** de todos esses novos mecanismos, a **Justiça do Trabalho**, destacadamente o **mais célere** ramo do Poder Judiciário brasileiro, padece (como todos os demais ramos) de **crises de congestionamento**, centradas nos seus dois principais **gargalos**, que acabam comprometendo a prestação jurisdicional como um todo. Com efeito, de nada adianta se conseguir, como ocorre atualmente na maioria dos TRTs, resolver uma reclamação trabalhista em 30 dias na 1ª instância e em 70 dias na 2ª, se, recorrendo a empresa para o TST, o processo levará em média cinco anos para ser apreciado. E, terminado o processo de conhecimento, de que adianta se obter o reconhecimento judicial do direito do trabalhador, se depois o **processo de execução** se arrasta de forma interminável?

Pontos de Estrangulamento do Sistema (Gargalos)

TST — EXECUÇÃO
Início — Fim

Taxas de Congestionamento na Justiça do Trabalho

Justiça do trabalho	Resíduo 2004	Recebidos 2005	Julgados 2005	Taxas
TST	236.120	127.826	134.269	**63%**
TRTs	188.791	548.550	503.955	31%
Varas (Conhecimento)	778.820	1.933.657	1.816.620	33%
Varas (Execução)	1.538.100	975.229	568.632	**75%**
TOTAL	2.741.831	3.585.262	3.023.476	51%

Muitas fórmulas têm sido engendradas nos últimos anos visando a dar maior **dinamismo** ao processo, principalmente o de **execução** e de **recurso de revista** no TST, destacando-se:

Mecanismos de Simplificação, Celeridade e Segurança na Prestação Jurisdicional

- Fórmula palatável de regulamentação do **Critério de Transcendência** para admissão do recurso de revista.
- Aperfeiçoamento do Sistema Bacen-Jud de **Penhora *On-line*** para segurança do devedor.
- Sistema Informatizado de **Triagem de Processos** pela Unificação Taxonômica dos Temas Recursais.
- Edição Sistemática de **Súmulas e Orientações Jurispridenciais**.
- Estímulo ao Peticionamento Eletrônico com limitação de páginas e instauração do **Processo Virtual**.
- Prestigiar a Instrução Normativa nº 23/TST quanto ao preenchimento dos **requisitos formais do recurso de revista**.

6. Mecanismos de simplificação e modernização do processo

6.1 Critério de Transcendência

Com a edição da **Medida Provisória nº 2.226/01**, foi introduzido no ordenamento processual trabalhista o **critério de transcendência** como precondição de admissibilidade do **recurso de revista** no Tribunal Superior do Trabalho.

Trata-se de mecanismo processual adotado pelas **Supremas Cortes e Cortes Constitucionais** de países desenvolvidos, como forma de viabilização de sua função conformadora do Direito Positivo e que, no Brasil, **volta a lume** por meio do recurso de revista e do recurso extraordinário (no caso deste último, sob a denominação de "repercussão geral"), fazendo com que STF e TST tenham condições de apreciar com profundidade e tranqüilidade as principais questões de Direito Constitucional e Infraconstitucional que lhes são levadas, sinalizando para todas as instâncias inferiores qual a interpretação final das normas que conformam nosso ordenamento jurídico.

As **premissas básicas**, de caráter fático e jurídico, que recomendam a pronta adoção em nosso ordenamento jurídico-processual do **critério de transcendência** são:

- O TST goza da mesma natureza do STF, de **instância extraordinária**, atuando por delegação na interpretação final do ordenamento jurídico-trabalhista infraconstitucional, razão pela qual o tratamento a ser dado, em termos de mecanismos redutores de recursos ao STF, deve ser adotado também para o TST (e STJ).
- O STF adotou mecanismo de seleção de recursos (argüição de relevância) durante a vigência da Constituição Federal de 1967/69, seguindo o **modelo da Suprema Corte Americana**, que só foi abandonado pela Constituição de 1988 porque se imaginou que transferindo para o STJ (então criado) a competência para a uniformização da jurisprudência em torno da lei federal, o STF teria condições de apreciar todos os processos em que se discutisse apenas a questão constitucional, o que se mostrou, com o tempo, inviável.
- A **quantidade astronômica de recursos** que desembocam atualmente nos Tribunais Superiores **não tem permitido uma apreciação minimamente**

satisfatória das causas submetidas ao crivo final das instâncias superiores, a ponto de se acumularem processos sem perspectivas de julgamento a médio ou até longo prazo, o que exige uma rápida solução para o problema, no sentido de se criar mecanismo de redução do quantitativo de processos a serem efetivamente examinados por essas Cortes.

Se, em relação à quantidade, o fenômeno é visível (basta observar os números já referidos), quanto à **qualidade**, necessário se faz o esclarecimento da forma como são julgados esses processos: uma vez que a maioria corresponde a **questões repetitivas**, com jurisprudência já firmada, o trabalho consiste em verificar se a situação dos autos corresponde à hipótese contemplada na jurisprudência. O trabalho é feito pelas **assessorias** dos ministros, os julgamentos são realizados com base em **planilhas** com o resumo das questões e as decisões são tomadas em **bloco**, salvo os destaques de matérias novas ou aquelas cujos advogados desejem sustentar. Isso corresponde a sessões de julgamento em que são decididas centenas de processos à **velocidade da luz**, o que compromete notavelmente a qualidade das decisões, por **não se exercitar em plenitude a colegialidade decisória** e haver verdadeira **delegação de jurisdição** para as assessorias jurídicas, uma vez que é humanamente impossível o exame minucioso, por um único magistrado, de 150 processos por semana.

O problema da **sobrecarga de processos nas Cortes Superiores** tem sido resolvido, em muitos países, pela outorga de **discricionariedade** a essas Cortes, para **selecionar** os recursos que efetivamente apreciarão quanto ao mérito:

- Nos **Estados Unidos**, os "Judiciary Acts" de 1891 e 1925 deram à Suprema Corte a **ampla discricionariedade para decidir sobre quais processos por ela seriam revistas** (de cerca de 8.000 processos que recebe anualmente, julga efetivamente pouco mais de 100). Em 1972, foi **proposta a criação de uma "Corte Nacional de Apelação"** (à semelhança do STJ brasileiro), a ser instalada em Washington, para desafogar a Suprema Corte e apreciar muitas das causas que esta recusava pronunciamento, mas o Congresso não aprovou a mudança do sistema, por entender que o mecanismo de triagem funcionava convenientemente. O mecanismo de seleção opera da seguinte forma: a) cada um dos **nove juízes** (*justices*) da Corte conta com **quatro assessores** (*law clerks*) para ajudá-lo especialmente na tarefa de selecionar os casos que merecem a apreciação do Tribunal, pela sua relevância; b) os recursos (*writ of certiorari*) sofrem o **crivo seletivo dessa assessoria**, no que se denominou de *cert pool*, que elabora resumo dos casos (*single memo*), a ser entregue aos juízes; c) semanalmente realiza-se a *conference* (**reunião especial e secreta**), na qual se elabora a *discuss list*, dos processos a serem efetivamente apreciados, e a *dead list*, dos processos que a Corte não examinará, que são rejeitados sem maiores considerações (deixando sempre claro que a ausência de pronunciamento não pode ser tomada como uma decisão sobre o mérito da causa); d) para ser aceito para julgamento, basta que **um dos juízes proponha** determinado caso para revisão e que **mais três juízes concordem** com a proposta (*rule of four*); e) os **critérios para admissão** de um recurso para apreciação envolvem **fatores não apenas jurídicos, mas também políticos**; f) todas as petições recebidas são colocadas *on the docket*, para serem **triadas**: aquelas que passarem pelo crivo seletivo da Corte serão incluídas em pauta para serem **sustentadas** (*oral argument*, de até 30 minutos, com questionamentos pelos magistrados ao advogado que sustenta) e receberem uma **decisão de mérito devidamente fundamentada** (*assigned opinion*).

- Na **Alemanha**, o controle de constitucionalidade das leis é levado a cabo pela **Corte Constitucional Federal** (*Bundesverfassungsgerichts*), criada em 1951, para receber as **reclamações constitucionais** provenientes quer da Justiça Comum, ou das Justiças especializadas. A Corte Constitucional é dividida em **2 Senados** (*Rats*), o primeiro presidido pelo Presidente da Corte e o segundo pelo Vice-Presidente, contando cada um com mais 7 juízes, num total de 16 juízes compondo a Corte. Enquanto o **Primeiro Senado** aprecia principalmente as questões ligadas ao Direito Civil, Trabalhista e Previdenciário, o **Segundo Senado** aprecia precipuamente as questões relativas ao Direito Penal, Administrativo e Tributário. Tendo em vista a sobrecarga de reclamações constitucionais recebidas já nos primeiros anos de funcionamento, a lei fundamental que instituiu a Corte Constitucional Alemã foi alterada em 1956, permitindo que fossem criados internamente comitês ou **Câmaras** (*Kammers*), para o exame preliminar e seleção das reclamações recebidas, visando **filtrar as reclamações irrelevantes** (consideradas "frívolas" ou "triviais"). Assim, começaram a funcionar em cada um dos Senados **2 Câmaras**, compostas cada qual por **3 juízes**. As reclamações podem **deixar de ser apreciadas** pelo respectivo Senado, quando, por unanimidade, a Câmara que as examinou concluiu que **não seriam relevantes ou não ofereciam qualquer perspectiva de sucesso**. Trata-se da "regra dos três" para a inadmissibilidade da reclamação. Nesses casos de recusa liminar da reclamação, a decisão **sequer necessita ser fundamentada**. Basta, no entanto, que um dos 3 juízes da Câmara considere a matéria relevante e a reclamação com perspectivas de sucesso, para que deva ser analisada no seu mérito pelo plenário do respectivo Senado.

- O modelo norte-americano foi adotado pela **Argentina**, que promoveu uma **alteração em sua legislação processual** visando a **reduzir o número de causas** que chegavam à sua Suprema Corte, a fim de centrar sua atividade na resolução de poucos casos, mas de grande relevância pública. Assim, a **Lei nº 23.774**, de 1990, introduziu importantes reformas no funcionamento da Suprema Corte argentina, aumentando de cinco para nove o número de seus integrantes, permitindo que o presidente da Corte fosse eleito por seus pares e modificando o **art. 280 do Codigo Procesal Civil y Comercial de la Nación**, de forma a que se incorporasse ao sistema processual argentino o *writ of certiorari* americano, sob a denominação de *trascendencia*, dando à Suprema Corte uma **grande discricionariedade** para selecionar, dentre as causas que lhe chegam, aquelas consideradas de particular importância para a vida do país. Questionada a **constitucionalidade** dessa norma processual, a Suprema Corte argentina, no caso Rodríguez c/Rodríguez de Schreyer, entendeu razoável (e, portanto, não atentatória dos dispositivos constitucionais assecuratórios do direito de defesa) a decisão legislativa que permitiu, para melhor funcionamento da Corte, a rejeição desfundamentada de recurso extraordinário que carecesse de transcendência. O entendimento da Suprema Corte foi o de que o direito de defesa em juízo já conta com a possibilidade de se obter uma sentença de primeira instância e uma revisão por parte de um Tribunal de Justiça, ambas fundamentadas, não se justificando uma terceira instância de revisão obrigatória da causa. Ademais, a

Suprema Corte argentina, **interpretando *a contrario sensu*** o art. 280 do CPCC, entendeu que, quando a matéria versada no recurso fosse transcendente, estaria a Corte autorizada a apreciar o recurso extraordinário, **mesmo que não se cumprissem todos os requisitos formais**, ou de fundo, previstos na legislação processual.

- Na **Espanha**, foi criado, pela Constituição de 1978, o **Tribunal Constitucional**, como órgão supremo de interpretação da Constituição Espanhola. Integrado por **12 magistrados**, divide-se em **duas Salas** (com seis magistrados cada) e em **quatro Seções** (com três magistrados cada). As seções é que apreciam a admissibilidade dos apelos ao Tribunal, selecionando aqueles que serão efetivamente julgados. Essa seleção se faz no **recurso de amparo constitucional**, concedendo-se discricionariedade às Seções, para elegerem os recursos que efetivamente merecerão uma apreciação por parte da Corte (Lei Orgânica do Tribunal Constitucional, art. 50).

No Brasil, aproveitando-se principalmente da **experiência americana**, como também do **direito alemão** (que exige a demonstração da **importância fundamental da causa**, para que seja revista pelos Tribunais Superiores — § 546 da ZPO) e do **direito austríaco** (que prevê, em seu sistema processual, o instituto da **significação fundamental da questão**, para sua apreciação pelas Cortes Superiores), adotou-se pela **Emenda Constitucional nº 1/69**, para o Supremo Tribunal Federal, o mecanismo da **argüição de relevância da questão federal**, como pressuposto de admissibilidade do **recurso extraordinário** para o STF, com o objetivo claro, no dizer do Min. **Victor Nunes Leal**, um dos idealizadores do mecanismo, de **reduzir os encargos do STF**.

Recentemente, a **Emenda Constitucional nº 45/04** criou, para o recurso extraordinário, um juízo de prelibação, denominado **repercussão geral da questão constitucional**, que, na prática, representa o retorno da antiga argüição de relevância, com nova fórmula.

John Rawls, em *Uma Teoria da Justiça* (1971), procura demonstrar como a adoção de procedimentos seletivos de caráter discricionário nas Cortes Superiores atende às **exigências de uma Justiça moderna e desenvolvida**.

Há que se reconhecer que a crise por que passa o Judiciário representa o que **Thomas Kuhn** descrevia como **crise de paradigma** em sua obra clássica

A Estrutura das Revoluções Científicas (1963). Os **paradigmas**, como modelos de soluções aceitáveis para os problemas colocados pela Ciência, não são imutáveis, devendo ser substituídos quando insuficientes para explicar ou resolver uma realidade cambiante e mais complexa.

Admitir um critério de seleção baseado na discricionariedade do julgador nas instâncias superiores significa **desmitificar o paradigma** da plena capacidade de controle, pela Corte Suprema e pelos Tribunais Superiores, das lesões perpetradas ao ordenamento jurídico na sociedade.

Com efeito, em relação aos **fatos**, admite-se, sem qualquer contestação ao modelo atual, que sua discussão fica jungida ao duplo grau de jurisdição. Ora, ninguém nega que pode haver erro de julgamento na 2ª instância, por má apreciação da prova, e nem por isso se pretende que a causa possa ser rediscutida uma terceira vez. Nem a ação rescisória comporta reexame da prova. Ou seja, o sistema não está infenso à injustiça na aplicação da lei ao caso concreto, por erro na captação dos fatos.

Do mesmo modo, o **erro de julgamento** pode se dar no prisma não da compreensão do caso concreto em sua dimensão fática, mas da interpretação da norma jurídica, alargando-a ou restringindo-a contrariamente ao seu texto expresso.

O que se espera de um **sistema judicial racional**, no que diz respeito à missão cometida aos seus órgãos de cúpula, encarregados da uniformização da jurisprudência e do respeito geral às normas de caráter nacional, é que dêem a interpretação final das normas jurídicas que compõem o ordenamento constitucional e legal do país. Missão impossível a ser acometida pela Suprema Corte e Tribunais Superiores é a da garantia de corrigir todos os erros e divergências na interpretação do direito ocorridas no território nacional por parte das instâncias inferiores.

Assim, nem quanto aos fatos nem quanto ao direito, é possível garantir para todos a correta adequação entre fato e norma, gerando uma decisão que atinja o ideal de justiça. O que se garante, através do acesso às Cortes Superiores, é a **sinalização unívoca** do que deve ser a interpretação da norma jurídica de caráter nacional.

Do contrário, transforma-se a Corte Superior em mero cartório de verificação sobre a adequação de cada decisão judicial gerada pelo sistema ao direito federal ou à interpretação que lhe dá a Corte Superior ou Suprema. E tal atividade inviabiliza o cumprimento da missão que efetivamente deve desempenhar.

No caso do **critério de transcendência** para o recurso de revista, o art. 2º da MP nº 2.226/01 remeteu ao TST a **regulamentação do procedimento** de apreciação da transcendência do recurso de revista, assegurados os princípios da **publicidade, motivação e ampla defesa**. Nesse sentido, conjugando-se os arts. 1 e 2 da referida medida provisória, alguns parâmetros devem ser tidos como assentes para que o TST proceda à regulamentação do art. 896-A da CLT.

Em primeiro lugar, está claro que o critério de transcendência constitui um **juízo de delibação** do recurso de revista, de caráter **discricionário**, que não afasta a aplicação integral dos pressupostos de admissibilidade elencados no art. 896 da CLT para os recursos reputados transcendentes.

A transcendência do recurso de revista apenas poderá ser apreciada pelo **juízo de admissibilidade *ad quem* do TST**, e não pela Presidência dos TRTs, pois a norma é clara ao atribuir exclusivamente ao TST a discricionariedade na seleção das causas que julgará em recurso de revista.

Com a regulamentação legal da "repercussão geral" para o recurso extraordinário (prevista no art. 102, III, § 2º da CF) pela Lei nº 11.418/06 (acrescendo os arts. 543-A e 543-B ao CPC), somada à não concessão de liminar na ADIn nº 2.527-DF, ajuizada contra a MP nº 2.226/01, que instituiu o "critério de transcendência" para o recurso de revista, torna-se necessária a **regulamentação** do art. 896-A da CLT, que contempla o mecanismo de seleção de recursos no âmbito do TST. Essa regulamentação poderia tomar a forma de **resolução** do TST, com o seguinte teor mínimo, que ora ofertamos, para reflexão:

> Art. 1º – *Antes de apreciar os pressupostos específicos de admissibilidade do recurso de revista, caberá ao Relator verificar se o recurso, no seu todo, oferece transcendência com relação aos reflexos gerais de natureza econômica, política, social ou jurídica.*
>
> *§ 1º – São indicadores, entre outros, de transcendência:*
>
> *I – econômica, o elevado valor da causa, da condenação ou sua possível repercussão econômica;*
>
> *II – política, o possível desrespeito da instância recorrida à jurisprudência sumulada do Tribunal Superior do Trabalho ou do Supremo Tribunal Federal;*
>
> *III – social, a postulação, por reclamante-recorrente, de direito constitucionalmente assegurado no rol dos direitos sociais;*

IV – jurídica, a existência de questão nova em torno da interpretação da legislação trabalhista.

§ 2º – Em relação ao recurso reputado não transcendente pelo Relator, poderá o recorrente, em sessão, fazer a sustentação oral da transcendência, por 5 (cinco) minutos.

§ 3º – Admitida a transcendência do recurso de revista, este poderá ser julgado de imediato pela Turma ou repautado, para análise quanto aos seus pressupostos genéricos e específicos de admissibilidade.

§ 4º – Mantido o voto do Relator quanto à não transcendência do recurso, será lavrado acórdão com fundamentação sucinta.

§ 5º – Poderá o Relator denegar seguimento, monocraticamente, ao recurso de revista quando não atendidos os pressupostos de admissibilidade, inclusive o relativo à transcendência, cabendo agravo da decisão para a Turma.

Art. 2º – Contra o acórdão da Turma que não conhecer do recurso de revista com base na sua intranscendência, caberá recurso de embargos para a Subseção I Especializada em Dissídios Individuais, que julgará imediatamente o mérito do recurso, caso entenda que o apelo atende ao requisito da transcendência em relação a algum de seus aspectos.

Art. 3º – Aplica-se ao agravo de instrumento o disposto no artigo 1º, e seus parágrafos, desta Resolução, afastada apenas a possibilidade de sustentação oral.

Parágrafo único – Em relação aos agravos de instrumento reputados não transcendentes pela Turma, a decisão será irrecorrível no âmbito do Tribunal.

6.2 Instrução Normativa nº 23 do TST

Diante do quadro atual, de **necessidade de racionalização do sistema** e de se **contar com a colaboração dos advogados** para a prestação jurisdicional mais célere e eficiente, é que foi discutida e aprovada, na *Semana do TST* (na qual se suspenderam as sessões do Tribunal, apenas para discussão dos problemas da Corte), a **Instrução Normativa nº 22/03 do TST**. Os próprios *consideranda* da Instrução (na sua versão de nº 22) são mais do que suficientes para explicar sua necessidade, conveniência e oportunidade:

> CONSIDERANDO a necessidade de racionalizar o funcionamento da Corte, para fazer frente à crescente demanda recursal, e de otimizar a utilização dos recursos

da informática, visando à celeridade da prestação jurisdicional, anseio do jurisdicionado;

CONSIDERANDO a natureza extraordinária do recurso de revista e da instância representada pelo TST, que exigem daqueles que o manejam e apelam para a Corte conhecimento técnico-jurídico específico sobre a via extraordinária, colaborando, desse modo, para a perfeita compreensão e análise da controvérsia que submetem ao crivo do Tribunal;

CONSIDERANDO a atecnia de elevado número de recursos de revista que chegam à Corte, dificultando inclusive a captação da controvérsia e da intenção do recorrente, criptograficamente manifestada na petição recursal;

CONSIDERANDO que a demora no exame de recursos prolixos na exteriorização e deficientes na técnica compromete não apenas os interesses do próprio recorrente, mas principalmente a viabilização da prestação jurisdicional no seu conjunto, retardando o exame de outros processos que, se, no caso das petições serem sintéticas e objetivas, permitiriam a análise de muitos mais processos em menos tempo; e

CONSIDERANDO que o advogado desempenha papel essencial à administração da Justiça, cujo trabalho técnico deve ser realçado, pela valorização dos conhecimentos específicos para a atuação perante as Cortes Superiores, colaborando como partícipe direto no esforço de aperfeiçoamento da prestação jurisdicional, merecendo assim atenção especial na definição dos parâmetros técnicos que racionalizam e objetivam seu trabalho.

A referida instrução, assim justificada, veio estabelecer um **padrão mínimo** a ser observado para as **petições de recurso de revista**, de modo que facilite seu exame (e a triagem dos processos, por matérias), com a possibilidade de **não-conhecimento** do apelo que não o observar, uma vez **não demonstrado**, nos moldes exigidos pela jurisprudência da Corte, o cabimento do recurso (CPC, arts. 514 e 541):

- Indicação do preenchimento de todos os **pressupostos extrínsecos** do recurso, indicando as folhas dos autos em que se encontram: a **procuração** (se não vier com o recurso), sublinhando o nome do causídico que subscreve o recurso, nos casos de procuração com elevado número de causídicos; o **depósito recursal** e as **custas** (caso já satisfeitos na instância ordinária); e a

tempestividade do recurso (indicando o início e o termo do prazo, com referência aos documentos que o demonstram).
- Explicitação dos elementos necessários para a demonstração do preenchimento dos **pressupostos intrínsecos** do recurso (com a correspondente indicação das folhas do processo): qual o trecho da **decisão recorrida** que consubstancia o **prequestionamento** da controvérsia trazida no recurso; e qual o **dispositivo de lei, súmula, orientação jurisprudencial do TST** (transcrevendo-os) ou **ementa** (com todos os dados que permitam identificá-la) que atritam com a decisão regional.

A **Instrução Normativa nº 23/TST** tem caráter eminentemente **pedagógico**, padronizando o recurso de revista e orientando os que militam na Justiça do Trabalho sobre **como formalizar** seu apelo, de modo que a captação da questão nele versada seja rapidamente feita por quem tiver de apreciá-lo, tornando célere a tarefa de solver a divergência jurisprudencial existente ou identificar a violação legal acaso ocorrida.

6.3 Penhora *On-Line*

Para agilizar a penhora em contas bancárias, que dependiam de ordens judiciais remetidas por ofício aos bancos, com o bloqueio de valores superiores aos dos créditos trabalhistas (uma vez que bloqueados simultaneamente em várias contas o mesmo montante global da condenação), foi firmado pelo TST com o Banco Central um **convênio** que instituiu o **sistema Bacen-Jud de penhora** *on-line*.

Pelo novo sistema, os juízes da execução podem encaminhar ao Bacen e às instituições financeiras **ofícios eletrônicos** solicitando informações sobre a existência de contas correntes e aplicações financeiras dos executados, bem como determinações de bloqueio e desbloqueio das contas.

Nessa modalidade de penhora, havendo crédito judicial a ser executado contra determinada empresa, o juiz da execução cadastrado no sistema pode ter acesso, pela **Internet**, mas em caráter sigiloso (dependente de senhas), às contas da empresa e aos valores nelas depositados, por meio dos dados fornecidos pelo Bacen e bancos, solicitando o bloqueio exato do montante da execução. As **empresas** que não queiram sofrer constrição em contas múltiplas podem também se **cadastrar no sistema**, indicando conta própria para execuções, sendo apenas essa utilizada.

Pelo **Provimento nº 6/05 da Corregedoria-Geral da Justiça do Trabalho**, nas execuções definitivas, o sistema Bacen-Jud deve ser preferido a qualquer outro meio de constrição judicial. As **imperfeições do sistema**, referentes à menor agilidade para desbloqueio do que para o bloqueio tem gerado **acerbas críticas** ao mecanismo, exigindo que se encontrem fórmulas que permitam: a) bloqueio total limitado ao montante da execução; b) desbloqueio imediato do que for penhorado em excesso ou ilegalmente (ilegitimidade de parte ou inexistência efetiva do crédito judicial postulado).

6.4 Sistema de Triagem de Processos, Peticionamento Eletrônico e Processo Virtual

Tendo em vista a **repetição de temas recursais**, está sendo desenvolvido no âmbito do TST programa de informática que registre os temas encontrados nos recursos, de modo que, na **triagem de questões semelhantes**, para análise e julgamento concentrado, possam ser rapidamente encontrados e selecionados.

Para isso, o maior empecilho é a **classificação dos temas** de forma unívoca, pois o computador só reconhece como iguais palavras escritas exatamente com os mesmos caracteres. Daí a necessidade de se dar **uniformidade taxonômica** aos temas recursais, elegendo que designação será a adotada para cada matéria.

Esse programa está sendo denominado **e-revista**, e tem por finalidade dotar os ministros e seus assessores de uma ferramenta informatizada que acesse automaticamente o resultado dos trabalhos produzidos na instância inferior na classificação dos temas dos recursos de revista que são apreciados no juízo de admissibilidade *a quo* e os disponibilize ao Tribunal, segundo formato e características estabelecidos por cada gabinete.

Assim, admitido ou não um determinado recurso de revista, os **dados processuais e os exames jurídicos realizados serão transmitidos eletronicamente pelos Regionais**, alimentando as bases de dados do TST, quando, após distribuição, passarão a estar disponíveis aos gabinetes dos Ministros durante a realização de seus trabalhos. Com o **e-revista**, todos os processos já "sobem" **automaticamente triados**, com todos os **dados correspondentes aos pressupostos de admissibilidade** disponíveis ao Tribunal.

A análise dos recursos extraordinários também poderá ser realizada com o uso do **e-revista**, com as informações produzidas e as peças digitalizadas sendo eletronicamente transmitidas ao STF. Com isso, pretende-se dar cumprimento ao movimento capitaneado pela **Min. Ellen Grace**, presidente do STF, no sentido de se chegar ao **processo virtual**, ou seja, o que chega ao STF e ao TST não seriam mais os autos em papel, mas as **peças transmitidas eletronicamente em meio magnético**. Para o seu funcionamento, o **e-revista** utilizará os recursos computacionais distribuídos a todos os Tribunais do Trabalho do país, fruto de uma das ações do **Sistema Integrado de Gestão da Informação da Justiça do Trabalho** (Sigi).

A evolução da informática permitiu, outrossim, a adoção, para comodidade dos advogados, do sistema de **peticionamento eletrônico**, pelo qual os recursos podem ser interpostos via Internet, utilizando o sistema ICP-Brasil, que permite a assinatura eletrônica, identificando precisamente o causídico cadastrado previamente no sistema. A matéria tem sido regulamentada no âmbito de cada tribunal, **não se confundindo o sistema com o simples envio de petição por e-mail**, este último não garante a fidelidade do texto e a impossibilidade de alterações posteriores.

6.5 Consolidação da Jurisprudência Sumulada

Seguindo na esteira da filosofia introduzida no Brasil pela **Lei Complementar nº 95/98**, que deflagrou o processo de **Consolidação da Legislação Federal**, como forma de **democratizar o acesso à legislação**, compactando nosso sistema legal mediante a integração, num mesmo diploma legal, de todas as normas referentes a uma mesma matéria, o TST procedeu, em 2005, à **revisão geral e consolidação de suas súmulas e orientações jurisprudenciais**. Com isso, mais de 100 orientações jurisprudenciais foram convertidas em súmulas, mas integrando-se, de preferência, em súmulas já existentes que disciplinavam matérias afins. Com isso, num único verbete sumulado passou-se a ter, em itens diferentes, as várias questões já pacificadas pelo Tribunal, quanto a temas conexos (ex.: equiparação salarial, decadência de ação rescisória).

No entanto, a mera consolidação não é suficiente para facilitar o acesso e dinamizar o processo, sendo indispensável a edição de novas súmulas sobre as questões novas que vão sendo pacificadas pelo Tribunal. No caso do TST, a sua

Súmula nº 83, II, estabelece como **marco divisor** de ser, ou não, **controvertida** determinada matéria para efeito de possibilidade de acolhimento de ação rescisória calcada em violação de lei, a **data da inclusão da questão em orientação jurisprudencial do TST**, o que exige que as matérias sobre as quais não há mais controvérsia no âmbito do tribunal sejam prontamente objeto de edição de OJ por parte da Comissão de Jurisprudência do TST, sob pena de se deixar latente a insegurança jurídica.

Ronald Dworkin, em *O Império do Direito* (1986), desenvolve a **Teoria do Direito como Integridade**, pela qual o direito seria um conceito **interpretativo**: o legislador seria o intérprete das opções da sociedade e o juiz deveria **interpretar a lei à luz das decisões judiciais anteriores**. Defende a **coerência com o passado**, ou seja, convivendo com os princípios da eqüidade e da justiça, estaria o da **segurança jurídica**, pelo qual os **precedentes** devem ser prestigiados, com uma jurisprudência que **não seja oscilante**.

Ora, o **ideal de justiça**, vivenciado fundamentalmente pelas **instâncias ordinárias**, deve, nas **instâncias extraordinárias**, ser conjugado com a **segurança jurídica**, de modo que o desejo de se chegar à interpretação perfeita do direito para cada controvérsia não leve a que se esteja **continuamente revendo os precedentes consolidados**. Isso não significa que a jurisprudência se fossilize e não haja possibilidade de evolução. O que não se concebe é a **mudança constante**, que desorienta e confunde o jurisdicionado e as Cortes inferiores. Na seara trabalhista, **o empresariado prefere uma jurisprudência desfavorável, mas segura, a uma constante oscilação**, que impeça qualquer programação financeira e orçamentária!

7. Conclusão

Os dados estatísticos não deixam dúvida de que tanto o **Direito** quanto o **Processo do Trabalho** necessitam de uma urgente reforma, que represente uma **real proteção ao trabalhador**, a fim de se obter uma solução efetiva para os conflitos trabalhistas surgidos no seio da sociedade em **tempo socialmente razoável**. Daí que o contraste das **opiniões divergentes**, buscando **pontos mínimos de consenso**, seja o ideal a ser atingido neste II Simpósio Nacional de Direito e Processo do Trabalho, com vistas à preparação de textos legais e regulamentares que contribuam para a **Transformação e Modernização do Direito e do Processo do Trabalho** no Brasil.

Objetivos do II Simpósio Nacional de Direito do Trabalho

- Debater as questões mais polêmicas na seara trabalhista, ouvindo as **opiniões contrastantes**.

- Buscar pontos mínimos de consenso sobre as soluções mais viáveis para os problemas.

- Preparar, como fruto das discussões e convergências, **textos legais e regulamentares** que possam ser aproveitados pelas instâncias decisórias.

Visão Multidisciplinar e Sistêmica do Direito do Trabalho

NEY PRADO

Juiz do Tribunal Regional do Trabalho da 2ª Região, aposentado.
Presidente da Academia Internacional de Direito e Economia.

Sumário

1. Introdução
2. Desafios na abordagem do tema
3. A legislação trabalhista brasileira como objeto do intervencionismo estatal
4. A crise do modelo intervencionista
5. As causas endógenas e exógenas da crise
6. A busca de um modelo desintervencionista possível
7. A metodologia e premissas do novo modelo
8. Conclusão

1. Introdução

O objeto temático desta palestra está centrado na descrição do atual modelo trabalhista brasileiro, abrangendo seus axiomas, origem, princípios, estrutura e fins e cuja característica central está na exagerada confiança na capacidade do Estado de legislar, aplicar e fiscalizar normas, compor interesses e dirimir conflitos individuais e coletivos nas relações de trabalho.

Minha análise volta a equacionar respostas a perguntas cruciais sobre a validade e o futuro do Direito do Trabalho estatal, bem como a existência e a dimensão da crise que o compromete.

Tarefa dessa ordem não se assume sem a perfeita consciência do que se deseja alcançar. Meu propósito não é desenvolver mero discurso acadêmico, frio, neutro e desinteressado, mas uma dissertação voltada a finalidades bem nítidas e concretas.

Pretendo, inicialmente, dar uma contribuição didática ao estudo do Direito do Trabalho, nele inserindo uma abordagem crítica, macro, metódica, multidisciplinar e sistêmica, apontando as causas endógenas e exógenas da crise por que passa, numa tentativa de **sensibilizar** os operadores do direito e interessados na problemática, para a necessidade de sua modernização.

Desejo, ainda, deixar bem nítida a necessidade de acabar com a surrada **mitologia varguista**, alicerçada em um conjunto de falácias sobre o Direito do Trabalho intervencionista que, infelizmente, continua a impregnar a mentalidade de muitos atores sociais e até juslaboralistas.

O mais poderoso **estímulo** para o enfrentamento do desafiante tema desta palestra reside no profundo desencanto pessoal com o tipo de legislação trabalhista vigente e a decorrente convicção de que somente a sua reformulação poderá atender efetivamente os interesses das partes, públicas ou privadas, envolvidas na relação.

Mas esse desencanto não surgiu de um momento para outro. Ao contrário, foi se avolumando e consolidando à medida que uma longa vivência na advocacia, na magistratura e no magistério aliada aos desdobramentos de outras experiências intelectuais revelaram **graves deficiências** no atual modelo trabalhista intervencionista.

Culmina, enfim, todo esse desencanto com a constatação, hoje mais evidente, de que o atual modelo não ficou apenas **obsoleto**. Tornou-se um **entrave** ao desenvolvimento econômico e social do Brasil.

Nos últimos 60 anos ocorreram no mundo e na sociedade brasileira profundas transformações políticas, econômicas, sociais e jurídicas, com sérias implicações nas relações capital-trabalho. Mas, salvo pequenas e superficiais alterações, o sistema trabalhista brasileiro se mantém estruturalmente intervencionista.

É preciso, portanto, avaliar com espírito crítico e de forma desapaixonada a adequação do atual modelo intervencionista, mais à luz dos resultados concretos alcançados e menos com base nas intenções do legislador, ainda que boas.

Nesse sentido, importantes perguntas desafiam o analista: a legislação trabalhista vigente está efetivamente protegendo o trabalhador brasileiro, seu destinatário principal? Atende aos interesses dos empregadores, das empresas, dos sindicatos, da sociedade e do próprio governo, em seus diferentes níveis? Facilita a solução dos problemas sociais? Estimula a expansão do mercado de trabalho? Está consentânea com o estádio de desenvolvimento do país? Por fim, contribui para a promoção do bem-estar geral, a paz social e a criação de uma sociedade mais justa e solidária?

Respostas efetivas a essas instigantes e complexas indagações exigem comprovação empírica. Somente ela é capaz de revelar se o modelo varguista é ou não funcional em nossos dias.

O **objetivo dessa palestra** é exatamente tentar demonstrar que o modelo intervencionista, como o nosso, chega a ser mais **oneroso** no campo das relações de trabalho que o próprio campo da tributação, afetando direta ou indiretamente as próprias categorias envolvidas; o **trabalhador** que vê escassearem-se as oportunidades de emprego e de progressão funcional; o **empregador** que não se estimula para investir; o **consumidor** que deixa de se beneficiar pela falta de competição; a **empresa** que não se aperfeiçoa para competir; o **sindicato** que perde espaço para reivindicar; a **sociedade** que não se desenvolve e o **Governo** que perde receita para investir nas atividades que lhe são próprias.

Talvez os subsídios desta palestra não sejam originais e valiosos. Isso é risco que qualquer palestrante deve correr. Mas não obstante suas eventuais deficiências, se puder despertar e **estimular o debate** sobre o seu conteúdo, já terei alcançado uma importante finalidade: a de disseminar a boa semente da dúvida, dando minha modesta contribuição para romper a inércia, a triste acomodação e o receio de inovar, traços indesejáveis e até perigosos num país que necessita de disposição e de coragem para modernizar-se.

2. Desafios na abordagem do tema

2.1 O primeiro desafio: o metodológico

A crítica isenta, metódica, multidisciplinar e sistêmica do modelo trabalhista intervencionista vigente e a busca de soluções viáveis para a sua modernização nos colocam diante de sérios, complexos e difíceis desafios.

O **primeiro desafio** é de ordem metodológica. Consiste em lograr superar a **leitura tradicional** sobre o tema, impregnada, quase sempre, por uma orientação tendenciosa, dogmática, superficial, disciplinarmente restrita e geograficamente limitada.

Tendenciosa porque parte da premissa de que a onda flexibilizadora de mudancismo na legislação laboral faz parte de um movimento ideológico de natureza neoliberal, arquitetado pelo chamado Consenso de Washington; **dogmática** porque apoiada na crença quase religiosa na superioridade do Estado sobre a sociedade; **superficial** porque o conhecimento do tema se dá, como regra, em nível empírico, em que predominam *slogans*, modismo, falácias, propostas tópicas e reações de cunho emocional; **disciplinarmente restrita** porque mesmo os que dispõem de conhecimento científico sistematizado do direito do trabalho freqüentemente não se beneficiam da visão multidisciplinar e sistêmica dos problemas, o que os impede de considerar adequadamente as implicações políticas, econômicas e sociais; por último, **geograficamente limitada** porque tende a se circunscrever apenas à experiência nacional, ligada à própria vivência local ou regional do modelo vigente, com desconhecimento da célere evolução dos institutos trabalhistas em outros países e das lições da moderna doutrina estrangeira.

2.2 O segundo desafio: o principiológico

O segundo desafio consiste na superação dos princípios que ainda permanecem impregnando a mentalidade de muitos opositores à modernização das relações trabalhistas.

O modelo intervencionista considera primacial a **ordem artificial** imposta pela vontade impositiva do Estado, própria das sociedades deliberadamente organizadas segundo o racionalismo construtivista, que Hayek denomina *taxis*, uma sociedade que se vale de regras legais positivas, *thesis*, para desigualar pessoas e grupos. Apóia-se na preponderância da **igualdade** sobre a liberdade, fundado no pressuposto de que, como a igualdade inexiste na natureza, cabe à sociedade humana construí-la historicamente. Defende o princípio da **proteção do trabalhador** em relação ao empregador (não exatamente ao Estado...) por ser a parte mais fraca e vulnerável. Está relacionado a um **modelo político** estatizante, mais precisamente autocrático e autoritário, já que tende à ampliação da ação do Estado sobre tantas relações sociais e econômicas quantas sejam possíveis. Preconiza a **presença do Estado** no campo do trabalho em tríplice atividade: legislativa, baixando a norma do trabalho; administrativa, realizando a fiscalização do seu cumprimento; e judiciária, julgando os dissídios trabalhistas. Por fim, privilegia a **norma editada pelo Estado** em detrimento ou com abandono das soluções normativas e compositivas autônomas.

O **modelo não-intervencionista**, em oposição ao prefigurado, apresenta características antípodas. Retorna à primazia da **ordem espontânea** que vem assegurada pelo teste histórico da experiência, rejeitando o construtivismo racionalista que se fundamenta no princípio de que o homem pode alterar as instituições humanas arbitrariamente, sempre e quando desejar, porque foram criadas por ele. Dá prevalência à **liberdade** sobre a igualdade, ainda porque por meio da liberdade é possível lograr alcançar a igualdade de oportunidades, ao passo que, impondo-se a igualdade, jamais se poderá criar uma sociedade livre. Estimula a **solidariedade** e a **coordenação** entre os fatores de produção, tratados eqüitativamente, não privilegiando qualquer deles, rejeitando assim qualquer tipo de paternalismo nas relações trabalhistas. Abandona o **estatismo**, partindo do pressuposto de que, assim como o Estado não deve ser agricultor, comerciante, industrial ou banqueiro, tampouco deve gerir interesses sociais competitivos, que rápida, barata e eficientemente se acomodam e progridem sem sua intervenção. **Deixa de priorizar a ação normativa**, fiscalizadora e julgadora do Estado, sob a alegação de que, embora razoável e até necessária, deverá ser sempre **subsidiária** aos mecanismos espontaneamente gerados pela própria sociedade, à busca de maior eficiência e sem ônus para os contribuintes. Por fim, dá preferência às **regras autônomas**, bem como a soluções negociadas, admitindo a regra heterônoma, apenas quando esteja em jogo algum princípio indisponível do Estado Democrático de Direito como, por exemplo, os direitos e garantias individuais.

2.3 O terceiro desafio: o cultural

Podem-se distinguir duas ordens de resistência às mudanças do modelo vigente: as **culturais** e as **corporativas**.

As primeiras são mais arraigadas e podem ser defendidas mais abertamente: as resistências, quando se aninham na cultura, prendem-se a posturas intelectuais ou sentimentais incompatíveis com os postulados desintervencionistas.

No Brasil, são facilmente detectáveis o **socialismo**, o **estatismo** e o **positivismo jurídico**.

A pregação **socialista**, que penetrou e se disseminou no país ainda no século passado, tornando-se regime de governo e ideologia de exportação em grande número de países, sempre procurou explorar o seu **viés igualitário**. Nessas condições, arraigou-se a suspicácia contra qualquer tendência ou medida que, fundando-se na desintervenção, prestigie a liberdade. O socialista vê no avanço da liberdade nas relações de trabalho um retrocesso inadmissível, no que considera a marcha progressista do igualitarismo. Não obstante a visão mecanicista e maniqueísta, este pensamento tem sido um óbice, sempre presente nas sociedades menos desenvolvidas, à aceitação do pluralismo como via competitiva natural de ascensão social.

A outra resistência cultural repousa no **estatismo**. Os intervencionistas, com sua crença quase religiosa na superioridade do Estado sobre a sociedade, repudiam qualquer redução dos poderes a ele conferidos. A persistente visão hegeliana do Estado, presente em todas as grandes ideologias da primeira metade do século, deixou profundas marcas nas sociedades menos desenvolvidas como a do Brasil. Acostumamo-nos a conviver com seus mais encontradiços consectários políticos: o **patrimonialismo**, o **paternalismo** e o **assistencialismo**. Depender do Estado passou a ser, para muitos brasileiros, quase uma condição de vida, difícil de ser afastada.

A **mitificação do Estado** não é nova nem acidental. Realmente, muitos fatores concorrem para que ela se dê. A própria concepção do Estado, como **entidade concreta**, dotada de poder próprio e personalidade, o vulgariza.

O homem comum passa a **acreditar** no Estado, como se se tratasse de um ser todo-poderoso, capaz de resolver os problemas comuns. Homens cultos, embora racionalmente tenham disso consciência, muitas vezes não se libertam da sensação de dependência do Estado, no pressuposto de que apenas ele é eticamente confiável.

Acontece que "o Estado é uma abstração; ele não sente prazer ou dor, ele não tem esperanças ou receios, e o que julgamos seus propósitos são na verdade os propósitos dos indivíduos que o dirigem. Quando pensamos concreta, e não abstratamente, verificamos que, em vez de o 'Estado', certas pessoas é que têm mais poder do que o que cabe à maioria dos homens. E assim a glorificação do 'Estado' vem a ser, de fato, a glorificação de uma minoria governante. Nenhum democrata pode tolerar uma teoria tão fundamentalmente injusta".[1]

O **positivismo jurídico** pode ser considerado também um poderoso núcleo de resistência à mudança de um modelo que foi concebido e implantado em seu fastígio dogmático. Os **legalistas** confiam, de forma quase absoluta, no poder da norma escrita e no acerto da dogmática para resolver os problemas sociais. Essa afirmação da supremacia da norma positiva sobre qualquer outra expressão normativa, comenta Giorgio Balladore Pallieri, prescinde inteiramente de qualquer outro elemento lógico que não seja a própria positividade. Torna-se, assim, muito difícil para os legalistas a aceitação de uma ordem jurídica que contenha uma pluralidade de fontes normativas, em que o valor prevaleça sobre a literalidade.

2.4 O quarto desafio: o corporativismo

A segunda ordem de resistências são as **corporativas**. São mais pessoais e até egoísticas, reunindo os beneficiários de privilégios e de vantagens produzidos pelo modelo vigente, que não aceitam perdê-los. Opõem-se à modernização das relações capital-trabalho certos setores **políticos, profissionais e empresariais**, por temerem que quaisquer mudanças nas instituições regedoras das relações de trabalho possam retirar-lhes os benefícios, vantagens ou privilégios.

O **corporativismo político** envolve uma variada gama de militantes que arrimaram suas carreiras políticas no poder interventivo do Estado. Nelas se incluem parlamentares fisiológicos, políticos de oposição que não desejam fortalecer o governo; agentes do Executivo e até mesmo os operadores do direito. Todos que vêem na desintervenção uma perda da sua importância pessoal ou funcional.

O **corporativismo sindical** conta com um certo tipo de sindicalista profissional que ascende graças às simpatias que angaria perante as autoridades. O enfraquecimento do poder interventivo do Estado poria em risco sua liderança, já que ela não decorre de sua habilidade negociadora, mas da sua prestabilidade como intermediário junto ao Poder Público.

Por fim, o **corporativismo empresarial** praticado por certos setores retrógrados que preferem a **segurança** do Estado aos **riscos** da liberdade. Acham melhor que o Estado dite as regras do jogo do que terem de negociar diretamente com os trabalhadores. Para esse tipo de empresário, a liberdade no campo trabalhista é uma perigosa abertura de espaço para reivindicações dos empregados. Por isso, preferem afastá-la, ainda que o preço a pagar pelo intervencionismo seja a perda de eficiência de sua empresa e o subdesenvolvimento do país.

3. A legislação trabalhista brasileira como objeto do intervencionismo estatal

Intervenção é a ação de intervir. Na Ciência Política e no Direito costuma assumir acepção técnica mais restrita, limitada à atuação do Estado e de seus agentes sobre a ordem social ou a ordem econômica.

Já o **intervencionismo**, uma palavra mais recentemente derivada, designa uma doutrina de ação política que reconhece e propugna o direito e o dever do Estado de interferir nas atividades econômicas para impor uma ordem coacta presumidamente melhor que a espontânea.

Da prática do intervencionismo resultam restrições e condicionamentos opostos à livre escolha de certo grupo de agentes econômicos, e, necessariamente, equivalentes benefícios outorgados a outro grupo, que se supõe mais apto à satisfação dos interesses gerais.

Disso resulta uma sutil distinção entre o **intervencionismo** e o **socialismo**: enquanto este pretende limitar ou abolir a propriedade privada da produção, por considerá-la prejudicial aos superiores interesses da sociedade, o intervencionismo procura mantê-la, mas a submete a um sistema de restrições e de condicionamentos que são impostos em nome do bem comum.

De tal forma prosperou a idéia intervencionista e tanto sucesso experimentou durante certo tempo como uma **terceira via** entre o capitalismo e o socialismo que Ludwig Von Mises prenunciava, já no começo do século passado, que a busca de modelos desse tipo, de **mercado controlado**, não só estaria destinada a atrair comunistas e fascistas como a reduzir outras expressões ideológicas religiosas e partidárias. Como escreveu, "qualquer um que analise os programas e ações dos partidos políticos da Alemanha, da Grã-Bretanha e dos Estados Unidos deve concluir que existem diferenças apenas nos métodos de intervencionismo, não na sua lógica".[2]

É por isso que se optou pelo critério do intervencionismo: ele acabou sendo mais forte e duradouro que o socialismo, permeando todas as ideologias, doutrinas políticas e todos os programas partidários importantes, com exceção do liberalismo, tornando-se o mais adequado para marcar a diferença entre os modelos vigentes e os futuros. Isso porque hoje o problema já não consiste mais em saber qual é a ideologia mais perfeita e abstratamente mais vocacionada a uma remota felicidade humana, mas qual a escolha pragmaticamente mais acertada para proporcionar no curto prazo a expansão da economia e a superação da miséria, ou seja: se a **ordem espontânea**, gerada pela sociedade, ou a **ordem coacta**, imposta pelo Estado.[3]

Esse pragmatismo não resulta de nenhuma fórmula cabalística, de nenhum segredo arcano, nem de revelação religiosa e muito menos de concepções cerebrinas repassadas de racionalismo ou de preconceitos ideológicos, mas, simplesmente, da mera observação crítica do desempenho dos vários regimes político-econômicos nos diversos países do globo, notadamente depois do surgimento da Revolução Industrial e de seus desdobramentos ao longo do século recém-findo.

O intervencionismo laboral no Brasil é exercido em vários níveis e em variados modos de relacionamento: na *autonomia individual*; na *autonomia sindical*; na *autonomia coletiva*; na *greve*, na *solução de conflitos e na fiscalização do cumprimento das normas*.

4. A crise do modelo intervencionista

Apresentada como a legislação do trabalho mais avançada na época, a Consolidação das Leis do Trabalho (CLT), como viria a ser chamada, representava a culminância da política nacional-populista de Getúlio Vargas. Foi recebida com ufanismo pelas elites políticas e ungida pela confiança popular com fundamento na mística do dirigismo estatal e, em conseqüência, na excelência do protecionismo legal nas relações entre capital e trabalho.

Embora deva-se reconhecer uma excepcional resistência da Consolidação das Leis do Trabalho, se considerada em seus fundamentos e regras principais, é inegável que hoje o modelo trabalhista vanguardeiro de 1943, passado mais de meio século, está ultrapassado, tanto pela desconformidade com a vigência de novas políticas internas quanto por sua imprestabilidade para sustentar a inserção internacional competitiva do país, num mundo em processo expansivo de globalização econômica.

O atual modelo trabalhista brasileiro, entre tantas outras que vêm sendo apontadas pelos especialistas e mesmo pela imprensa, revela pelo menos cinco grandes deficiências: **os vícios técnicos, os custos econômicos, a ineficácia da**

Justiça do Trabalho, o descumprimento habitual das leis e das decisões judiciais e o seu descompasso com a nova realidade nacional e internacional.

Com efeito, como não poderia deixar de ocorrer, os **vícios do modelo** se acumulam, tornam-se mais evidentes e só tendem a se agravar com o passar do tempo. Meio século revelou defeitos de origem, de forma, de conteúdo e de funcionalidade que cada vez mais concorrem para torná-lo **inadequado** para o eficaz regramento dos fenômenos sociais a seu cargo.

Não menos importantes, e hoje cada vez mais considerados com preocupação pelos analistas políticos e econômicos, são os **custos do modelo**.

De fato, dentre os custos institucionais mais ponderáveis nas relações econômicas, hoje fundamentais para definir investimentos e fluxo de capitais e, por isso, decisivos para o desenvolvimento de um país, estão os crescentes **encargos trabalhistas** e **encargos sociais**.

Na aferição dos encargos, alguns mensuráveis outros não, devem-se considerar os **custos psicológicos**, os **econômicos**, os **políticos**, os **sociais** e os **jurídicos**, inclusive os da **preservação** e da **solução** dos conflitos, a par dos custos impostos pela **regulação** e pela **fiscalização** de seu cumprimento.

Como séria agravante, a **Justiça do Trabalho,** criada para ser uma alternativa barata, pronta e desburocratizada para a solução dos conflitos, tornou-se cada vez mais onerosa, pesada e ineficiente.

Parece inequívoco que as leis trabalhistas e seus respectivos procedimentos judiciais não mais fornecem respostas adequadas aos novos tipos de demandas, tanto do ponto de vista qualitativo quanto quantitativo. Essa realidade tem levado as partes a procurarem resolver suas pendências fora da competência jurídico-processual da Justiça do Trabalho.

Até mesmo como resultado dessa ineficiência, **o crônico descumprimento das leis e das decisões judiciais** tem posto em risco todo o modelo, contribuindo para a explosiva expansão da economia informal, a proliferação de greves abusivas e, o que é pior, o desacato sistemático à ordem jurídica instituída.

Culmina, enfim, a constatação, hoje cada vez mais evidente, de que o modelo não ficou apenas anacrônico, mas, além disso, vem se tornando um obstáculo ao desenvolvimento do país, tal o seu grau de **descompasso com a nova realidade nacional e internacional**. Além de contribuir para reduzir a competitividade da economia nacional, o modelo atual, dogmático, positivista e petrificado, contrasta aberrantemente com os sistemas pragmáticos, autonomistas e flexíveis que caracterizam os países de vanguarda, nos quais as relações entre os fatores de produção já evoluíram da confrontação para a cooperação. Um contraste que, além de chocar os analistas, espanta os investidores.

5. As causas endógenas e exógenas da crise

Todavia, para os que estão preocupados com a oportuna adoção de um novo e moderno modelo trabalhista para o Brasil, torna-se irrelevante saber se no passado a legislação trabalhista atendeu, de alguma forma, os reclamos da sociedade, dos atores sociais e do Governo. O **fulcro da questão** é saber se atualmente ela está preenchendo, num contexto democrático, pluralista e globalizado, as suas verdadeiras finalidades. Nesse sentido impõem-se identificar e pôr em evidência com nitidez os vícios de origem, de forma, de conteúdo e de funcionalidade ainda presentes em nosso atual modelo laboral, por meio de análise comparativa entre as condições objetivas e subjetivas existentes na era Vargas, *vis-à-vis*, às condições presentes no atual momento da nossa história.

5.1 As causas endógenas

5.1.1 A ilegitimidade do modelo

Na sua origem, o modelo trabalhista brasileiro foi fruto da imposição de um ditador (Getúlio Vargas); é resultado de uma ordem jurídica também imposta (Constituição de 1937); e foi elaborado em plena vigência de um regime político autoritário (Estado Novo).

De fato, a **CLT**, em sua maior parte, surgiu numa época em que nos encontrávamos em presença de uma concepção fascista de governo.[4]

A sua origem autoritária está plenamente configurada pelo depoimento insuspeito de **Arnaldo Süssekind**, um dos integrantes da Comissão encarregada de redigi-la: "Recordemos que, naquela ocasião, em 1942, o Presidente Getúlio Vargas concentrava os poderes Executivo e Legislativo: ele legislava através de decreto-lei".[5]

Verifica-se, portanto, que a CLT não resultou de um processo participativo da sociedade brasileira. Tem clara inspiração autoritária. Foi criada no pressuposto de um Estado onipresente e onisciente, destinado a ditar o bem-estar de todos e de cada um.

Na verdade, o regime varguista afrontou as quatro **fontes democráticas do direito**: a legislativa, a judiciária, os usos e costumes e a negocial, comprometendo inquestionavelmente a legitimidade do seu direito. A legislação trabalhista, esparsa inicialmente e consolidada em 1943, adquiriu apenas a dimensão de **legalidade**, como nos habituamos a considerar com os ensinamentos reiterados do positivismo jurídico.

Como está impregnada de ilegitimidade originária, o modelo vigente, em muitos de seus aspectos, não mais se adapta à nova realidade democrática e pluralista da sociedade brasileira atual.

5.1.2 A inautenticidade do modelo

O modelo trabalhista brasileiro na sua gênese, além de antidemocrático e, portanto, ilegítimo, ou até mesmo por sê-lo, é inautêntico. Foi inspirado e influenciado, em muitos de seus aspectos, na **Carta del Lavoro**, um paradigma controvertido mesmo na sua época de maior prestígio, em que era apregoado como a grande realização do fascismo italiano.

Em alguns dispositivos, como o art. 138 da Carta Constitucional de 1937, o texto traduz fielmente o correspondente italiano, conforme nos lembra Arion Sayão Romita;[6] *verbis*: "A associação profissional ou sindical é livre. Somente, porém, o sindicato regularmente reconhecido pelo Estado tem o direito de representação legal dos que participarem da categoria de produção para que foi constituído, e de defender-lhes o direito perante o Estado e as outras associações profissionais, estipular contratos coletivos de trabalho obrigatórios para todos os seus associados, impor-lhes contribuições e exercer em relação a eles funções delegadas de poder público".[7]

Saliente-se que a nossa inautenticidade jurídica não é exclusividade da era Vargas e nem se situa apenas no âmbito do Direito do Trabalho. A **história constitucional** está aí para nos revelar o quanto os nossos sucessivos textos magnos estão impregnados de fontes alienígenas.

Na verdade, as tentativas de aperfeiçoamento das Constituições brasileiras têm sido feitas mais por meio de cópia, a partir de **modelos abstratos**, do que por evolução, com base em nossa experiência sociocultural concreta. No dizer de **Miguel Reale**: "Um acúmulo de exotismo, de aberrações teóricas, de fantasias de biblioteca e de cópias servis de modelos estranhos."

Nem mesmo a Constituição de 1988 fugiu a esse tradicional hábito. Como tão bem retrata **Fernando Whitaker da Cunha**, nosso atual texto é "um coquetel de constituições estrangeiras", tendo como inspiração básica o modelo português.

Repetiu-se, mais uma vez, na história do constitucionalismo brasileiro, o que **Oliveira Vianna** não cansou de enfatizar: "Nenhum dos nossos ideais rescende o doce perfume da nossa terra natal. Trazem-nos sempre à nossa lembrança uma evocação de estranhas terras, de outros climas, de outros sons, de outras palavras. Nossos ideais não se alimentam da nossa seiva, não se recolocam na nossa vida, não se embebem na nossa realidade, não se mergulham na nossa história".[8]

5.1.3 A demagogia no modelo

A CLT não resultou de nenhuma demanda política. Foi oferecida como panacéia social no bojo de um regime autocrático e preocupado com o culto à personalidade do ditador Vargas. Baseia-se numa simplificação da realidade, mascarando aspectos essenciais da relação capital-trabalho. Seu irrealismo a aproxima da utopia, naquilo que esta pode ter de sedutor, de desenhar róseas expectativas.

Como hábil demagogo, Getúlio Vargas se aproveitou da excitação e da miséria populares para comunicar a falsa impressão de que, ao criar uma abundante legislação social, foi atento e cuidadoso com a sorte dos menos afortunados.[9] Na verdade, valeu-se do artifício da prática da mentira instrumental para se manter no poder e projetar uma imagem simpática para o seu público alvo: os trabalhadores.

Sua **atitude demagógica** acabou concorrendo para que a CLT se tornasse, por via de conseqüência, um lamentável **produto demagógico**.

A atitude demagógica é um dado subjetivo. É o defeito imputável a quem se vale desse artifício para projetar uma imagem simpática para o público. Conseqüentemente, assoma a figura do demagogo, para quem o resultado só vale na medida em que dele obtiver a projeção pessoal desejada, mesmo à custa da exacerbação de expectativas populares.

Já o produto demagógico é um dado objetivo. O defeito está no resultado, independentemente da intenção de quem o produziu. Conseqüentemente, a figura do demagogo, que pode ou não estar por trás do produto, perde a importância para o próprio resultado demagógico que consiste, efetivamente, no despertar ou no exacerbar de falsas expectativas".[10] Ou seja, uma forma de distribuir benesses, que se sabia, de antemão, serem, muitas delas, à época, de impossível aplicação. A preocupação era apenas a de conceder direitos, sem nada exigir, e distribuir benesses, sem tratar de criar condições de produzir.

Exacerbou expectativas distributivistas, sem levar em conta a oportunidade, dosagem e disponibilidade de meios.

Um verdadeiro modelo trabalhista democrático se cultiva na sinceridade de propósitos e não em motivos puramente demagógicos, os mesmos que levaram **Aristóteles** a ver, na demagogia, a **corruptela da democracia**. Ambas têm, em comum, o povo — mas, enquanto esta busca a verdade da vontade popular, aquela dissemina a mentira e o engodo.

Vale aqui a advertência de Lenin: "Os piores inimigos da classe trabalhadora são os demagogos."

5.1.4 O preconceito no modelo

O preconceito ideológico **resultou do rechaço a todos os valores e princípios que não se identificavam com o modelo fascista oficial da época: a democracia representativa, o liberalismo econômico e o comunismo.**

Contra a **democracia representativa**, alcunhada depreciativamente pelo getulismo de **metafísica liberal**, por considerá-la anárquica e um estímulo à confrontação de classes; contra o **liberalismo econômico** por considerá-lo predatório, selvagem, estratificador, e um obstáculo ao desenvolvimento econômico e social do país; contra o **comunismo** por temer que a pregação ideológica marxista pudesse provocar uma rebelião dos trabalhadores e acirramento da luta de classe, com sérios riscos à ordem política instituída.

Os **atores** das relações laborais foram alvos também do preconceito. É nítido o preconceito contra o **trabalhador** em geral por considerá-lo incapaz de se autodeterminar e exercer plenamente a sua autonomia da vontade. Daí a necessidade de se criar um sistema legal de tutela por parte do Estado em seu favor, do ponto de vista jurídico, como hipossuficiente.

Na CLT, também o **empresário** é visto de maneira preconceituosa. Aliás, a cultura que permeia nossa legislação trabalhista é nitidamente antiempresarial. O pressuposto é que o empregador é um ser anti-social, insensível, retrógrado, que se comporta como explorador da nação e dos trabalhadores, nada lhes dando em troca.

A legislação trabalhista soa, assim, como um código penal: em cada um de seus capítulos, submete a convivência entre empregados e trabalhadores a regras e tutelas, muitas delas aflitivas e punitivas.

Mas, além do preconceito contra ideologias adversas e contra os atores sociais, a legislação varguista também pôs algumas **instituições** sob suspeita. Os

sindicatos pelo receio de que pudessem se voltar contra a ordem política estabelecida. As **empresas multinacionais** pelo receio, quase pânico, de não poder, de alguma forma, discipliná-las, domá-las convenientemente para ajustá-las às nossas necessidades nacionais. Essa posição de contrariedade a certas instituições levou Vargas a colocá-las de quarentena, a restringir a sua atuação e, até por vezes, levar à sua extinção.

Em qualquer modelo que se queira estabelecer para o Brasil, o preconceito é um vício que deve ser eliminado, pois é a própria negação da racionalidade na apreciação ou julgamento de um fato.

Por causa de sua origem emocional, o preconceito se ergue como uma barreira intransponível nos diálogos e nas composições de interesses. Lutar contra um preconceito, escreveu Charles Mildmay, "é como lutar com uma sombra", exaure o debatedor sem, visivelmente, afetá-lo. Esquivo, inconfessado, irreconhecido pelo preconceituoso, tem sido, através dos séculos, o germe de intolerâncias e o pretexto das desavenças.[11]

É preciso superar o maniqueísmo, teimosamente arraigado entre nós, que parece facilitar tudo com a sua divisão simplista e simplória entre **proletários** e **empresários**. Na verdade, essa classificação nada tem a ver com a imensa complexidade dos problemas e das soluções que se agitam no mundo de hoje.

5.2 Vícios de forma

5.2.1 O detalhismo no modelo

O modelo trabalhista brasileiro se caracteriza pelo exagero de regulação, regulamentações e propósitos intervencionistas, mais do que seria razoável para uma sociedade moderna, democrática e pluralista.

De fato, no campo das relações de trabalho, a obsessão do detalhe pelo legislador brasileiro foi levada a extremos. A **CLT** contém 922 artigos, subdivididos em incontáveis parágrafos, incisos e alíneas, alterados por mais de uma centena de leis posteriores. Tem contra si o seu próprio tamanho; marca do Estado onipresente e onisciente, que tudo busca prever e regular, por desconfiar da própria sociedade.

A própria **Constituição de 1988** no capítulo concernente aos direitos dos trabalhadores tornou-se um minicódigo do trabalho, demasiadamente prolixo, detalhista, um exagero de normatividade, que não se compadece com a natureza e o nível do instrumento legislativo de que se trata. Seu **art. 7º** elenca

34 incisos, regulando sobre despedida arbitrária, seguro desemprego, fundo de garantia do tempo de serviço, salário mínimo, piso salarial, irredutibilidade de salário e sua garantia, décimo terceiro salário, remuneração do trabalho noturno, proteção do salário, participação nos lucros ou resultados, salário família, duração do trabalho normal e jornada de seis horas, repouso semanal remunerado, remuneração do serviço extraordinário, gozo de férias remuneradas, licença gestante, licença-paternidade, proteção do mercado de trabalho da mulher, aviso prévio, riscos inerentes ao trabalho, remuneração para as atividades penosas, insalubres ou perigosas, aposentadoria, assistência gratuita aos filhos e dependentes, reconhecimento das convenções e acordos coletivos, proteção em face da automação, seguro contra acidentes do trabalho, prescrição, isonomia salarial, de função e de direitos e, por último, os direitos previstos para os trabalhadores domésticos.

Perfeitamente aplicável à nossa exuberante legislação trabalhista esta judiciosa afirmação: "Nada há de mais subdesenvolvido do que o pandemônio da legislação brasileira. É artigo que remete a parágrafo, deste a inciso, de inciso a alíneas. Há leis contra leis que falam de outras leis. Nesse labirinto, surge, com absoluta clareza, que o país, com tantas leis, não tem lei. Assim, os tribunais ficam cheios de processos, e ninguém sabe quais as leis em vigor, as revogadas e as repristinadas".[12]

Lamentavelmente a sociedade brasileira de há muito aprendeu a conviver com essas legislações detalhistas, enxundiosas e enigmáticas e com os inevitáveis despachantes, tratadores de papéis e escritórios especializados: os iniciados profissionais dessas letras herméticas.

Para evitar essas distorções, o modelo trabalhista deveria ser **sintético** e não detalhista. A qualidade da síntese, para contra-arrestar a pletora normativa que cria confusão, uma falsa idéia de segurança, e uma burocracia corporativa que acaba sendo parasita das relações de trabalho. Por isso, a premissa formal mais importante é reduzir a normatividade estatal a um núcleo mínimo de garantias de obrigatória observância.

5.2.2 A inflexibilidade do modelo

O modelo intervencionista da CLT, seguindo a tendência que parece não ter sido totalmente superada nas incursões contemporâneas de constituintes, legisladores e juristas no terreno minado das reformas institucionais, revela-se extremamente **rígido**.

Por força do excessivo intervencionismo estatal instituiu-se entre nós, "um sistema pesado e inflexível que, dentro da velha tradição patrimonalista e juridicamente formalista, passou a ser de predomínio da legislação social sobre o contrato e do aparato da Justiça Trabalhista sobre a negociação entre as partes".[13] Ou como bem sintetiza José Pastore: "Temos muita lei e pouco contrato; muito julgamento e pouco entendimento."[14]

O **exagerado detalhismo** de nossa legislação trabalhista, em todos os níveis, e a inadequada intervenção da Justiça do Trabalho, em assuntos de alta complexidade e tecnicidade econômica, está provocando uma flexibilização selvagem por parte do mercado. Estima-se que mais de 50% da população economicamente ativa do País esteja na informalidade, vale dizer, à margem de qualquer proteção legal. Foi a resposta espontânea e alternativa possível que os atores sociais encontraram para sobreviver, diante da excessiva rigidez da legislação vigente.

A imposição de um modelo trabalhista rígido e inflexível não é apenas um defeito técnico muito grave da elaboração legislativa. Na verdade, é uma forma de **totalitarismo normativo**, espécie tão ou mais nociva que o totalitarismo tradicional. Seu resultado é inibir o funcionamento normal das relações trabalhistas. Ao impor normas rígidas, o legislador substitui as partes, dificulta o diálogo, bloqueia o processo da livre negociação, dificulta os incentivos à produtividade e impede a sociedade de criar, quebrando-lhe a espontaneidade natural, na busca de seu caminho.

O modelo tradicional de **contrato individual de trabalho**, fundado nas premissas da indeterminação de prazo, da fixação do local da prestação de serviços, do vínculo a um único empregador e da proteção contra o despedimento injusto, não atende às exigências práticas da moderna empresa, que necessita de agilidade e flexibilidade para enfrentar a economia cada vez mais globalizada, competitiva e cambiante.

A idéia de um direito mais maleável, para adaptar-se com igual facilidade aos vários estratos econômicos de uma sociedade contemporânea, caracterizada por alta complexidade e profundas disparidades estamentais, está intimamente ligada à própria necessidade de aliviar o peso relativo dos Estados sobre as sociedades que regem.

Embora nascida nos contextos mais dinâmicos do Direito Econômico e do Direito do Trabalho, a **tese da flexibilização** ganha hoje generalizada aplicação em qualquer ramo da ordem jurídica que ressinta a necessidade de adaptar as rígidas formulações, herdadas do positivismo, às contingências polimórficas das sociedades contemporâneas.

A adaptação do Estado e do seu direito, hoje empreendida em nível mundial, não tem suporte programático nem ideológico: ela tem ocorrido indistintamente em qualquer país em que se tenha aflorado a percepção mais pragmática do papel do Estado e do direito no processo de desenvolvimento: muito mais fruto da experiência que de concepções cerebrinas de teóricos de gabinete.

A flexibilidade, como capacidade funcional do modelo de adaptar-se às rápidas mudanças internas e externas e de enfrentar as crises de toda sorte, passa a ser a garantia da estabilidade. Não mais estável por ser pétrea, mas por ser flexível.

5.2.3 As contradições no modelo

A Consolidação das Leis do Trabalho foi concebida e redigida em 1943 por um grupo de competentes profissionais. Na sua versão original revelou-se um documento sistemático, lógico na forma e coerente com a conjuntura e o regime autoritário vigentes na época.

Os procedimentos adotados para compor o sistema orgânico da CLT, nas palavras do único integrante vivo da Comissão elaboradora, ministro Arnaldo Süssekind foram:

a) **sistematizar,** as normas de proteção individual do trabalho que correspondiam a três fases distintas: a dos decretos legislativos do Governo Provisório da Revolução de 1930; a das leis do Congresso Nacional, na vigência da Constituição de 1934; e a dos decretos-leis do chamado **Estado Novo**, configurado na Carta Constitucional de 1937;

b) **transplantar** para o texto da CLT, a legislação recente (1939-1941) atinente à Justiça do Trabalho e à Organização Sindical com a finalidade de complementar e pôr em execução a Carta Magna de 1937;

c) **atualizar** e **adaptar** algumas normas superadas no tempo, sobretudo as de segurança e higiene do trabalho, inspeção do trabalho etc.;

d) **inserir** novos títulos ou capítulos que se tornaram imprescindíveis.

No entender de Süssekind, "a necessidade de legislar se tornou necessária porque não era possível fazer um sistema lógico, coerente, sem título introdutório que estabelecesse os princípios nem conceitos fundamentais como os de empregado, empregador, sucessão trabalhista etc., até então inexistentes em leis".[15]

Com o decorrer do tempo, em razão do surgimento de novos preceitos constitucionais, leis ordinárias, regulamentos e portarias, a CLT passou a apresentar em muitos de seus dispositivos sérias e incontornáveis contradições.

Além da CLT, a Constituição de 1988 é também surpreendentemente contraditória. Por exemplo: ela se propôs a estabelecer o primado da sociedade, por isso iniciando-se pelo Homem, mas, paradoxalmente, acaba sendo a mais estatizante das que tivemos, talvez com exceção da de 1937.

Com efeito, de nada adiantam os princípios do Título I e suas abundantes 72 declarações de liberdades e garantias, esmiuçadas no quilométrico art. 5º do Título II, se, contraditoriamente, elas acabam sendo anuladas pela complicada máquina do Estado intervencionista e fiscalista que vem minudentemente construída nos demais sete Títulos.

Na Constituição Federal atual, "o indivíduo, exaltado por aquelas prolixas declarações de direitos e garantias, parece ter recebido tudo e mais alguma coisa. Mas, aos poucos, a Carta decepciona e se contradiz, à medida que o papel do Estado vai sendo detalhadamente definido na mais extensa Constituição de nossa história. O indivíduo tem tudo como pessoa idealizada: no momento em que dele se esperam o trabalho, a iniciativa, o progresso; enfim, dele se desconfia, começa a ser penalizado, tributado e limitado".[16]

Ninguém mais apropriadamente destaca as contradições de princípios da atual Constituição do que Roberto Campos: "querem uma constituição 'intervencionista', quando a **Nouvelle Vague** mundial é a rebelião do indivíduo contra o Estado obeso. Querem uma constituição nacionalista, num mundo cada vez mais interdependente, no qual capitais estrangeiros escassos são requisitados até mesmo por países socialistas. Querem uma constituição que garanta a liberdade política, mas que destrua a liberdade econômica, pois que as 'reservas de mercado' são meros eufemismos para a cassação da liberdade individual de produzir. Querem uma constituição assistencialista, como se a opção social pudesse ser divorciada da base econômica da sociedade".[17]

Na verdade, "conseguimos produzir um texto saudavelmente libertário no político, timidamente capitalista na Ordem Econômica, francamente socialista e utópico na Ordem Social. Como decorrência, a Constituição de 1988 tornou-se doutrinariamente confusa e contraditória, um misto de capitalismo amordaçado e um socialismo encabulado".[18]

Ora, todas essas espantosas contradições não são apenas exemplos inocentes de descuido técnico ou de curiosos deslizes dos constituintes. Infelizmente não: elas comprometem seriamente a implementação das normas constitucionais e, por conseqüência, de todas as normas legais ordinárias que àquelas se vinculam.

O que ocorre com um **texto assistemático** é que sua interpretação quase sempre demanda mais esforço e tempo que uma obra já produzida com a intenção de evitar as ambigüidades mais graves e de conduzir a resultados mais seguros.

A legislação constitucional e a trabalhista deveriam ser coerentes para que pudessem ser mais facilmente aplicadas e interpretadas dentro da lógica jurídica. Lamentavelmente, não o é. Suas contradições tornam impossível uma **legislação coerente**, uma **administração coerente** e, sobretudo, uma **jurisprudência coerente**.

5.3 Vícios de matéria

5.3.1 O utopismo no modelo

Tantos nossos legisladores ordinários como os constituintes não souberam evitar o utopismo no trato da matéria trabalhista. O modelo da CLT sacralizado na atual Constituição, ao fundar-se em premissas e finalidades idealizadas, revelou-se, em muitos dos seus aspectos, irrealizável na prática.

Ignorando as peculiaridades dos **sujeitos da relação trabalhista**; desconsiderando as **diversidades regionais do país**; desconhecendo a importância dos **fatores econômicos**, nossos legisladores, em vez de produzirem um ordenamento jurídico razoável e possível, preferiram projetar sobre a realidade **juízos de valor** de impossível realização prática.

É óbvio que do ponto de vista da idealidade seria altamente desejável que as empresas brasileiras, independentemente do seu *status,* **dimensão** e **localização**, pudessem cumprir integralmente todas as exigências legais. A realidade brasileira, no entanto, é bem diferente da configurada na lei. Poucas empresas no Brasil, mesmo as multinacionais, têm condições de atendê-las por inteiro, muitas vezes não por falta de desejo, mas por impossibilidade real de fazê-lo.

Mas, afinal, que razões poderiam explicar o tipo de legislação trabalhista tão divorciada da realidade brasileira. Em primeiro lugar, conforme já salientado, por generosa utopia paternalista, inspirada no **distributivismo sem lastro**; em segundo lugar, em razão do caráter profundamente **idealístico da nos-**

sa cultura, do qual até mesmo a elite mais intelectualizada ainda não se desvencilhou totalmente.

O legislador utópico é necessariamente voluntarista: acredita na possibilidade de rejeitar radicalmente a realidade, a partir do condicionamento legal. Faz da lei uma norma à qual a realidade deve se conformar.

Aí está o seu grande equívoco: "A norma facilita ou dificulta o progresso, mas jamais materialmente o gera. A materialização do progresso pertence à ordem dos fatos, não à dos preceitos".[19]

Há, portanto, que se fazer distinção entre a lei como estimuladora do progresso e a lei que pretenda gerar progresso independentemente dos processos reais da sociedade.

Como disciplinador de conduta, o Direito é um instrumento formidável, mas sua valia depende da adequabilidade de suas normas aos fatos da vida humana, sejam eles do passado, ou aqueles projetados.

O **Direito do Trabalho** não tem sentido isoladamente considerado. É um **complemento da economia**. "Pode subsistir somente se houver uma economia capaz de garantir as condições de vida dos trabalhadores, de protegê-los das vicissitudes de uma economia desordenada".[20]

É utopia pretender impor um sistema de relações de trabalho de primeiro mundo em um país com economia de terceiro.

Nosso **apriorismo jurídico** em tudo se assemelha ao do México. "Pela Constituição, os mexicanos têm direito a emprego decente e a salários justos — direitos que nem os trabalhadores americanos têm. O problema é que tais leis nunca são postas em prática, o que se tornou causa de acirrados debates nos Estados Unidos sobre se os americanos deveriam assinar o Tratado de Livre Comércio com o México e o Canadá em 1993".[21]

Uma oportuna **confissão de humildade** de Sir Otto Kahn-Freund merece ser salientada: "o que o jurista e o legislador podem fazer no campo das relações de trabalho é importante, porém muito mais importante é o trabalho do engenheiro e do cientista, do economista privado e do administrador criativo. A lei não passa de uma força secundária nas ações humanas, especialmente no campo das relações de trabalho".[22]

5.3.2 O corporativismo no modelo

Ao longo da História presenciamos vários **tipos de corporativismo**. Mas "enquanto o corporativismo **tradicional** é essencialmente pluralista e tende à difusão do poder, o corporativismo **fascista** é monístico, tenta reduzir à unidade todo o complexo produtivo. No corporativismo tradicional as corporações se contrapõem ao Estado; no corporativismo fascista as corporações estão subordinadas e são órgãos do Estado".[23]

A teoria corporativista dirigista, inspiradora da nossa legislação trabalhista, teve sua origem histórica na Itália fascista. Influenciou e deu corpo ao regime mussoliniano, tendo se expandido por outros países.

No **plano econômico**, o corporativismo se apresenta como alternativa do modelo liberal, tido como desagregador do sistema produtivo, por força da existência de competição desenfreada e sem limites.

No **plano político**, ele se coloca como alternativa do modelo democrático representativo. A teoria corporativista fascista "preconiza a realização de uma democracia orgânica, em que o indivíduo não terá valor como entidade numérica, mas como portador de interesses precisos e identificáveis".[24] O objetivo é institucionalizar um regime autocrático e antipartidário, fundado na mitificação do Estado e francamente hostil aos conceitos liberais de liberdade e igualdade naturais dos seres humanos e aos princípios da separação dos poderes e da não-intervenção do Estado.

No **plano social**, o modelo corporativista se apresenta como contraproposta ao modelo sindical pluralista: "Propõe, graças à solidariedade orgânica dos interesses concretos e às fórmulas de colaboração que daí podem derivar, a remoção ou neutralização dos elementos de **conflito**: ou seja, a **concorrência** no plano econômico, a **luta de classes** no plano social, as **diferenças ideológicas** no plano político."

São estas as características principais do **corporativismo sindical** fascista costumeiramente apontadas pelos doutrinadores: a) sindicalização obrigatória; b) unicidade ou monopólio sindical; c) definição pública dos salários e condições de trabalho; d) regulação inflexível e aplicação rígida das leis de greve; e) cooptação das "lideranças sindicais"; f) imposto sindical obrigatório; g) a inserção da representação classista na Justiça do Trabalho; h) submissão dos sindicatos às políticas governamentais.

Fatores objetivos e **subjetivos**, **nacionais** e **internacionais** permitiram que o corporativismo exercesse influência marcante no governo Vargas. Serviu de embasamento doutrinário ao movimento revolucionário de 1930; inspirou as suas políticas governamentais; foi explicitamente adotado pelo Estado Novo

(1937) e se transformou em fonte inspiradora da nossa Consolidação das Leis do Trabalho (1943).

No **plano legal** "o primeiro passo da construção do corporativismo foi dado pelo Decreto nº 19.770, de 19 de março de 1931, do Governo Provisório de Getúlio Vargas. Pelo disposto no art. 1º os interesses das classes patronais e operárias só poderiam ser defendidos por meio do Ministério do Trabalho, e todas as classes patronais e operárias se organizariam em sindicatos quando exercessem profissões idênticas, similares ou conexas. Era o conhecimento expresso da sindicalização por profissões".[25]

Em toda a CLT, as **marcas do corporativismo** são evidentes. O Capítulo II do Título V é a prova mais eloqüente. Os sindicatos passaram a constituir-se por categorias econômicas ou profissionais específicas (art. 570); criou-se uma Comissão de Enquadramento Sindical (art. 576); e, regulamentaram as profissões que passaram a integrar o nosso ordenamento jurídico trabalhista (art. 577).

Consoante nos lembra o notável jurista João de Lima Teixeira Filho: "Para aqueles que se dedicam ao estudo do Direito do Trabalho e à sua aplicação, um dos maiores problemas é a existência, além de toda uma complexa legislação básica, contida na CLT e nas Leis que a alteram, de cerca de uma centena de profissões e atividades regulamentadas, tudo isso contido em mais de 120 leis, decretos, sem incluir portarias interministeriais disciplinando detalhes."[26]

A Constituição de 1988, em termos corporativos, não é menos rica de exemplos: "empresas estatais (arts. 21, X, XI, XII, 177, I, até IV); magistratura (art. 93); ministério público (art. 123, §§ 3º e 5º) procuradoria geral da fazenda nacional (arts. 131, *caput* e § 3º); polícias rodoviária e ferroviária federal (art. 144 incisos ii e iii); polícia civil (art. 144, § 4º); médicos (art. 199 § 3º); universidades estaduais (art. 218 § 5º); notários (art. 236); fazendários (art. 237); delegados de polícia (art. 241); escolas oficiais (art. 242 *caput*); servidores públicos civis (art. 19); ministério público do trabalho e militar (art. 29, § 4º); índios (art. 231 §§ 2º e 3º); empresariado nacional (art. 171, §1º); advocacia (art. 133), além de inúmeros outros".

Constata-se da leitura dessa imensa lista que, a rigor, todos os segmentos politicamente organizados da sociedade foram aquinhoados com benesses: da "tanga" à "toga".

A conclusão a que se chega é que a cultura e o modelo corporativista têm presidido a história do nosso sistema de relações de trabalho. Em grande parte, o que o **Estado Novo** nos legou, lamentavelmente, ainda persiste entre nós.

É da pena de **Hernando de Soto** essas bem lançadas observações sobre o distributivismo e suas conseqüências corporativas: "O Estado peruano normatiza quase exclusivamente com fins financeiros. Em lugar de gerar uma "democracia de direito", conduziu a uma "democracia de pressão".

E prossegue o arguto pensador: "um direito formulado com fins exclusivamente distributivistas não favorece nem aos ricos nem aos pobres mas aos que estão mais bem organizados para aproximar-se do poder. Ademais, não garante que as empresas que ficam no mercado sejam as mais eficientes economicamente, senão politicamente. Essa politização da sociedade peruana determina que todos os problemas sejam tratados principalmente de acordo com os procedimentos oferecidos pelo poder, e menos com outros valores, como a eficiência econômica, a moral ou a justiça. Torna-se necessário, então, recorrer ao Estado para todas as atividades, uma inevitável burocratização e centralização da sociedade. Dessa maneira, **politização**, **centralização** e **burocratização** resultam filhos do mesmo pai; o **direito redistributivista**".[27]

Tem razão o sindicalista Vicente Paulo da Silva quando diz que "os princípios contidos na atual legislação do trabalho reforçam os alicerces do corporativismo, sendo responsáveis por uma prática muitas vezes autoritária, artificial e, portanto, contrária aos nossos interesses de classe".[28]

5.3.3 O socialismo no modelo

Socializante é o modelo que se orienta por um ideal igualitário; privilegia o coletivo sobre o individual, subordina o econômico ao social; e defende a intervenção estatal no âmbito das relações laborais como meio de obtenção da justiça social.

Parece paradoxal sustentar que a nossa legislação trabalhista tenha sofrido qualquer influência do socialismo. Isso porque Mussolini não escondeu que a sua idiossincrasia eram a **democracia representativa**, o **liberalismo econômico** e o **socialismo**.

Por convicção ou por mera conveniência política, não importa, o certo é que a **idéia-força** da igualdade e o discurso sistemático contra o capitalismo nacional e internacional sempre estiveram presentes na ação reformista de Vargas.

Alguns chegam até a afirmar que o seu trabalhismo seria a "expressão do socialismo brasileiro".[29] Pelo menos é o que se depreende de um de seus pronunciamentos, no final dos anos 1940, *verbis*: "ou a **democracia capitalista** abre mão de suas vantagens e privilégios, facilitando a evolução para o **socia-**

lismo, ou a luta de classes se travará com os espoliados, que constituem a grande maioria, numa conturbação de resultados imprevisíveis para o futuro".[30] (...) "A velha democracia liberal e capitalista está em franco declínio porque tem seu fundamento na desigualdade. A outra é a democracia socialista, a democracia dos trabalhadores. A esta eu me filio".

Tais pensamentos inundavam o Brasil, transbordavam para os textos escritos sobre este período, em décadas posteriores, e permanecem até hoje impregnando a consciência de muitos de nossos juslaboristas e legisladores.

Por exemplo, a **Constituição de 1988** não chegou ao ponto de estruturar um Estado socialista puro, mas pretendeu, por certo, compatibilizar a democracia política com muitos aspectos próprios do socialismo econômico.

Nossos legisladores ignoraram o fato de que, não obstante, no nível de **aspiração**, o socialismo possa compatibilizar-se com a democracia, há uma visceral contradição entre ele, como **organização social**, e o **regime democrático**. Aliás, este é o dilema que nos propõe Noberto Bobbio ao afirmar que essa contradição existe; porquanto, através da democracia, o socialismo é inatingível, mas, se for atingido através da ditadura, será a democracia a inatingível".[31]

Mas como entender as atitudes e ações "socialistas" de Vargas e de muitos governantes que o sucederam?

Numa classificação que, originariamente, se destinava a ordenar as interpretações do termo socialismo, **Werner Sombart** nos deixa um aporte extraordinário.

Segundo ele, haveria três grupos: no primeiro, o **socialismo** é identificado ao **progresso**, a "aspiração a uma melhoria de sociedade", como afirmou Proudhon; no segundo, o socialismo, da mesma forma que o primeiro, também é idealizado, traduzindo-se na afirmação do **primado do interesse coletivo** sobre o individual, "o despertar de uma consciência coletiva na humanidade", conforme H. G. Wells, e, no terceiro, "o socialismo é um princípio de ordem social, objetivamente orientado ao **distributivismo das riquezas**, como bem definiu R. Stammler".[32]

É compreensível que num país como o Brasil, ainda socialmente muito desigual, o igualitarismo distributivista tivesse dominado o espírito de Vargas e de boa parte dos nossos legisladores ao aprovar as leis de proteção ao trabalhador.

O problema, todavia, é que levados pelo atrativo político e social do distributivismo, e embalados em divagações de um **socialismo romântico**, esqueceram-se de considerar aspectos relevantes sobre o assunto.

Preocupados exageradamente com a **igualdade**, perderam de vista a **liberdade**, que continua a ser a marca mais nítida da dignidade humana da qual a liberdade econômica é um dos seus inextricáveis aspectos, não podendo ser limitada senão para coibir o seu exercício anti-social ou para atender a reclamos absolutos da segurança da Nação. Ignoraram o fato de que são as forças econômicas do livre-mercado e não as ações jurídicas voluntaristas que promovem, preponderantemente, as mudanças qualitativas ao longo da história. Esqueceram de que somente é possível a distribuição real de renda e a distribuição de maior "justiça social" nas etapas avançadas do capitalismo. O fracasso do socialismo real atesta de maneira insopitável ser a economia de mercado, em que pesem suas eventuais falhas, a melhor solução dentre as existentes para o problema da desigualdade social.

O problema é que, conforme tão bem acentua Bauer: "o **sistema de mercado** fornece bens que as pessoas desejam, mas seus defensores não sabem explicar por quê. O **sistema socialista** não fornece os bens que as pessoas desejam, mas seus defensores sabem explicar muito bem por que não o faz, não o pode ou mesmo não o deve fazer. Um sistema é rico em bens desejados e pobre em argumentos eficientes; o outro é pobre em bens desejados e rico em argumentos eficientes".

Por oportuno, merecem registro as palavras de Lech Walesa, proeminente líder sindical e ex-presidente da Polônia: "O capitalismo é o pior sistema possível, mas ninguém inventou nada melhor."[33]

Na verdade, um modelo trabalhista socializante, que se assenta em bases ideológicas românticas; que parte do conceito abstrato de igualdade; que se apóia na crença do voluntarismo reformista; que defende a necessidade da intervenção do Estado como promotor direto do progresso social; que acredita no poder do direito como instrumento de distribuição de riquezas; que não se preocupa com os meios (custos) necessários à implementação das medidas que contempla, não tem mais condições de prosperar.

Assim, "toda política pública reformista de cunho socialista não passará de uma falácia e, ao fim do processo, aguarda-a um desfecho paradoxal e perverso: Ou não ocorre mudança alguma ou a ação pretendida tem resultados opostos aos desejados".[34]

Essa falsa opção pelos pobres termina sendo, na realidade, uma opção pela pobreza. Precisamos ter presente que a única forma de combater a pobreza material e aumentar o número de empregos é impulsionar o desenvolvimento econômico e revalorizar o setor privado da economia.

Não faz mais sentido acreditar que as "conquistas sociais" estão na Constituição e na CLT. O que se observa na prática é um fato paradoxal: quanto maior o número de "garantias" sociais oferecidas pela nossa legislação, maior o grau de injustiça social dominante.

Portanto, cada vez mais atual e oportuno o pensamento do socialista Felipe Gonzales, ex-primeiro ministro da Espanha: "... existem políticos que dizem que renunciam à eficiência econômica em favor da eficiência social. Isto só significa repartir miséria e criar uma nova classe, a Nomenclatura...".[35]

Foi um reconhecimento de que, na verdade, atualmente, as empresas que são as melhores no plano econômico são também as melhores no campo social. As que conciliaram a eficácia econômica com a eficácia social são as que tiveram sucesso no mercado; são as mais agressivas.

Com a **queda do Muro de Berlim** e **o advento da Nova Ordem Mundial** é o capitalismo democrático e não o socialismo que se tornou o grande paradigma. Resulta da congregação da democracia política com a economia de mercado; da liberdade política com a liberdade econômica. Do progresso político com o progresso econômico e social.

5.3.4 O intervencionismo no modelo

Diz-se intervencionista o modelo que defende o acréscimo de poder do Estado nas relações de trabalho, em detrimento dos poderes que remanescem aos indivíduos e aos grupos secundários da sociedade.[36]

Getúlio Vargas em sua longa permanência no poder (1930/1945; 1951/1954) "deu continuidade à tendência estatizante, de inspiração pombalina e positivista, alicerçado no princípio **comteano** de incorporação passiva do proletariado à sociedade. O ditador gaúcho materializou o antigo projeto do Estado empresário e tutelar, a partir do princípio do equacionamento técnico dos problemas, e do banimento da idéia de representação. Competia ao Estado, e mais particularmente ao Executivo, resolver qualquer questão, através dos 'conselhos técnicos integrados à administração'. Os grandes problemas da sociedade hodierna, como a educação, a saúde, a produção industrial, a agricultura, as relações trabalhistas etc., seriam todos solucionados verticalmente pelo Estado todo-poderoso".[37]

Entusiasmado por essa visão, em 13 anos (1930 a 1943) Getúlio Vargas instituiu e consolidou um modelo trabalhista marcadamente intervencionista, exercido em vários níveis e de variados modos. Em grande parte, até nossos dias, o intervencionismo estatal não é exceção, mas a regra.

Isso se deve, em grande parte, ao fato de que ainda lamentavelmente não soubemos, ao disciplinar as relações entre o capital e o trabalho, evitar o condicionamento cultural que nos leva a tudo esperar do Estado. O preço de não nos libertarmos da sensação de sua dependência foi o aumento astronômico do intervencionismo no contexto social, em detrimento do poder negocial das partes envolvidas na relação trabalhista.

Para os intervencionistas, o Estado merece toda a confiança, por ser uma categoria ética, a única instituição na qual se pode confiar por ser o único aparelho eficiente para impor regras adequadas e propiciar o equilíbrio nas relações laborais.

Ocorre que o Estado é uma abstração. Exatamente por não distinguir o **concreto** (que é o governo) do **imaginário** (que é o Estado) é que continuamos a atribuir ao Estado virtudes humanas que ele, por óbvio, não possui. Daí o intervencionismo em todos os planos e por meio de todas suas instituições. O Estado dirige a relação capital-trabalho e impõe suas soluções.

Deve-se à doutrina do positivismo jurídico, com sua crença estreita no valor validante da chancela do Estado, a teimosa permanência deste direito estatizante nas democracias emergentes, como a nossa, neste final de século. O **positivismo jurídico** legou-nos o dirigismo estatal através da norma legal, sancionando a intervenção política, econômica e social de todas as espécies e matizes, servindo, indiferentemente, a quaisquer regimes e ideologias.

Os resultados da hegemonia do pensamento jurídico positivista podem ser encontrados facilmente no excesso de leis, na irrealidade de seus preceitos, no utopismo que as informa, na burocratização que produzem, no distributivismo que pretendem realizar e, sobretudo, no centripetismo estatizante que, indefectivelmente, delas decorre.

Sem desprezar de todo o valor do direito estatal como um instrumento civilizatório, necessário à convivência ordeira das sociedades e ao seu aperfeiçoamento moral, felizmente ganha corpo um conjunto de idéias e práticas desintervencionistas.

Percebe-se mais claramente: que a uma ordem jurídica formalizada pelo Estado opõe-se um direito vivo, fragmentário, heterogêneo, em perpétuo movimento, que nunca se deixa aprisionar por qualquer ordenamento jurídico; que as sociedades, que não lograram alcançar a abertura de suas respectivas ordens jurídicas, estão encontrando sérias dificuldades de impulsionar o seu desenvolvimento integrado; que um Direito que atenda preponderantemente os interesses do Estado sobre os interesses da sociedade passa a ser um fim em si mesmo, e não um meio, como deve ser, perdendo a sua dimensão ética, tornando-se um instrumento de pura dominação, imprestável para ordenar o progresso da sociedade; que a intervenção estatal só pode ter justificativa se trouxer um acréscimo de valor social tão significativo que compense os danos sociais de reduzir o campo da autonomia privada, da criatividade e da competição.

Mas o pior do estatismo, que dificilmente pode-se negar, pois é uma lição dura e atual da História, está no seu efeito desincentivador à iniciativa individual e grupal, ou seja, a um real progresso sustentável.

Há, portanto, que se redefinir a atuação do Estado no âmbito trabalhista, enquanto criador e aplicador privilegiado do Direito.

O ressurgimento da **legitimidade**, como elemento validante do jurismo, vem repudiando o uso opressivo do poder estatal para impor comandos ilegítimos, até mesmo quando os legisladores o façam com boa fé e espírito público.

A **desregulamentação** e a **flexibilização negociada** da legislação do trabalho, hoje tendência dominante nos países mais avançados do globo, é uma realidade deste fim de século e de milênio.

Queira-se ou não, simpatize-se ou não, esta realidade vem se impondo avassaladoramente, em substituição às camisas-de-força das ideologias estatizantes, de esquerda e de direita, que caracterizaram grande parte do século passado.

5.3.5 O paternalismo no modelo

Modelo paternalista é aquele que atribui ao Estado a proteção jurídica dos trabalhadores sob o pressuposto de que são incapazes de exercer livremente a autonomia da vontade em razão de sua inferioridade econômica.

De fato, ainda é voz predominante entre os juslaboristas que o Direito do Trabalho nasceu e continuará a ter função protecionista.[38] Sem essa proteção jurídica o empregado estaria sempre sujeito aos desígnios do empregador.

Nessa concepção, o Estado se vê na obrigação de tutelar os trabalhadores como se fossem todos incapazes, imbeles ou oligofrênicos. Por analogia, guardada a amplitude e extensão, pode-se tomar como referência a mesma atitude do monarca para com os seus súditos, do pai para com seus filhos menores e do Estado com os silvícolas.

Esse vício histórico da sociedade brasileira foi renovado, com crescente intensidade, a partir da Revolução de 1930 e acesso de Vargas ao poder, sempre a pretexto de resgatar os trabalhadores, em expansão, da marginalização socioeconômica.[39]

Consoante a lúcida observação de **Diogo de Figueiredo Moreira Neto**: "a dependência paternalista da ação do Estado está intimamente relacionada à crença no papel e à excessiva confiança na burocracia".[40]

Com efeito, para os legisladores protecionistas escrever no papel uma CLT é torná-la efetivamente um sistema eficaz de proteção ao trabalhador; é como se "as palavras tivessem o poder mágico de dar realidade e corpo às idéias por ela representadas".[41]

Enfatize-se que é perfeitamente compreensível que num país, como o Brasil, ainda socialmente desigual, teses que pregam o **protecionismo** jurídico aos hipossuficientes tenham empolgado o espírito de nossos legisladores, sem ao menos considerar a moderação no emprego das soluções **paternalistas**.

O problema é que, levados pelo atrativo social do paternalismo, nossos legisladores não souberam distinguir situações e nem dosar a quantidade necessária de protecionismo por parte do Estado.

São por demais oportunas as ponderações do notável jurista **Arion Sayão Romita**: "A ser verdadeira a afirmação de que o Direito do Trabalho é um instrumento do progresso social, a situação do trabalhador brasileiro seria invejável, quando comparado com a dos trabalhadores do resto do mundo, já que não há trabalhador mais protegido do que o trabalhador brasileiro. Todos protegem o coitadinho. A lei o protege, a Constituição o protege, a Justiça do Trabalho o protege, a advocacia trabalhista o protege, as entidades patronais o protegem, o governo o protege, a Câmara o protege, o Senado o protege; todos os protegem. Então, esse protegido deveria estar muito bem de vida. Mas, como disse, os fatos parecem demonstrar o contrário. Se proteção fosse coisa boa, o trabalhador brasileiro teria pelo menos três Mercedes na garagem de sua mansão."[42]

E prossegue o ilustre autor: "devemos libertarmo-nos da idéia de depender da proteção que o Estado nos dispensa. Os 'pobrezinhos, fracos, coitadinhos' (os trabalhadores) não precisam do paternalismo protecionista dispensado pela lei ou pela Justiça do Trabalho. Há, hoje, sindicatos muito atuantes, cientes do papel social que desempenham. É necessário dar-lhes o poder que devem exercer e romper com a tradição da linguagem ideológica, de dizer que eles são fracos, que não têm capacidade, que precisam continuar a ser protegidos".[43]

O equívoco do **modelo subcensura** é imaginar que o Estado é uma entidade benevolente e capaz. Acabar com a **exclusão** dos pobres por via de legislação benevolente é uma falácia. Como a realidade demonstra, o Estado é **mais excludente que includente**.

Como centro de poder, o paternalismo significa uma forma patológica de mando, tanto político, como econômico e trabalhista.[44] "O Estado totalitário é o que mais se aproxima do paternalismo, porque no fundo vem a ser o grande abrigo político para as massas ausentes, distanciadas e encurraladas".[45]

5.4 Vícios de Funcionalidade

Disfuncional é o modelo cujos resultados práticos não atendem as finalidades a que se propõe.

Em sua origem, o ufanismo quanto às virtudes do modelo trabalhista brasileiro, do **ponto de vista formal**, é plenamente justificável. Ninguém denega a existência de uma sistemática bem construída, institutos definidos, uma processualística simples e um sistema judiciário aparelhado para aplicá-la. Enfim, aí estão todos os elementos necessários à instituição de uma proteção ao trabalho avançada e modelar.

Mas, se a legislação tem sustentação ética e é aparentemente boa, nem por isso ela será necessariamente adequada às finalidades a que se propõe. Isso porque os efeitos de uma legislação vão além da eventual boa intenção de seus autores e da qualidade formal de seu texto.

Como a norma legal existe para ser aplicada e não para ser admirada por suas qualidades formais, o **teste da efetividade** é crucial: a legislação que bem servia no passado pode perder o vínculo com a realidade socioeconômica que lhe dá sentido e tornar-se disfuncional. É exatamente o que está ocorrendo com a legislação do trabalho brasileira.

Vivemos na era do pragmatismo funcional. A obra jurídica de um Estado deve ser julgada tal como se faz com uma obra de engenharia, pois o engenheiro não se julga pelos planos que engendra, mas pelo que executa.[46]

Não basta à CLT e à Constituição elencarem um infindável número de liberdades e garantias para o trabalhador. O problema não é uma questão de número, mas de efetividade; saber se o que está escrito na lei atinge realmente as suas finalidades. Se instituir liberdades e garantias fosse um problema meramente quantitativo, a Constituição original dos Estados Unidos da América não teria o prestígio e a confiabilidade que tem perante o mundo. No Texto Magno norte-americano, as liberdades e garantias individuais, mesmo sem estarem detalhadamente escritas, e algumas o vieram por emendas, serviram de fundamento para uma ordem duradoura e um progresso contínuo durante 200 anos.[47]

5.4.1 A injustiça no modelo

O modelo trabalhista vigente, por excesso de vícios, tornou-se profundamente discriminatório e paradoxalmente **elitista**. De fato, a ênfase exagerada ao princípio da isonomia acaba deformando o seu resultado, produzindo uma legislação perversa.

Na ânsia de atender a todos os trabalhadores, indistintamente, nossa legislação trabalhista acaba por dar tratamento igual a situações desiguais. Considera empregado, com iguais direitos, tanto um próspero gerente quanto um ajudante de pedreiro. Negando o sentido social da lei, trata, por exemplo, uma auxiliar de costureira que trabalha com uma favelada idosa, numa relação mais próxima da parceria do que a de emprego, da mesma maneira que a um operário de uma multinacional.

Ademais, o modelo interventivo é **injusto** também com os que estão fora do seu círculo de proteção, como, por exemplo, os **trabalhadores na informalidade** e os **completamente desempregados**.

Gustavo Marques, arguto juslaboralista venezuelano, observa que "na análise das regulações de trabalho surge um dilema entre os benefícios dos trabalhadores que têm um emprego amparado pela legislação e os custos que os trabalhadores desempregados ou ocupados no setor informal da economia têm de pagar. Com efeito, para os que têm emprego protegido, a lei estabelece uma série de benefícios. Para os que estão excluídos da relação formal, por motivo do aumento dos custos estabelecidos pela Lei, a alternativa não é dedicar-se a outra atividade (inexistente em uma sociedade onde a imensa maioria obtém sua subsistência com a venda de seu trabalho), senão ao desemprego ou ao emprego na economia informal, à margem da lei e seu controle. E é justamente aqui onde se revela toda a importância do sistema de regulamentação da relação de trabalho, na medida em que a lei estabelece um sistema de exclusão: gozar ou não de sua proteção e seus benefícios".[48]

No Brasil, historicamente, os nossos legisladores sempre emprestaram maior importância ao **direito do trabalho** do que ao **direito ao trabalho**. A preocupação dos legisladores não foi facilitar a criação de novos empregos e sim garantir mais direitos para os já empregados. Legislou-se para pouco mais de metade dos trabalhadores, porque o resto subsiste na economia informal, à margem da lei e das garantias. Nossa Constituição, sob aparência benfeitora, é uma conspiração dos já empregados contra os desempregados e os jovens.

São de Cássio Mesquita Barros as seguintes observações: "no Brasil, México, Peru, sindicatos independentes e poderosos representam o setor protegido da classe trabalhadora. Embora com retórica populista e até radical, a verdade é que representam apenas uma fração mais bem remunerada e mais estável da classe trabalhadora, ao lado da qual trabalha o grande proletariado desprotegido, empregado em oficinas artesanais, pequenas empresas, que ou estão isentas legalmente da legislação trabalhista ou simplesmente não a observam".[49]

Nosso modelo também é injusto com os pequenos empresários que não podem, realisticamente, atender as exigências da legislação trabalhista sem pagar o preço de grandes sacrifícios.

Isso porque as leis trabalhistas brasileiras atribuem às empresas idênticas responsabilidades, independentemente de seu porte econômico e finalidade. Não importa se se trata de uma simples oficina de fundo de quintal sediada num vilarejo do nordeste ou de uma poderosa multinacional localizada em megalópoles da região Sudeste, ou ainda, se **com** ou **sem finalidade lucrativa**.

Os **empresários informais** vivem, igualmente, eles próprios, os riscos da ilegalidade, podendo ser a qualquer momento detectados, sancionados, executados judicialmente e até obrigados a encerrar suas atividades.

Sobre tudo isso, existe ainda a **injustiça geográfica**: o legislador ordinário federal, em geral, não atina que a uniformidade nacional da legislação acaba produzindo normas injustas e, às vezes, inaplicáveis uniformemente, num país como o nosso, de dimensões continentais e diversificadíssimo em termos sociais e econômicos. Tratar um cortador de cana do Nordeste do mesmo modo que um empregado de uma multinacional do Sudeste é, positivamente, ignorar o sentido regional da lei.

A verdadeira igualdade é tratar desigualmente situações desiguais[50] e não a excelsa mas cega isonomia dos preceitos excessivamente generalizadores, falsamente tidos como **justos**, no seu olímpico desconhecimento das particularidades diferenciativas sociais, econômicas e regionais.

Um modelo trabalhista injusto como o nosso desacredita e enfraquece as instituições jurídicas, comprometendo as boas relações entre os atores sociais, com reflexos negativos no desenvolvimento político, econômico e social do país.

5.4.2 A onerosidade do modelo

Constitui ponto pacífico entre os estudiosos do Direito Econômico do Trabalho que o **excesso de regulação** tem sérios e diretos reflexos na composição dos custos das empresas, da sociedade como um todo e até do Estado.

É bem verdade que todo tipo de regulamentação tem seus custos. Como nem todos os agentes aderem de forma espontânea às obrigações trabalhistas e como existem controvérsias sobre o cumprimento das leis e dos contratos, a sociedade termina por destinar uma série de recursos para a tentativa de solucionar essas questões. A falta de regras gerais exigiria que os agentes se detivessem a elaborar contratos demasiadamente minuciosos na tentativa de prever todas as possibilidades.

Mas, se por um lado, a existência de regras gerais (formais ou informais) podem ocasionalmente reduzir os **custos de transação**, por outro, o que quase sempre ocorre é que elas os elevam.

É bom ter presente que o custo de qualquer operação não se restringe ao preço pago e contabilizado. Esse custo independe de quem assina o cheque e atinge toda a série de despesas contraídas em todo o processo de sua consecução. Esses gastos, freqüentemente desprezados, constituem situações de variada origem, que se distribuem de maneira dispersa, sem que os cidadãos se apercebam claramente de seus efeitos perniciosos.

Mas o **fulcro do problema** está em saber se os custos compensam ante os benefícios que produzem. Tudo se resume, portanto, numa questão de relação **custo-benefício**.

Mas para considerar corretamente essa relação é mister que se definam e se mensurem os custos da regulação interventiva.

Essa tarefa, no entanto, esbarra num enorme conjunto de dificuldades, porque: a) nem todas as normas trabalhistas são onerosas; b) em razão de sua amplitude, certos custos se situam no plano micro, outros no plano macro da economia; c) alguns são diretos e, portanto, perfeitamente identificáveis, como os fixados em lei e, outros são indiretos de difícil aferição; d) alguns custos são privados, outros são públicos etc.

Além do mais, há diferentes interpretações sobre o conceito de encargos e também diferentes conclusões quanto à extensão do percentual incidente sobre a folha de salários.

No entender do ex-Ministro **Edward Amadeo**, os encargos são a diferença entre o que o trabalhador recebe e o que a empresa paga. Todavia para o **professor José Pastore** os encargos sociais compõem o custo final do fator trabalho para a empresa. Uma avaliação dessa controvérsia aparece com **Ruben D. Almonacid, Márcio I. Nakami** e **Samuel A. Pessoa**, que dividem os gastos com o trabalhador em dois grupos: 1) aqueles que não retornam ao trabalhador (ex.: INSS), que denominam "encargos"; e 2) aqueles que retornam ao trabalhador (ex.: repouso semanal e 13º salário), que chamam de "salário indireto".

Nessa divergência de conceitos e de números, concordamos com a classificação apresentada pelo professor José Pastore, já que em seu estudo foi adotado o método recomendado por organismos internacionais, como a OIT, OMC e Mercosul.

É importante, todavia, enfatizar que a totalidade dos custos trabalhistas superam, e muito, os 102,06% apurados por Pastore. Isso porque sua tabela registra apenas os **custos privados**, ou seja, aqueles assumidos compulsoriamente pelos empregadores. Mas quando se amplia o universo de análise, constata-se que aos custos privados devem ser acrescidos os **custos públicos**. Estes últimos, decorrentes da intervenção compulsória do Estado na fiscalização das normas e na solução dos conflitos trabalhistas, divididos entre os vinculados ao Poder Judiciário, no caso a Justiça do Trabalho, e os vinculados ao Poder Executivo, em particular a Procuradoria do Trabalho e as Delegacias Regionais do Trabalho.

Há que se considerar também, não obstante serem de natureza privada, outros custos decorrentes da intervenção fiscalizatória e jurisdicional do Estado. É o caso dos salários e honorários de advogados e peritos; o tempo despendido por empregadores e trabalhadores para resolverem questões judiciais, sem contar os custos psicológicos aos quais os agentes estão submetidos ao longo das demandas trabalhistas, na hipótese de estarem dispostos a despender recursos (monetários ou não) para se livrar deles.

É bom que se enfatize, que toda **regulação**, pública ou privada implica custos. Mas, rígidos e abusivos regulamentos, exigências burocráticas em demasia, elevados ônus e morosidade no processo judiciário aumentam os custos de transação e os riscos da atividade produtiva.

A rigor, **todos perdem** com esse sistema interventivo: sobre o total da **massa trabalhadora** pesam os custos do desemprego; sobre uma boa parte das **empresas** pesam os custos da sobrevivência; sobre os **consumidores** pesam os custos do aumento no preço dos produtos; sobre o **Estado** pesam os custos pela perda de receita; e sobre a **economia do país** pesam os custos pela impossibilidade de competir no mercado internacional globalizado.

Por isso, freqüentes e reiterados depoimentos de personalidades direta e indiretamente vinculadas à área trabalhista nos dão conta de que chegou o momento de se reduzirem os custos trabalhistas públicos e privados que incidem sobre a produção de bens e serviços, com reflexos em toda a sociedade e, em especial, na criação de novos empregos.

5.4.3 O caráter recessivo do modelo

Como se encontra hoje — obsoleto, caótico e iníquo —, o sistema trabalhista brasileiro transformou-se em um dos principais fatores restritivos ao próprio desenvolvimento sustentado do país.

O estatismo, num primeiro momento, diante de fatores conjunturais favoráveis, internos ou externos, pode propiciar o crescimento econômico e se dar ao luxo de conceder aos trabalhadores, pelo menos no plano formal, um número desproposidado de direitos trabalhistas. Num segundo momento, todavia, o intervencionismo estatal não consegue tornar a economia autosustentável, com o estancamento na produtividade geral, engendrando crise econômica, ética e social no lugar do progresso, que é mais que crescimento econômico.

As **conseqüências recessivas** mais notórias, freqüentemente apontadas e empiricamente comprovadas, do atual modelo trabalhista são: a **inibição aos investimentos**, o **êxodo do capital produtivo**, a **má distribuição de renda**, a **multiplicação das atividades** e dos **agentes da economia informal** e o **desemprego**.

De fato, o atual modelo interventivo rígido e obsoleto não cria condições favoráveis para que os investimentos privados, internos e externos, se ampliem. Ao contrário, o excesso de **regulação** e **regulamentação**, num mundo globalizado e altamente competitivo, dificulta os investimentos nas atividades em geral e em especial no tocante às pequenas e médias empresas. E o que é pior: provoca a fuga do capital produtivo para outros setores com menor risco, como o financeiro.

Acrescente-se que o modelo Varguista, sob a atração da falácia do distributivismo por meio da lei, e alimentado pelo populismo demagógico, ao invés de fomentar uma melhor distribuição de renda, agravou-a sobremaneira durante essas décadas de vigência.

Aliás, a **tradição legislativa brasileira** sempre foi a de utilizar o direito como instrumento de distribuição de riquezas, pouco se preocupando com a sua criação. O resultado prático dessa visão distorcida foi colocar o Brasil na desonrosa posição de detentor de uma das maiores taxas de **estratificação social** existentes no mundo.

Outro aspecto do caráter recessivo vem a ser a ampliação da **economia informal**. Se bem que não seja fácil mensurá-la cientificamente, os últimos dados disponíveis, inclusive do IBGE, estimam que o mercado informal chega a englobar mais de 50% da população economicamente ativa do país.

Aliás, tanto no Brasil como em outros países, o aumento da economia informal é uma das mais funestas manifestações da falta de confiança no governo e na sua ordem jurídica. O Estado, suas instituições e seus agentes, vistos como estorvos ao progresso, passam a ser execrados e evitados tanto quanto possível. O sistema jurídico, igualmente, sofre as mesmas vicissitudes e passa a ser antagonizado e violado por outros sistemas que se desenvolvem paralelamente, como tão bem apreciou Agustín Gordillo em seu competente ensaio "La Administración Paralela".

Com a desmoralização do sistema oficial, e a disseminação dessa geral percepção de ilegitimidade, **fragiliza-se a textura social**, instalam-se a **insegurança jurídica** e, com ela, a **recessão econômica** e, em seguida, a **desordem**.

Por oportunas, merecem ser relembradas duas magistrais citações. Uma, de **Hernando de Soto**: "Estamos convencidos de que, na medida em que se valorize a importância do direito, descobriremos que o problema não se encontra tanto na informalidade, mas na formalidade." E a outra, de **Bárbara Shenfield**: "Aquele que deseja exorcizar a nossa sociedade do desrespeito pela lei deve fixar os olhos nos principais culpados. O Estado onipotente, altamente gastador e taxador, está certamente entre os primeiros."

Outra conseqüência do excesso de legislação é o **desemprego**. "A literatura mostra que a mistura perversa de pouco investimento e muita regulamentação resulta em poucos empregos. Essa combinação é responsável ainda pela precarização dos empregos, ou seja, pela multiplicação de oportunidades de trabalho de baixa qualidade, com pouca segurança e ganhos aviltados."[51]

De fato, "os encargos impostos às empresas sem adequada contrapartida de serviços acabam por diminuir sua capacidade de geração de empregos".[52] "Na realidade, o emprego é função da solidez das empresas. Se elas forem protegidas contra encargos sociais abusivos, impostos desestimulantes, controles paralisantes do Estado, terão condições de aumentar seu pessoal para atender à expansão de suas atividades nacionais e mundiais."[53]

Aliás, o **Banco Mundial** (BIRD), em documento divulgado durante reunião em Bogotá sobre perspectivas da América Latina, apontou a legislação trabalhista como um dos obstáculos para o Brasil produzir mais empregos. Nas palavras de **Luiz Guash**, conselheiro e economista chefe do Departamento Técnico da América e do Caribe no Bird: "o Brasil precisa crescer pelo menos de 6 a 7% ao ano para gerar empregos que possam garantir a sua arrancada econômica e evitar sérios problemas sociais. Se o mercado de trabalho já tivesse passado por reformas, estaríamos vendo agora uma mudança bem mais significativa no perfil do País".[54]

A notória recessividade do modelo interventivo nas relações capital-trabalho está a exigir que se **reveja o papel** paternalista do Estado, como supremo, único, e sincero benfeitor e distribuidor de benesses sociais.

Está se chegando afinal a um **consenso** de que o Estado deixou de ser o principal motor do desenvolvimento econômico e social; e que o **Direito**, quando **inadequado**, **inoportuno** e **inconveniente**, pode dificultar o atingimento desse desiderato.

Por isso vivemos hoje um **conflito de paradigmas**. De um lado, o modelo Vargas, de cunho intervencionista, recessivo e retrógrado; do outro, os modelos não-intervencionistas, mais funcionais e modernos.

A lógica econômica moderna conflita com a lógica trabalhista tradicional. Daí por que é fundamental mudar-se de paradigma. E partir para um modelo não-intervencionista que propicie desenvolvimento integral, realista, legítimo, pluralista, flexível e funcional.

5.4.4 A inatualidade do modelo

O modelo interventivo trabalhista brasileiro se situa na contramão da história. Sua inadequação histórica é um dado incontestável, diante da velocidade com que o mundo mudou. Não só no plano externo, como no interno; não só no plano dos fatos, como no das idéias.

Todas essas transformações revelam que o Brasil de hoje pouco tem a ver com a era Vargas. Como em 1930, vivemos presentemente uma crise de paradigmas. O **velho paradigma** varguista de cunho autoritário, corporativista, socializante, estatizante, nacionalista, paternalista, positivista, ideologizado, envelheceu e não encontra mais lugar. Não cabe aqui indagar se em algum momento o modelo teve **virtudes**. Provavelmente, sim. Caso contrário, não teria sobrevivido por mais de 60 anos em diferentes regimes políticos.

O fato incontestável é que "estamos vivendo os últimos estertores dos paradigmas implantados a partir da Revolução de 1930".[55] Por isso, o conflito entre o arcaico e o moderno está presidindo, de forma cada vez mais intensa, os debates deste fim de década, acelerados pela velocidade das comunicações e potencializados pela disponibilidade de informações.

É preciso, portanto, avaliar, com espírito crítico a adequação do atual modelo trabalhista à luz dos seus resultados concretos. Somente a evidência fática possibilita mostrar se a legislação trabalhista é ou não funcional em nossos dias.

A verdade, pura e simples, é que, depois de meio século de existência, temos um modelo trabalhista de alto nível ético e razoável tecnicidade, mas que é, não obstante, descumprido na prática. Acerbas críticas negativas quanto à sua disfuncionalidade têm partido de quase todos os segmentos mais representativos da sociedade brasileira e internacional, inclusive por parte de membros autorizados dos três Poderes da República.

É disfuncional porque **não protege** efetivamente o empregado (se o fizesse, mais de 50% da população economicamente ativa do país não estaria na informalidade); **restringe** excessivamente o gerenciamento das empresas em função da rigidez e inflexibilidade da maioria de suas normas; **dificulta** as fusões e incorporações das empresas pela vultosidade do passivo trabalhista que gera; **enfraquece** os sindicatos porque lhes tira boa parte da sua autonomia; **obstaculiza** a elaboração de políticas públicas em razão das inúmeras normas "pétreas" contidas na Constituição; **cria obstáculos** à integração do Brasil num mundo globalizado e competitivo, além de outros aspectos negativos.

No **plano judicial**, ostentamos provavelmente o título de campeões mundiais em número de ações. Atualmente a Justiça do Trabalho recebe mais de três milhões de processos anualmente.

Num momento em que a economia mundial globalizada passou a exigir que os países se tornem mais ágeis e produtivos para enfrentar a competitividade, o modelo brasileiro precisa conquistar mais funcionalidade.

Sem perda do seu caráter tutelar, a nossa legislação trabalhista deve funcionar como estímulo ao desenvolvimento econômico e social, que é o objetivo primordial de todas as sociedades e, principalmente, dos próprios trabalhadores. Para não se tornar um entrave ao atingimento dessas finalidades, ela deve se tornar mais funcional.

5.5 As causas exógenas

5.5.1 A nova ordem mundial

A chamada **nova ordem mundial** resulta de mudanças culturais, políticas, econômicas e sociais tão abruptas que grande parte da humanidade, mesmo bem informada, ainda não se deu conta de sua extensão e profundidade.

De fato, a História recente tem experimentado uma aceleração de seus processos que desafia a compreensão. Enquanto grande parte do século atual foi rotineiramente previsível, com suas crises políticas e conflagrações mundiais, a última década consistiu em uma sucessão de surpresas e de imprevistos.

Com o desaparecimento do último grande império, o soviético, os **regimes políticos socialistas** entraram em declínio. O que já vinha em crise não resistiu ao último grande impacto. Foi o preço de sua ineficiência, por não ter dado solução aos grandes desafios contemporâneos. Como doutrina política e suporte de vários partidos no Ocidente, perdia sua aura, quase mística, que decorria das simpáticas mas utópicas propostas igualitárias. Não lhe restou mais que transformar-se para sobreviver, principalmente em simbiose com a **democracia** ou o **liberalismo**, produzindo os híbridos regimes sociodemocráticos e socioliberais.

Por outro lado, o **Estado**, independentemente da natureza do regime, também entrou em crise. Quando não logrou transformar-se para adequar-se às circunstâncias rapidamente cambiantes, defasou-se perigosamente, perdendo eficiência no desempenho de suas funções essenciais. O excesso de funções acabou por torná-lo pesado e ineficiente, quando não o descaracterizando, para deixar de ser o provedor de interesses da sociedade e transformar-se no provedor egoísta de seus próprios interesses institucionais.

Paralelamente, no **campo econômico**, a revolução científico-tecnológica, deflagrada no início do século passado, com as novas teorias metodológicas da física, produziu a revolução nas comunicações. Como resultado conseqüente, passou a ser possível a difusão do conhecimento, das informações e da técnica em escalas jamais sonhadas. Reduzidas às distâncias, abriu-se à **era da globalização** para produzir, na economia, um verdadeiro mercado mundial.

No **campo social**, o mercado de trabalho, colhido pela crise, com suas clássicas proteções laborais, desenvolvidas desde a virada do século, tampouco teve condições de absorver os **novos desafios** sob a direção do Estado. Como decorrência, vários países foram levados a encontrar soluções autônomas, desburocratizadas, rápidas, eficientes e, sobretudo, justas para as partes. As respostas variam de país para país. Mas, em comum, retiram do Estado tudo que ele não tinha mais condições de realizar eficientemente no campo das relações de trabalho. Nos modelos da Comunidade Européia, da Ásia, dos New Industrialized Countries (NICs), do Japão e dos Estados Unidos, exploraram-se soluções democráticas e autônomas. Na própria América Latina, o fim dos governos autoritários abriu espaço para esses modelos mais dependentes do diálogo, da negociação e de resultados objetivos que da imposição unilateral de soluções artificiais, quando não de inspiração ideológica.

No **plano das idéias**, a liberdade, reconquistada na luta contra os belicismos e as ideologias, expandiu-se rapidamente como valor político, econômico, social e, por certo, trabalhista. A **liberdade** nas relações de trabalho, que havia sido soterrada em muitos países pelo estatismo, voltou a reclamar seu espaço. Os novos institutos trabalhistas passaram a estar profundamente informados pelo valor liberdade, uma afirmação conseqüente da elevação do nível de consciência da sociedade e dos trabalhadores.

Os novos valores geraram **novos conceitos**. A **revolução das comunicações** provocou a **revolução do conhecimento**, que deixa de ser luxo para tornar-se necessidade. Assume o nível de fator de produção, tanto ou mais importante que os fatores clássicos: o capital e o trabalho. A revolução do conhecimento **penetra** e **altera** profundamente todas as instituições e torna obsoletas as que não consegue alterar. Penetra nos **governos**, pressionando-os para responder a novas demandas dessa nova sociedade do conhecimento. Penetra nos **sindicatos**, pressionando-os para atender a novas demandas de classes de trabalhadores cada vez mais conscientes. Penetra nos **negócios**, pressionando-os para serem mais rápidos e lucrativos. Penetra no **trabalho**, pressionando-o a co-participar mais proximamente dos processos produtivos. Penetra no **Direito**, por fim, pressionando-o a dar respostas mais eficientes e mais rápidas aos conflitos de interesses, forçando-o a livrar-se do conceitualismo hermético e do processualismo esclerosante.

No **plano jurídico**, o Direito se estende dos fatos às idéias, sendo, portanto, sensível às alterações que ocorrem em um e no outro plano. Os conflitos são sempre o campo mais delicado das relações humanas e o desaguadouro das crises de toda natureza.

O **Direito do Trabalho**, expressão de uma complexa realidade socioeconômica, termina por ser um dos ramos jurídicos mais demandados. Dele se exige maior adaptabilidade do que dos demais. Mas nem sempre a resposta está à altura. Tanto quanto os demais, pela extrema dependência de definições estatais, acaba por ser burocrático, complicado e lento.

5.6 Nova ordem nacional

Nada obstante os desafios culturais e as resistências de alguns setores da sociedade brasileira, o certo é que estão dadas as **condições subjetivas** e **objetivas**, externas e internas, para a mudança do atual modelo. Isso importa no surgimento de uma nova mentalidade intelectual, empresarial, governamental e laboral, todas menos dependentes do Estado e mais de si próprias, na busca conjunta por resultados práticos. É o que está felizmente ocorrendo.

Percebe-se, claramente, entre os doutos na matéria, a **crescente convicção**: que o conhecimento multidisciplinar é a única solução para a correta apreensão de fenômenos complexos, como o são, de resto, os fenômenos sociais; que a visão verdadeiramente moderna não pode ser restrita e fechada mas, ao contrário, deve ser ampla e aberta; que a crítica deve ser construtiva, despida de preconceitos pseudocientíficos, que só concorrem para confundir; que mais importante do que a intenção de proteger o empregado a todo transe e, a todo custo, defender a geração de empregos; que o fator trabalho deve ser considerado em igualdade de condições com a livre-iniciativa; que o paternalismo, o assistencialismo e o distributivismo, embora bem-intencionados, acabam desmontando o sistema produtivo de qualquer sociedade; que a problemática trabalhista está permeável à influência renovadora dos centros de conhecimento de todo o mundo e, necessariamente, voltada a inserção global do país; que a ação normativa, fiscalizadora e julgadora do Estado, pode até ser razoável e necessária, mas há de ser sempre subsidiária; que a regra autônoma, bem como as soluções negociadas, devem ter primazia sobre a regra heterônoma; que a legislação, que bem servia no passado, pode perder o vínculo socioeconômico que lhe dá sentido e tornar-se disfuncional; enfim, que a norma legal existe para ser aplicada e não por suas qualidades formais.

Tudo isso vem concorrendo para a abertura de um **novo diálogo social**, com vistas a um **novo contrato social**. Como **meio**, obrigando os atores a se definirem com relação à natureza e às características da mudança, o que importa em firmar os princípios e discutir os preceitos propostos. Como **objetivo**, visando a uma maior participação e maior eqüidade na distribuição dos custos e benefícios envolvidos em todo e qualquer processo que se volte à modernização.

6. A busca de um modelo desintervencionista possível

O modelo trabalhista brasileiro **envelheceu**; não somente em razão do decurso do tempo, mas, sobretudo, em conseqüência da existência de uma nova realidade política, social, econômica e até mesmo cultural, nacional e internacional, e do paulatino agravamento de seus próprios vícios intrínsecos, muitos deles contemporâneos de sua criação.

São vícios de origem, forma, fundo e funcionalidade típicos de um modelo tipicamente interventivo, que o foi e ainda o é; de uma certa forma, uma curiosidade **paleontológica juslaboral**.

Há, inquestionavelmente, uma necessidade imperiosa de partir-se para um **novo modelo** com características antípodas ao existente, ou seja, rejuvenescido, apto a responder aos desafios do presente e descompromissado com pressupostos de fato e teóricos que ficaram no passado.

Para tanto, há que se olhar em torno, sair dos gabinetes, sacudir a poeira dos preconceitos, esquecer os modelos avelhentados oferecidos pelos ideólogos que fizeram escola e tentar compreender o que está ocorrendo agora com as relações sociais em todo o mundo, sob o vendaval renovador da revolução das comunicações.

Ao fazê-lo, observamos a obsolência do Estado interventivo e a ascensão e predominância das teses e modelos não intervencionistas, como a **resposta mais adequada**, menos onerosa e mais rápida para recobrar a funcionalidade das instituições, entre as quais, agora destacadamente, as trabalhistas, tão necessárias que são ao progresso material e social de qualquer País.

Parece que há no país um **consenso** se firmando quanto à necessidade de mudar o modelo existente. Há um clima neste sentido, que se sente nos sindicatos, nas empresas, no governo, nos debates pela imprensa falada, escrita e televisiva e nos estudos dos especialistas.

Admitir que exista uma crise do modelo intervencionista vigente leva à alternativa polar: mudar para um modelo não-intervencionista ou aperfeiçoar o próprio modelo intervencionista.

Em tese é possível considerar dois modelos possíveis: um, que varresse total e definitivamente todo intervencionismo e devolvesse à sociedade a regulação do trabalho — **um modelo desintervencionista total**. Outro, que se contentasse em expungir apenas o que de mais grave e disfuncional existisse no intervencionismo, mantendo institutos que fossem considerados compatíveis e até úteis — **o modelo desintervencionista possível**.

Feita a opção pela mudança, resta definir a **melhor escolha** possível.

O avanço das relações de trabalho nesta segunda metade do século poderia sugerir um modelo que absorvesse o que de mais exitoso surgiu na teoria e na prática. Por mais desejável que fosse esse modelo não seria, por certo, factível. Não se pode deixar de levar em conta as inúmeras dificuldades e resistências às mudanças que se ergueriam contra elas.

Tratando-se de uma sociedade em que a inércia das instituições intervencionistas já estabeleceu extensa trama de interesses de toda ordem, voltados para a manutenção do *status quo*, o modelo haveria de fazer concessões a essas forças, até mesmo como condição para vir a ser discutido.

É, portanto, necessário responder à pergunta: Que modelo teria possibilidade de apresentar-se perante as forças sociais existentes no momento e se firmar como o protótipo desintervencionista para o país?

7. A metodologia e premissas do novo modelo

A continuada referência aos **modelos trabalhistas** começa a exigir que se precise o sentido em que se está empregando a expressão. Até mesmo para que se estabeleçam os critérios principal e secundários para diferençar o **modelo real**, do **ideal** e do **possível**.

Entende-se como **modelo** a representação analítica, simplificada e abstrata da realidade ou de uma idéia. Para construí-lo, transfere-se da realidade ou da idéia tantos elementos quantos sejam necessários para caracterizá-lo.

O método consiste, portanto, em analisar o objeto, destacar os aspectos reputados característicos ou relevantes e reconstruí-lo como uma estrutura cognoscitiva abstrata e esquemática.

Segundo a objetividade ou subjetividade, pode-se classificar os modelos em **real**, **ideal** ou **possível**. O modelo real utiliza exclusivamente dados objetivos, retirados do objeto; o modelo ideal vale-se ponderavelmente de dados subjetivos, criados por seu autor; e o modelo possível, ou misto, pretende realizar a conciliação entre elementos objetivos e subjetivos, segundo critérios pragmáticos, considerando o quão do ideal pode tornar-se real.

Em resumo, o **modelo real** é o instituído e vigente; o **modelo ideal** seria o pretendido se não existissem óbices à sua implantação, e o **modelo possível** é aquele que, temperando o ideal com o circunstancial, tem condições de ser institucionalizado e de ganhar não só vigência jurídica como vigência social.

Esse modelo possível tem as mesmas características do modelo não intervencionista, mas as tempera com o emprego de princípios e institutos corretivos. Como esses princípios são também racionalmente construídos, chega-se a um modelo **misto**, com concessão calculada ao construtivismo. Parte-se da premissa, ainda não infirmada, de que existem interesses sociais e nacionais socialmente vigentes que não podem ser atendidos espontaneamente no estádio atual do progresso das sociedades, mormente nos países em desenvolvimento, nos quais a carência de necessária dose de solidariedade social é, ainda, um traço negativo da cultura política.

Os **corretivos** devem ser, portanto, racionalmente formulados e coercitivamente impostos para eliminar ou, pelo menos, minimizar, certas distorções geradas pela ordem econômica espontânea, tidas como atentatórias quer à igualdade, que se deseja realizar no possível, quer à liberdade, que se pretende proteger ao máximo.

Como os **princípios corretivos** constituem exceções ou restrições aos princípios espontâneos, devem ter sua explicitação clara e inequívoca, com seguro travejamento constitucional, para balizar o campo de ação excepcional do Estado e suas imposições normativas, administrativas e jurisdicionais.

Os institutos corretivos derivados desses princípios podem ser **substantivos**, quando indicam **o que** se deve corrigir, ou **instrumentais**, quando definem o **como** se restringe, se condiciona ou se altera uma relação de trabalho pelo Estado.

A montagem do modelo desintervencionista se utiliza de certas achegas da **Teoria das Fontes** das normas: a distinção entre as **normas autônomas** e as **normas heterônomas** e, quanto às autônomas, as resultantes da autonomia individual e da autonomia coletiva e, quanto às heterônomas, a distinção entre as normas dispositivas e as normas impositivas.

O modelo proposto tem como **fundamento privilegiado** a **norma autônoma coletiva**, embora aceite um campo de emprego da norma **autônoma individual** e admita também as **variedades heterônomas**: a dispositiva e a impositiva. Com isso, o maior espaço normativo é exatamente o aberto à liberdade coletiva, deixando-se à heteronomia impositiva a localização das normas de ordem pública, que tutelam diretamente a liberdade e a dignidade do homem contra reduções e amesquinhamentos insuportáveis, bem como as que estabeleçam certos padrões de igualdade absolutamente inafastáveis.

Ao estudar os regimes políticos, **Giovanni Sartori** propôs quatro **critérios** para estabelecer o grau de excelência dos diversos modelos: o axiológico, o lógico, o empírico e o comparativo.

Pode-se também avaliar os modelos trabalhistas **axiologicamente**, isto é, quanto aos valores predominantes, resultando em modelos enfáticos na liberdade das partes — individual ou coletiva ou na igualdade proporcionada pela intervenção do Estado; **logicamente**, quanto à adequação de sua fundamentação e de sua estruturação, sem contraditoriedades ou redundâncias; **empiricamente**, a partir de sua funcionalidade, ou seja, da efetiva produção de resultados positivos para a sociedade, como o suporte à produtividade e a excelência; finalmente, talvez o mais importante dos parâmetros, a **maneira comparativa**.

Nessa linha, as **premissas** do melhor modelo possível devem recolher as tendências que se revelaram, por comparação, as mais aptas a fundamentar regimes trabalhistas modernos, valiosos, exitosos, com ênfase na liberdade, com rigorismo lógico e funcionalidade. Com tais critérios, resta-nos destacar as respectivas premissas, levando em conta a origem, forma e matéria.

7.1 Premissas quanto à origem

Em primeiro lugar está a **legitimidade**, sem a qual o modelo não seria democrático e se confundiria com os impostos por autocracias ou por ideologias. Da mesma maneira, exige-se a consensualidade de sua instituição.

Em segundo lugar vem a **autenticidade**, enquanto referência cultural absolutamente necessária. A referência há de ser à cultura brasileira e seu *ethos*, com suas qualidades e defeitos. Portanto, um modelo elaborado por brasileiros, conscientes das condições das relações sociais, econômicas e de trabalho no país.

Em terceiro lugar, a **isenção**. Isso significa o repúdio dos preconceitos do passado a respeito de qualquer dos atores das relações laborais: preconceito contra o trabalhador, por considerá-lo incapaz e infeliz; contra o empregador, por considerá-lo inescrupuloso e explorador; preconceito contra a sociedade, por considerá-la, também, desorganizada, caótica, imbele, se confrontada com a decantada superioridade ética e funcional do Estado, quando não à sua infalibilidade; contra o Estado, por entender que qualquer de suas formas de intervenção nas relações laborais é sempre prejudicial e, portanto, desaconselhável.

7.2 Premissas quanto à forma

Um modelo possível deve ser **sintético** e **coerente**. A qualidade da síntese, para contra-arrestar a pletora normativa que cria confusão, uma falsa idéia de segurança e uma burocracia corporativa que acaba sendo parasita das relações do trabalho. Por isso, a premissa formal mais importante é reduzir a normatividade estatal a um núcleo de garantias de obrigatória observância. A qualidade da coerência deve estar presente, não apenas internamente, entre princípios e preceitos trabalhistas, mas externamente, em relação aos regimes políticos e econômicos vigentes, de modo que produza uma ordem jurídica valiosa por igual e inequívoca quanto a seus comandos.

7.3 Premissas quanto à matéria

A premissa básica é do reconhecimento do **pluralismo** das sociedades contemporâneas,[56] o que as torna participativas em face do Estado, não só na aplicação das normas quanto na sua criação a imposição.

A partir do pluralismo define-se o que deve permanecer com o Estado, por ser da essência de sua índole coercitiva, o que deve ser devolvido à sociedade. O modelo deve ser, portanto, privatizante, admitindo um mínimo de intervenção.

Do ponto de vista **ético**, o modelo deve dar menos ênfase à ética das intenções, justificada idealisticamente, para adotar a ética dos resultados, em que os institutos e os atos concretos devem se justificar pelas efetivas vantagens que tragam a todos os atores trabalhistas.

A **flexibilidade**, enquanto capacidade funcional do modelo de adaptar-se às rápidas mudanças internas e externas e de enfrentar as crises de toda a sorte, passa a ser garantia de estabilidade. Não mais estável por ser pétreo, mas estável por ser flexível.

A **modernidade**, mais do que uma premissa — uma qualidade e uma direção —, resulta de um compromisso de abertura às tendências históricas, por ser preferível errar experimentando a errar repetindo fracassos.

Finalmente, o modelo possível deve ser **lícito**, no seu mais pristino sentido, de moralmente justo, voltado aos interesses das partes envolvidas na relação, portanto sem quais propósitos discriminatórios, especialmente contra os empregados. Com isso se completa o **tripé de juridicidade** que tem na legalidade e na legitimidade seus dois outros referenciais. Em termos de **concentração de poder**, o referencial moral da licitude diz respeito à compatibilização entre instituições sociais geradas e as necessidades sociais que devam atender. Em termos de **atribuição de poder**, esse referencial tem profunda importância na preservação do equilíbrio entre as parcelas de poder reservadas à pessoa humana: aqueles poderes atribuídos às instituições, em geral, e outros deferidos ao Estado, como instituição política principal. Esse equilíbrio tem muito a ver com os conceitos filosóficos admitidos sobre a liberdade do homem e os fins do Estado. Integrado ao julgamento moral da atribuição do poder está a **destinação do poder**. Esse referencial superintende a escolha dos objetivos a que deve visar o poder. A licitude reside na estrita compatibilidade entre esses objetivos e as realidades sociais que devem ser atendidas.[57] Esse conceito de licitude deve ser considerado, assim, quanto ao exercício, à contenção e à detenção do poder, completando o ciclo e evidenciando, em qualquer desses aspectos, a **justa concentração, atribuição, destinação, aplicação, contenção e detenção de poder**, seja na sociedade, seja no Estado, para regrar as relações de trabalho e solucionar os conflitos dela derivados.

8. Conclusão

Como remate dessas considerações e à guisa de reforço das premissas do modelo desintervencionista possível, ousa-se adiantar uma avaliação pessoal sobre o atual momento, com toda sua exposta complexidade política, econômica, social e jurídica: estamos diante de uma tendência claramente manifestada e em curso e não mais de uma mera opção.

Isso significa que vencer o desejo da modernidade nas relações de trabalho já deixou de ser um exercício alternativo, como tantas vezes foi no passado, quando se refletia apenas no ritmo da evolução das instituições políticas, retardando-o ou acelerando-o. Hoje, uma reversão passadista das tendências em curso provocaria uma defasagem tão avassaladora que refletir-se-ia sobre todas as instituições, o que comprometeria seriamente a vida política, a vida jurídica e o sistema produtivo do país. Por muito tempo. É um risco que não devemos, não podemos correr.

Notas

1. Bertrand Russell, *A autoridade e o indivíduo*, Zahar, 1977, p. 103.
2. Ludwig Von Mises. *Uma crítica ao intervencionismo*, Nórdica, Rio de Janeiro, 1987, p. 11-12.
3. Diogo de Figueiredo Moreira Neto e Ney Prado, "Uma Análise Sistêmica do Conceito da Ordem Econômica e Social", *Revista de Informação Legislativa* — Senado Federal, a. 24, nº 96, out/dez. 87.
4. "Em relação ao fascismo, os estudiosos (cf. Cotter, 1986: 463-464; Cambó, 1925; Lipset, 1963: 145-147; Poulantzas, 1971; Cassigoli, 1976: 175-180; Pierre-Charles, 1976: 163-174; Hackethal, 1976: 181-186; Sabine, 1972: 632-656; Touchard, 1972: 608-616) destacam as seguintes características: a) composição do Estado como algo absoluto, perante o qual os indivíduos ou os grupos sociais são relativos, uma vez que só têm sentido se atrelados a ele; b) caráter autocrático do poder do Estado concentrado no chefe (Mussolini), de quem emanava, como frisava ele próprio, 'uma vontade dirigida para o poder e o governo: a tradição romana revela-se aqui no ideal da força em ação (...); c) subordinação da vida política de toda a sociedade ao Estado, mediante o Partido único; d) monopólio estatal dos meios militares e das comunicações; e) implantação do terror estatal, mediante grupos policiais e paramilitares ("camisas-negras"); f) ativismo contrário à idéia democrática e à defesa da liberdade perante o Estado; g) estatismo de inspiração social, que pretendia, mediante a presença tutora do Estado, equacionar a problemática da justiça, selecionando o que de real valor houvesse, nesse ponto, "nas doutrinas liberal, social e democrata'; h) organização corporativa das forças econômicas (empresários e trabalhadores)." Ricardo Vélez Rodríguez. O Século do Totalitarismo, in *Carta Mensal*, Rio de Janeiro, vol. 41, n. 489, dez. de 1995, p. 54.
5. Arnaldo Sussekind, CLT em Debate, *Anais do Congresso Comemorativo da Consolidação das Leis do Trabalho*, Ltr, São Paulo, 1994, p. 24.
6. Arion Sayão Romita, *Temas de Direito Social*, Biblioteca Jurídica Freitas Bastos, Rio de Janeiro, 1984, 1ª ed., p. 65.
7. O texto da declaração III da Carta del Lavoro colacionado é o seguinte: "L'organizzazione sindacale o professionale è libera. Ma solo il sindacato legalmente riconosciuto e sottoposto al controllo dello Stato ha il diritto di rappresentare legalmente tutta la categoria di datori di lavoro o di lavoratori, per cui è costituito: di tutelarne, di fronte allo Stato e alle altre associazioni professionali, gli interessi; di stipulare contratti collettivi di lavoro obbligatori per tutti gli appartenenti alla categoria, di imporre loro contributi di ed esercitare, rispetto ad essi, funzioni delegate di interesse pubblico".
8. Oliveira Vianna, *O idealismo da Constituição,* Rio de Janeiro, Terra e Sol, 1987, p. 141.
9. A citação é do verbete Demagogia, de Henry Pratt Fairchild, in *Diccionario de Sociología*, Fondo de Cultura Econômica, México, 1949.
10. Ney Prado, *Os notáveis erros dos notáveis*, Forense, Rio de Janeiro, 1987, p. 88.

11. Ney Prado, *op.cit.*, p.10.
12. José Sarney, "Muita lei, nenhuma lei", *Folha de S. Paulo*, 21/02/1997.
13. Roberto Campos, "A Falsa Baiana", *Folha de S. Paulo*, 20/12/1994, pág. 2-2.
14. José Pastore, *Encargos Sociais no Brasil e no exterior*, Sebrae, Brasília, 1994, p. 18.
15. Arnaldo Lopes Süssekind, *CLT em debate*, LTr, São Paulo, 1994, p. 22.
16. Diogo de Figueiredo Moreira Neto, "Dádiva do Papel", Rio de Janeiro. *Apec*, nº 797, 30/06/88, p. 18/19.
17. Roberto Campos. *Guia para os perplexos*, Nórdica, Rio de Janeiro, 1988, p. 203.
18. Roberto Campos, *Folha de S. Paulo*, 20/08/1993.
19. Hélio Jaguaribe, "Três Problemas e Seis Cenários". *Folha de S. Paulo*, 21/07/1988, p. A-3
20. Sebastião Antunes Furtado. "Crise Econômica e Flexibilização do Mercado de Trabalho", *in Verbis*, TRT, 9ª Reg., Curitiba, jan./jun. 1986, pág. 27.
21. Anthony De Palma, "Desprezo pela Lei, Um Mal Mexicano" *O Globo*, 02/04/1995.
22. *Apud* Arion Sayão Romita, *Direito do Trabalho - Temas em Aberto*, op. cit., p. 35.
23. Norberto Bobbio, Nicola Matteucci e Gianfranco Pasquino, *Dicionário de Política*, Universidade de Brasília, Brasília, 1986, p. 289.
24. *Ibidem* p. 287.
25. Antônio Álvares da Silva, "Marcos Legais do Corporativismo no Brasil", *in Mundo do Trabalho*, op. cit., p. 116 a 120.
26. João de Lima Teixeira Filho, Instituições de Direito do Trabalho, op. cit., p.715.
27. Hernando de Soto, *Economia Subterrânea*. Globo, Rio de Janeiro, 1986, p. 99.
28. *In* "Contrato Coletivo", *Folha de S. Paulo*, 30/10/1994.
29. Paulo Brandi, *Vargas, da vida para a história*, Rio de Janeiro, Zahar, 1985, p. 227.
30. Maria Celina Soares D'Araujo, *O segundo governo Vargas*, Rio de Janeiro, Zahar, 1982, p. 90 e 87.
31. Ney Prado, *Razões das virtudes e vícios da Constituição de 1988*, Inconfidentes, São Paulo, 1994, p. 56.
32. Os grupos de Sombart estão expostos em sua obra *Le Socialisme Allemand*, Payot, 1938, ps. 62 a 79. As referências Proudhon, H. G. Wells e R. Stammler, foram recolhidas nas transcrições feitas por Louis Salleron, na obra citada, p. 137, 139-141.
33. Rachel Bertol, "Capitalismo Ainda é o Melhor que Podemos Ter", entrevista com Lech Walesa, *O Globo*, 05/04/1997.
34. Moniz Bandeira, *Trabalhismo e socialismo no Brasil*, Rio de Janeiro, Global Editora, 1985, p. 17.
35. Felipe Gonzales, em entrevista a *O Globo*, em 8/04/1984.
36. Em particular, a estatização vai referida ao econômico e ao social, apresentando-se sob diversas formas e graus de intervenção.
37. Ricardo Vélez Rodríguez, "Tendência Estatizante", *Carta Apec* 738, p. 12.
38. Como dizia Alexandro Gallart Folch, visa compensar, com uma superioridade jurídica, a inferioridade econômica do operário.
39. Mas se na esfera econômica o término da fase paternalista está evoluindo positivamente, o mesmo não ocorre com o paternalismo no plano trabalhista.
40. Diogo de Figueiredo Moreira Neto, "Dádiva do Papel", Rio de Janeiro: *Apec*, nº 797, 30/06/88, p. 18.
41. Oliveira Vianna, *O idealismo da Constituição*, Terra de Sol, Rio de Janeiro, 1927, p. 25.
42. Arion Sayão Romita, *Sindicalismo — Economia Estado Democrático*, LTr, São Paulo, 1993, p. 29.
43. *Ibidem*. p. 31
44. *Dicionário de Ciências Sociais*, FGV, Rio de Janeiro, 1986, p. 877.
45. *Dicionário de Ciências Sociais*, op. cit. p. 872.
46. Ney Prado, *Economia informal e o direito no Brasil*, op. cit., p. 123.
47. Diogo de Figueiredo Moreira Neto, "Dádiva do Papel", *Carta Apec* 797, p. 18.
48. Gustavo Marques, *Regulacion del Mercado de Trabajo en America Latina*, Centro Internacional para el Desarrollo Econômico (Iesa),1994.
49. Cássio Mesquita Barros, "Desemprego no Brasil: a questão tem solução?", Seminário na Federação das Indústrias do Estado de São Paulo.

50. Não nos devemos esquecer das sábias palavras de Rui Barbosa na *Oração aos Moços:* "a regra da igualdade não consiste senão em quinhoar desigualmente os desiguais, na medida em que se desigualam". Casa de Rui Barbosa, Rio de Janeiro, 1956, p. 32.
51. José Pastore, "*A agonia do emprego: investimentos de menos e regulamentos de mais*", Seminário na Fiesp.
52. Roberto Campos, *Antologia do bom senso*, op. cit., p. 382.
53. "Uma autoridade forte e sem contestação", *O Estado de S. Paulo*, 21/04/1984.
54. José Meirelles Passos, "Bird: desemprego é ameaça no Brasil", *O Globo*, 05/04/1997.
55. Eduardo Mascarenhas, *Brasil: de Vargas a Fernando Henrique*, op. cit., p. 305.
56. Diogo de Figueiredo Moreira Neto, *Sociedade — Estado e administração pública*, Topbooks, Rio de Janeiro, 1995.
57. Diogo de Figueiredo Moreira Neto, *Teoria do Poder — Sistema de Direito Político, Parte I*, Revista dos Tribunais, São Paulo, 1992, item 16, p 222 e 223.

Parte II

Mecanismos de Celeridade e Simplificação da Prestação Jurisdicional

Mecanismos de Celeridade e Simplificação da Prestação Jurisdicional: Breve Análise da Repercussão Geral e da Súmula Vinculante

GILMAR FERREIRA MENDES

Ministro do Supremo Tribunal Federal

Sumário

1. Considerações gerais
2. Da repercussão geral
3. Da súmula vinculante
4. Palavras finais

1. Considerações gerais

A Constituição de 1988 conferiu maior ênfase à proteção judicial efetiva, emprestando significado ímpar ao acesso à Justiça. Decerto, o espírito emanado do texto constitucional contribuiu para que as pessoas reivindicassem com maior freqüência os seus direitos perante o Judiciário, e como muitos desses pleitos eram pretensões homogêneas — casos de massa, como reivindicações ligadas a planos econômicos, a questões previdenciárias, ao FGTS etc. — ninguém há de se surpreender com o fato de os feitos processuais se terem multiplicado.

A falta de instrumentos alternativos de solução de controvérsias entre o indivíduo e o Estado fez com que se verificasse, nos últimos anos, uma autêntica explosão em termos de litigância.

Apenas para que se possa avaliar a questão a partir da perspectiva do Supremo Tribunal Federal, veja-se o seguinte quadro da evolução dos processos recebidos, considerando os últimos 50 anos:

Supremo Tribunal Federal
Movimento Processual nos anos de 1950 a 2006**

Ano	No. de Processos Recebidos	Ano	No. de Processos Recebidos
1950	3.091	1979	8.277
1951	3.305	1980	9.555
1952	3.956	1981	12.494
1953	4.903	1982	13.648
1954	4.710	1983	14.668
1955	5.015	1984	16.386
1956	6.556	1985	18.206
1957	6.597	1986	22.514
1958	7.114	1987	20.430
1959	6.470	1988	21.328
1960	6.504	1989	14.721
1961	6.751	1990	18.564
1962	7.705	1991	18.438
1963	8.126	1992	27.447
1964	8.960	1993	24.377
1965	8.456	1994	24.295
1966	7.378	1995	27.743
1967	7.614	1996	28.134
1968	8.612	1997	36.490
1969	8.023	1998	52.636
1970	6.367	1999	68.369
1971	5.921	2000	105.307
1972	6.253	2001	110.771
1973	7.093	2002	160.453
1974	7.352	2003	87.186*
1975	8.775	2004	83.667
1976	6.877	2005	95.212
1977	7.072	2006	127.535**
1978	8.146		

Fonte: Relatórios Anuais da Secretaria de Informática do Supremo Tribunal Federal, disponíveis em: www.stf.gov.br/bndpj/stf/MovProcessos.asp
* O decréscimo verificado em 2003 decorre, certamente, das medidas tomadas no âmbito da Administração Federal e do encerramento das questões ligadas ao ciclo inflacionário.

A simples comparação entre os números obtidos em 1988 (21.328 processos) e 2000 (105.307 processos) mostra, de forma eloqüente, a distorção experimentada. Recorde-se que o número de processos julgados ou recebidos pela Corte Constitucional alemã, entre 1951 e 2002 (141.712 processos) é equivalente ao número de pleitos que o STF recebe em um ano ou dois anos. Assinale-se que, em períodos de maior crise, a Corte Constitucional alemã jamais recebeu um número superior a 5.911 processos em um mesmo ano. Confira-se o quadro abaixo reproduzido:

Corte Constitucional Alemã
Movimento Processual nos anos de 1951 a 2000

Ano	Primeiro Senado	Segundo Senado	Total
1951	473	5	478
1952	1.005	9	1.014
1953	735	7	742
1954	567	6	573
1955	585	7	592
1956	732	73	805
1957	807	34	841
1958	1.110	95	1.205
1959	1.190	28	1.218
1960	634	747	1.381
1961	544	512	1.056
1962	728	732	1.460
1963	688	726	1.414
1964	808	830	1.638
1965	767	737	1.504
1966	810	770	1.580
1967	786	812	1.598
1968	814	786	1.600
1969	850	809	1.659
1970	845	832	1.677
1971	494	1.048	1.542
1972	655	943	1.598
1973	2.374	947	3.321[1]
1974	506	1.131	1.637
1975	512	1.076	1.588
1976	1.079	1.389	2.468[2]
1977	1.263	1.277	2.540
1978	1.701	1.095	2.796
1979	1.499	1.612	3.111
1980	1.588	1.519	3.107

(continua)

(continuação)

Ano	Primeiro Senado	Segundo Senado	Total
1981	1.527	1.571	3.098
1982	1.741	1.845	3.586
1983	1.829	2.117	3.946
1984	1.765	1.719	3.484
1985	1.547	1.594	3.141
1986	1.587	1.473	3.060
1987	1.690	1.786	3.476
1988	1.803	1.899	3.702
1989	1.669	2.089	3.758
1990	1.609	1.791	3.400
1991	2.016	2.061	4.077
1992	2.049	2.382	4.431
1993	2.319	3.121	5.440
1994	2.551	2.773	5.324
1995	2.776	3.135	5.911
1996	2.599	2.647	5.246
1997	2.636	2.442	5.078
1998	2.419	2.364	4.783
1999	2.303	2.582	4.885
2000	2.402	2.429	4.831
2001	2.328	2.292	4.620
2002	2.496	2.196	4.692
TOTAL	72.810	68.902	141.712

[1] Desses processos, 1.735 são idênticos (Parallel-Verfahren — Stab. Zuschlag).
[2] Desses processos, 381 são idênticos (Parallel-Verfahren — § 218 StGB).
Fonte: http://www.bundesverfassungsgericht.de/

No Brasil, a falta de instrumentos para a solução de conflitos com efeitos gerais acabou por propiciar essa inevitável multiplicação e pletora de processos. Assinale-se que, nos tempos atuais, esses pleitos são, na maioria dos casos, repetições, matérias homogêneas ligadas a planos econômicos, em geral associadas a toda essa nossa tradição de combate à inflação, como os chamados planos Bresser, Verão, Collor, além das questões ligadas ao FGTS e ao sistema financeiro de habitação.

No quadro do atual sistema processual, o STF e as demais instâncias judiciais decidem essas questões de forma singularizada ou individualizada, o que explica a explosão no número de processos. De fato, a conjugação desses dois processos básicos — o chamado controle incidental e o controle abstrato — leva-nos a uma situação que tenho chamado de "contemporaneidade dos não-coetâneos".

A rigor, temos praticado o processo incidental — o do recurso extraordinário —, tal como foi concebido no início da nossa experiência republicana; não o adaptamos para uma sociedade de massas. Têm-se, pois, uma grande irracionalidade metodológica e um excessivo conservadorismo processual na prática brasileira do sistema difuso. É certo, por outro lado, que a orientação dominante por longo período determinava que os procuradores das entidades estatais deveriam recorrer de forma continuada.[1] Tal entendimento permitia um fluxo contínuo dos conflitos até as instâncias superiores. Em uma certa medida, essa orientação correspondia à lógica imperante no ambiente econômico, imantado pela crescente inflação: o retardo no cumprimento das obrigações permitia a erosão da dívida e ensejava a transferência da responsabilidade para as futuras administrações. Era uma lógica perversa!

No que concerne ao Estado, essa prática da singularização ou individualização das demandas em um quadro de instabilidade econômico-financeira revelava-se interessante, porque ensejadora da dispersão da discussão no tempo e da não-universalização das pretensões. Em outras palavras, somente aqueles que formulassem um pleito judicial poderiam obter a satisfação, ainda que tardia, de seus direitos. Ela também revela-se altamente auspiciosa aos olhos dos advogados privados, que vislumbravam a oportunidade de participar — e de obter ganhos correspondentes a honorários — em milhares de processos idênticos.

Também é necessário dizer que o próprio Judiciário experimenta tendência cultural de "cultivador de controvérsias". O Supremo Tribunal Federal já está consciente de que é necessário tomar decisões inéditas e enérgicas para que o Judiciário, pelo menos no que diz respeito aos tribunais superiores, apresente-se como "solucionador de controvérsias".

Nesse contexto, com vistas a regulamentar institutos criados pela Emenda Constitucional nº 45/2004, mais especificamente a repercussão geral e a súmula vinculante, foram encaminhados ao Congresso Nacional projetos de lei,[2] os quais buscam amenizar a propalada "crise" enfrentada pelo Poder Judiciário.

2. Da repercussão geral

O Projeto de Lei nº 6.648/2006,* que tramita no Congresso Nacional contendo proposta que disciplina a cláusula de repercussão geral como requisito

---

* Hoje Lei nº 11.418, de 19/12/06.

de conhecimento do recurso extraordinário, dispõe que o Supremo Tribunal Federal só conhecerá o recurso extraordinário quando a questão constitucional oferecer repercussão geral, ou seja, quando discutir questões relevantes do ponto de vista econômico, político, social ou jurídico, ultrapassando, assim, os interesses subjetivos da causa.

A repercussão geral, tal qual está proposta no Projeto de Lei nº 6.648/2006, deverá ser demonstrada, como preliminar do recurso extraordinário, para apreciação exclusiva do Supremo Tribunal Federal. Há regra explícita de que será reconhecida a existência de repercussão geral sempre que o recurso impugnar decisão contrária à súmula ou jurisprudência dominante do Supremo Tribunal Federal.

Vale observar que, nos termos em que foi posto no referido projeto de lei, se a Turma do STF decidir pela existência de repercussão geral pelo voto de no mínimo 4 (quatro) Ministros, ficará dispensada a remessa do recurso ao Plenário. Por outro lado, negada a existência de repercussão geral, a decisão valerá para todos os recursos que versam sobre matéria idêntica, os quais serão indeferidos liminarmente.

Ao Relator do feito cabe decidir sobre a admissão, na análise da repercussão geral, da manifestação de terceiros, desde que subscrita por procurador legalmente habilitado, nos termos do Regimento Interno do Supremo Tribunal Federal. Da mesma forma, a revisão da decisão sobre a inexistência de repercussão geral deve ocorrer nos termos em que for regulamentada pelo Regimento Interno da Corte.

A constante remissão legal à regulamentação que será implementada pelo Regimento Interno do Supremo Tribunal Federal constitui exigência da realidade, a qual sempre traz os melhores argumentos. Uma vez que os fatos estão sempre a nos surpreender, não há possibilidade de nos deblaterarmos contra a realidade, sempre dinâmica a exigir procedimentos adequados e céleres.

Há também, no projeto de lei, a determinação de uma cooperação entre as instâncias ordinárias e extraordinárias para aquelas hipóteses em que se verificar multiplicidade de recursos com fundamento em idêntica controvérsia: nessas situações, caberá ao Tribunal de origem selecionar um ou mais recursos representativos da controvérsia, encaminhá-los ao Supremo Tribunal Federal e sobrestar os demais apelos, até pronunciamento definitivo da Corte.

Não há dúvidas de que, antes mesmo da previsão e da proposta de regulamentação da repercussão geral, havia avanços na concepção vetusta que tem caracterizado o recurso extraordinário entre nós. A Lei nº 10.259/2001 deu ao recurso extraordinário características de instrumento que deixa de ter aspecto marcadamente subjetivo ou de defesa de interesse das partes, para assumir, de forma decisiva, a função de defesa da ordem constitucional objetiva.

Trata-se, na verdade, de orientação que os modernos sistemas de Corte Constitucional vêm conferindo ao recurso de amparo e ao recurso constitucional (*Ver fassungsbeschwerde*). Nesse sentido, destaca-se a observação de Häberle segundo a qual "a função da Constituição na proteção dos direitos individuais (subjectivos) é apenas uma faceta do recurso de amparo", dotado de uma "dupla função", subjetiva e objetiva, "consistindo esta última em assegurar o Direito Constitucional objetivo".[3]

Orientação idêntica há muito mostra-se dominante também no direito americano. Já no primeiro quartel do século passado, afirmava Triepel que os processos de controle de normas deveriam ser concebidos como *processos objetivos*. Assim, sustentava ele, no conhecido *Referat* sobre "a natureza e desenvolvimento da jurisdição constitucional", que, quanto mais políticas fossem as questões submetidas à jurisdição constitucional, tanto mais adequada pareceria a adoção de um processo judicial totalmente diferenciado dos processos ordinários. "Quanto menos se cogitar, nesse processo, de ação (...), de condenação, de cassação de atos estatais — dizia Triepel —, mais facilmente poderão ser resolvidas, sob a forma judicial, as questões políticas, que são, igualmente, questões jurídicas".[4] Triepel acrescentava, então, que "os americanos haviam desenvolvido o mais objetivo dos processos que se poderia imaginar (Die Amerikaner haben für Verfassungsstreitigkeiten das objektivste Verfahren eingeführt, das sich denken lässt)".[5]

Portanto, há muito resta evidente que a Corte Suprema americana não se ocupa da correção de eventuais erros das Cortes ordinárias. Em verdade, com o *Judiciary Act* de 1925 a Corte passou a exercer um pleno domínio sobre as matérias que deve ou não apreciar.[6] Ou, nas palavras do Chief Justice Vinson, "para permanecer efetiva, a Suprema Corte deve continuar a decidir apenas os casos que contenham questões cuja resolução haverá de ter importância imediata para além das situações particulares e das partes envolvidas" ("*To remain effective, the Supreme Court must continue to decide only those cases which present questions whose resolutions will have immediate importance far beyond the particular facts and parties involved*").[7]

Agora, projeto elaborado no âmbito da Comissão que trata da reforma do Judiciário, apresentado como substitutivo ao Projeto de Lei nº 1.343/2003, do deputado federal Aloysio Nunes Ferreira, procura estender tratamento semelhante aos recursos extraordinários, relacionados a controvérsias idênticas, interpostos contra decisão da justiça comum.[8] Com certeza abre-se a possibilidade de racionalização do chamado *apelo extremo*, que permitirá uma análise mais acurada das questões eventualmente suscitadas com a participação qualificada dos diversos e legítimos interessados (cf. proposta de alteração ao art. 543 da Lei nº 5.869, de 11 de janeiro de 1973, contida no referido Projeto de Lei).

Na verdade, todas essas iniciativas tomadas em conjunto têm como finalidade última buscar soluções para a grave situação da pletora de processos no Judiciário, especialmente nos Tribunais Superiores.

3. Da súmula vinculante*

O efeito vinculante das decisões de Tribunais Superiores sobre os atos de instâncias inferiores não configura novidade. Nelson de Souza Sampaio apresenta-nos uma boa resenha da tendência para o precedente judicial vinculante.[9] Segundo o autor, no desempenho de sua missão, o Judiciário pode praticar ato que vai desde a sentença clássica até atos propriamente legislativos.

Assim é que, quanto à crescente extensão de seus efeitos, os atos dos juízes se escalonariam em sentença clássica, precedente, sentença normativa, jurisprudência vinculante, atos quase legislativos e plenamente legislativos. É de Kelsen o esclarecimento de que a função criadora do direito dos tribunais, existente em todas as circunstâncias, surge com particular evidência quando um tribunal recebe competência para produzir também normas gerais por meio de decisões com força de precedentes. Conferir a tal decisão caráter de precedente é tão-só um alargamento coerente da função criadora de direito dos tribunais. Se aos tribunais é conferido o poder de criar não só normas individuais, mas também normas jurídicas gerais, estarão eles em concorrência com o órgão legislativo instituído pela Constituição, e isso significará a descentralização da função legislativa.[10]

O precedente vinculativo, que se caracteriza pelo fato de a decisão de um alto tribunal ser obrigatória, como norma, para os tribunais inferiores, tem as nações anglo-americanas, a exemplo da Inglaterra, Canadá e Estados Unidos, como reputado ambiente natural, por serem elas de direito de criação predominantemente judicial. Isso, no entanto, não impede de se ver o precedente

---

* Hoje regulamentada pela Lei nº 11.417, de 19/12/06.

vinculante também em países de tradição romanista, embora aí mais formalizado, como referido.

Sobre a Súmula do Supremo Tribunal Federal e o Restatement of the Law,[11] do direito americano, observou Victor Nunes Leal:

> Entretanto, duas objeções fundamentais lhes têm sido feitas. Em primeiro lugar, como consolidação particular, carecem de autoridade legislativa ou judiciária. Em segundo, é trabalho meramente expositivo do direito vigente, o qual poderia concorrer para o seu desenvolvimento, se tivesse sentido crítico e prospectivo.
>
> Pelo motivo da primeira objeção, ficou bem reduzida sua eficácia. Mesmo quando os Tribunais aplicam o Restatement, a força vinculativa do princípio formulado não resulta dele, mas dessas decisões posteriores, que terão de ser compendiadas para novas citações. Dar normatividade obrigatória ao Restatement, por ato do Legislativo, seria transformá-lo num Código, e essa conseqüência encontra resistência na tradição jurídica norte-americana.
>
> Nesse ponto da nossa análise comparativa é que está a superioridade prática, para nós, da Súmula do Supremo Tribunal, porque, não sendo ela um Código, também não é um simples repositório particular de jurisprudência. É uma consolidação jurisprudencial autorizada, com efeitos processuais definidos, porque a inscrição de enunciados na Súmula, como a sua supressão, depende de formal deliberação do Supremo Tribunal. E a autoridade do Supremo Tribunal para assim proceder deriva dos seus poderes regimentais, tanto expressos como imanentes, e da prerrogativa, que lhe confere a Constituição, de uniformizar o entendimento do direito federal.
>
> A jurisprudência da Súmula, embora não obrigatória para os outros Tribunais e Juízes, é indiretamente obrigatória para as partes, porque o interessado poderá fazê-la observar através do mecanismo dos recursos, enquanto não alterada pelo próprio Supremo Tribunal. E quanto a este, a Súmula funciona como instrumento de autodisciplina propiciando tão alto grau de simplificação dos seus trabalhos que seria inviável ou prejudicial tentar alcançar o mesmo resultado por outro meio.
>
> A autoridade, que nos foi possível atribuir à Súmula — e que falta ao Restatement dos norte-americanos —, não é inspiração do acaso ou da livre imaginação. As raízes dessa fórmula estão na abandonada tradição luso-brasileira dos assentos da Casa da Suplicação e na moderna experiência legislativa dos prejulgados".[12]

Vê-se, pois, que a Súmula do Supremo Tribunal Federal, que deita raízes entre nós nos assentos da Casa de Suplicação, nasce com caráter oficial, dotada de perfil indiretamente obrigatório. E, por conta dos recursos, constitui instrumento de autodisciplina do Supremo Tribunal Federal, que somente deverá afastar da orientação nela preconizada de forma expressa e fundamentada.

Essas diretrizes aplicam-se também à súmula vinculante consagrada na Emenda nº 45/2004. É evidente, porém, que a súmula vinculante, como o próprio nome indica, terá o condão de vincular diretamente os órgãos judiciais e os órgãos da Administração Pública, abrindo a possibilidade de que qualquer interessado faça valer a orientação do Supremo, não mediante simples interposição de recurso, mas mediante apresentação de uma reclamação por descumprimento de decisão judicial (CF, art. 103-A).

3.1 Dos requisitos formais da súmula vinculante

Nos termos do art. 103-A, a súmula vinculante deverá ser aprovada por maioria de dois terços dos votos do Supremo Tribunal Federal (oito votos), havendo de incidir sobre matéria constitucional que tenha sido objeto de decisões reiteradas do Tribunal.

A norma constitucional explicita que a súmula terá por objetivo superar controvérsia atual sobre a validade, a interpretação e a eficácia de normas determinadas capaz de gerar insegurança jurídica e relevante multiplicação de processos.

Estão abrangidas, portanto, as questões atuais sobre interpretação de normas constitucionais ou destas em face de normas infraconstitucionais.

Tendo em vista a competência ampla do Supremo Tribunal Federal, essas normas tanto poderão ser federais, como estaduais ou municipais.

É possível, porém, que a questão envolva tão-somente interpretação da Constituição e não de seu eventual contraste com outras normas infraconstitucionais. Nesses casos, em geral submetidos ao Tribunal sob alegação de contrariedade direta à Constituição (art. 103, III, *a*), discute-se a interpretação da Constituição adotada pelos órgãos jurisdicionais.

Outro requisito para edição da súmula vinculante diz respeito à preexistência de reiteradas decisões sobre matéria constitucional. Exige-se aqui que a matéria a ser versada na súmula tenha sido objeto de debate e discussão no Supremo Tribunal Federal. Busca-se obter a maturação da questão controvertida com a reiteração de decisões. Veda-se, deste modo, a possibilidade da edição de uma súmula vinculante com fundamento em decisão judicial isolada. É necessário que ela reflita uma jurisprudência do Tribunal, ou seja, reiterados julgados no mesmo sentido, é dizer, com a mesma interpretação.

A súmula vinculante, ao contrário do que ocorre no processo objetivo, como foi visto, decorre de decisões tomadas em casos concretos, no modelo incidental, no qual também existe, não raras vezes, reclamo por solução geral. Ela só pode ser editada depois de decisão do Plenário do Supremo Tribunal Federal ou de decisões repetidas das Turmas.

Esses requisitos acabam por definir o próprio conteúdo das súmulas vinculantes.

Em regra, elas serão formuladas a partir das questões processuais de massa ou homogêneas, envolvendo matérias previdenciárias, administrativas, tributárias ou até mesmo processuais, suscetíveis de uniformização e padronização.

Nos termos do § 2º do art. 103-A da Constituição, a aprovação, bem como a revisão e o cancelamento de súmula, poderá ser provocada pelos legitimados para a propositura da ação direta de inconstitucionalidade, sem prejuízo do que vier a ser estabelecido em lei.

Autorizou-se, assim, ao legislador, ampliar o elenco de legitimados. Parece altamente recomendável que dentre aqueles que venham a ser contemplados com essa legitimação, por decisão legislativa, estejam tribunais e juízes, uma vez que eles lidam, cotidianamente, com os processos que podem dar ensejo à formulação de súmulas.

Como consectário de seu caráter vinculante e de sua "força de lei" para o Poder Judiciário e para a Administração, requer-se que as súmulas vinculantes sejam publicadas no Diário Oficial da União. Procurando-se assegurar, assim, a sua adequada cognoscibilidade por parte de todos aqueles que lhe devem obediência.

3.2 Da revisão e do cancelamento de súmula vinculante

Nos termos da Emenda Constitucional nº 45/2004, tal como a edição, o cancelamento ou a revisão da súmula poderá verificar-se mediante decisão de dois terços dos membros do Supremo Tribunal, de ofício ou por provocação de pessoas ou entes autorizados em lei, dentre eles os legitimados para a Ação Direta de Inconstitucionalidade (art. 103-A, *caput* e § 2º).

Note-se que cabe à lei disciplinar o procedimento de revisão ou cancelamento de súmula. A Emenda trouxe a possibilidade de a lei regulamentadora aumentar o rol de legitimados para cancelamento ou revogação da súmula. Abre-se, assim, a possibilidade de a sociedade participar, pelos seus diversos segmentos, do processo de atualização, de revisão e de cancelamento das súmulas vinculantes.

Afigura-se recomendável que os próprios juízes e tribunais possam submeter ao Supremo Tribunal Federal proposta de revisão ou de cancelamento de súmula. E, nesse caso, o tema, que não mereceu disciplina direta pelo legislador constituinte, poderá ser objeto de regulação no plano da legislação ordinária.

Faz-se necessário, primeiramente, diferençar *revisão de súmula* de *cancelamento de súmula*.

Por revisão entende-se alteração no próprio conteúdo da súmula, na matéria por ela tratada. A alteração torna-se necessária em razão de uma mudança no entendimento jurídico sobre o tema, em virtude de uma alteração na legislação ou nas próprias circunstâncias fáticas.

Já o cancelamento é a retirada do sistema da súmula vinculante, a sua revogação. A supressão da súmula vinculante faz-se necessária quando ela não se mostra mais apta a solucionar uma determinada questão, ou em virtude de drásticas alterações na legislação, na interpretação de uma determinada norma constitucional ou, até mesmo, em decorrência de modificações ou avanços na sociedade que inviabilizam a sua permanência no sistema.

Sobre a revisão ou o cancelamento da súmula é interessante rememorar a lição de Victor Nunes Leal:

> [...] Cuidando ainda da Súmula como método de trabalho — aspecto em relação ao qual seria até indiferente o conteúdo dos seus enunciados —, é oportuno mencionar que estes não devem ser interpretados, isto é, esclarecidos quanto ao seu correto significado. O que se interpreta é a norma da lei ou do regulamento, e a Súmula é o resultado dessa interpretação, realizada pelo Supremo Tribunal.
>
> Deve, pois, a Súmula ser redigida tanto quanto possível com a maior clareza, sem qualquer dubiedade, para que não falhe ao seu papel de expressar a inteligência dada pelo Tribunal. Por isso mesmo, sempre que seja necessário esclarecer algum dos enunciados da Súmula, deve ele ser cancelado, como se fosse objeto de alteração, inscrevendo-se o seu novo texto na Súmula com outro número.
>
> A emenda regimental de 1963, que criou a Súmula, era bem explícita:

Art. 8º Sempre que o Plenário decidir em contrário ao que constar da Súmula: I — Será cancelado o respectivo enunciado (...).

Art. 11. Permanecerão vagos, para o caso de eventual restabelecimento, os números dos enunciados que forem cancelados (...).

O atual Regimento é bem claro, no art. 102, quando diz:

§ 2º Os verbetes cancelados ou alterados guardarão a respectiva numeração com a nota correspondente, tomando novos números os que forem modificados.

Interpretando corretamente o sentido da disposição, assim regulou o assunto o art. 114 do Regimento do Tribunal Federal de Recursos:

§ 4º Ficarão vagos, com a nota correspondente, para efeito de eventual restabelecimento, os números dos enunciados que o Tribunal cancelar ou alterar, tomando os que forem modificados novos números da série.

Por essa forma, a citação de um dos verbetes da Súmula corresponderá sempre a um texto único, evitando confusões no correr do tempo. Ainda que se lhe mude uma só palavra, o novo texto deverá ser identificado com numeração própria, de modo que, em qualquer tempo, sendo necessário, se possam confrontar o texto novo e o revogado.

Nem sempre — a nosso ver, infelizmente — tem sido essa prática seguida no Supremo Tribunal. Mais de uma vez tem havido interpretação de súmula, com acréscimo ou supressão de palavras, conservando-se o mesmo número"[13]

Essas lições devem ser relembradas no contexto da disciplina que se está conferindo à súmula vinculante. Não só a edição, mas também a revisão e o cancelamento de súmula deverão ter regras adequadas de organização e procedimento, tendo em vista o oferecimento de segurança jurídica para todos aqueles que lhe devem observância.

Digna de realce afigura-se também a recomendação de Victor Nunes no sentido de que o eventual "esclarecimento" do conteúdo de súmula há de se fazer mediante edição de novo enunciado, elidindo, assim, possíveis perplexidades que poderiam surgir com a proliferação de significados (normativos) atribuíveis ao seu texto.

Traduz-se, assim, a relevância da mudança de entendimento jurisprudencial no contexto da súmula vinculante.

Talvez um dos temas mais ricos da teoria do direito e da moderna teoria constitucional seja aquele relativo à evolução jurisprudencial e, especialmente, à possível mutação constitucional. Se a sua repercussão no plano material é inegável, são inúmeros os desafios no plano do processo em geral e, em especial, do processo constitucional. Nesse sentido, vale registrar a douta observação de Karl Larenz:

> De entre os factores que dão motivo a uma revisão e, com isso, freqüentemente, a uma modificação da interpretação anterior, cabe uma importância proeminente à alteração da situação normativa. Trata-se a este propósito de que as relações fácticas ou usos que o legislador histórico tinha perante si e em conformidade aos quais projectou a sua regulação, para os quais a tinha pensado, variaram de tal modo que a norma dada deixou de se "ajustar" às novas relações. É o factor temporal que se faz notar aqui. Qualquer lei está, como facto histórico, em relação actuante com o seu tempo. Mas o tempo também não está em quietude; o que no momento da gênese da lei actuava de modo determinado, desejado pelo legislador, pode posteriormente actuar de um modo que nem sequer o legislador previu, nem, se o pudesse ter previsto, estaria disposto a aprovar. Mas, uma vez que a lei, dado que pretende ter também validade para uma multiplicidade de casos futuros, procura também garantir uma certa constância nas relações inter-humanas, a qual é, por seu lado, pressuposto de muitas disposições orientadas para o futuro, nem toda a modificação de relações acarreta por si só, de imediato, uma alteração do conteúdo da norma. Existe a princípio, ao invés, uma relação de tensão que só impele a uma solução — por via de uma interpretação modificada ou de um desenvolvimento judicial do Direito — quando a insuficiência do entendimento anterior da lei passou a ser "evidente".[14]

Daí a afirmação de Karl Larenz:

> A alteração da situação normativa pode assim conduzir à modificação — restrição ou extensão — do significado da norma até aqui prevalecente. De par com a alteração da situação normativa, existem factos tais como, sobretudo, modificações na estrutura da ordem jurídica global, uma nítida tendência da legislação mais recente, um novo entendimento da *ratio legis* ou dos critérios teleológico-

objectivos, bem como a necessidade de adequação do Direito pré-constitucional aos princípios constitucionais, que podem provocar uma alteração de interpretação. Disto falámos nós já. Os tribunais podem abandonar a sua interpretação anterior porque se convenceram que era incorrecta, que assentava em falsas suposições ou em conclusões não suficientemente seguras. Mas ao tomar em consideração o factor temporal, pode também resultar que uma interpretação que antes era correcta agora não o seja.

Por isso, conclui Larenz de forma lapidar:

O preciso momento em que deixou de ser "correcta" é impossível de determinar. Isto assenta em que as alterações subjacentes se efectuam na maior parte das vezes de modo contínuo e não de repente. Durante um "tempo intermédio" podem ser 'plausíveis' ambas as coisas, a manutenção de uma interpretação constante e a passagem a uma interpretação modificada, adequada ao tempo. É também possível que uma interpretação que aparecia originariamente como conforme à Constituição, deixe de o ser na seqüência de uma modificação das relações determinantes. Então é de escolher a interpretação, no quadro das possíveis, segundo os outros critérios de interpretação, que seja agora a única conforme à Constituição".[15]

No plano constitucional, esse tema mereceu uma análise superior no trabalho de Inocêncio Mártires Coelho sobre interpretação constitucional.[16]

No Capítulo 4 da obra em referência, que trata das conseqüências da diferença entre lei e Constituição, propicia-se uma *releitura* do fenômeno da chamada *mutação constitucional*, asseverando-se que as situações da vida são constitutivas do significado das regras de direito, posto que é somente no momento de sua aplicação aos casos ocorrentes que se revelam o sentido e o alcance dos enunciados normativos. Com base em Perez Luño e Reale, enfatiza-se que, em verdade, a norma jurídica não é o *pressuposto*, mas o *resultado* do processo interpretativo ou que a *norma* é a sua *interpretação*.

Essa colocação coincide, fundamentalmente, com a observação de Häberle, segundo a qual não existe norma jurídica, senão norma jurídica interpretada (*Es gibt keine Rechtsnormen, es gibt nur interpretierte Rechtsnormen*), ressaltando-se que interpretar um ato normativo nada mais é do que colocá-lo no tempo ou integrá-lo na realidade pública (*Einen Rechssatz "auslegen" bedeutet, ihn in die Zeit, d.h. in die öffentliche Wirklichkeit stellen — um seiner Wirksamkeit willen*).

Por isso, Häberle introduz o conceito de *pós-compreensão* (*Nachverständnis*), entendido como o conjunto de fatores temporalmente condicionados com base nos quais se compreende "supervenientemente" uma dada norma. A *pós-compreensão* nada mais seria, para Häberle, do que a *pré-compreensão do futuro,* isto é, o elemento dialético correspondente da idéia de pré-compreensão.[17]

Tal concepção permite a Häberle afirmar que, em sentido amplo, toda lei interpretada — não apenas as chamadas leis temporárias — é uma lei com duração temporal limitada (*In einem weiteren Sinne sind alle — interpretierten — Gesetzen "Zeitgesetze" — nicht nur die zeitlich befristeten*). Em outras palavras, o texto, confrontado com novas experiências, transforma-se necessariamente em um outro.

Essa reflexão e a idéia segundo a qual a atividade hermenêutica nada mais é do que um procedimento historicamente situado autorizam Häberle a realçar que uma interpretação constitucional aberta prescinde do conceito de *mutação constitucional* (*Verfassungswandel*) enquanto categoria autônoma.

Nesses casos, fica evidente que o Tribunal não poderá *fingir* que sempre pensara dessa forma. Daí a necessidade de, em tais casos, fazer-se o ajuste do resultado, adotando-se técnica de decisão que, tanto quanto possível, traduza a mudança de valoração. No plano constitucional, esses casos de mudança na concepção jurídica podem produzir uma *mutação normativa* ou a *evolução na interpretação*, permitindo que venha a ser reconhecida a inconstitucionalidade de situações anteriormente consideradas legítimas. A orientação doutrinária tradicional, marcada por uma alternativa rigorosa entre *atos legítimos* ou *ilegítimos* (*entweder* als *rechtmässig oder* als *rechtswidrig*), encontra dificuldade para identificar a consolidação de um *processo de inconstitucionalização* (*Prozess des Verfassungswidrigwerdens*). Prefere-se admitir que, embora não tivesse sido identificada, a ilegitimidade sempre existira.

Daí afirmar Peter Häberle:

> O Direito Constitucional vive, *prima facie*, uma problemática temporal. De um lado, a dificuldade de alteração e a conseqüente duração e continuidade, confiabilidade e segurança; de outro, o tempo envolve agora mesmo, especificamente, o Direito Constitucional. É que o processo de reforma constitucional deverá ser feito de forma flexível e a partir de uma interpretação constitucional aberta. A continuidade da Constituição somente será possível se passado e futuro estiverem nela associados".[18]

Häberle indaga: "O que significa tempo? Objetivamente, tempo é a possibilidade de se introduzir mudança, ainda que não haja a necessidade de produzi-la".[19] Segue o professor, "o tempo sinaliza ou indica uma reunião (*ensemble*) de forças sociais e idéias. (...) A ênfase ao 'fator tempo' não deve levar ao entendimento de que o tempo há de ser utilizado como 'sujeito' de transformação ou de movimento (...). A história (da comunidade) tem muitos sujeitos. O tempo nada mais é do que a dimensão na qual as mudanças se tornam possíveis e necessárias (...)."[20]

Certamente, a revisão da jurisprudência e da Súmula mediante decisão do próprio Tribunal pode ser provocada por eventual interessado em algum processo específico. É o que até aqui tem permitido a revisão da Súmula do Supremo Tribunal Federal ou até mesmo o cancelamento de seus enunciados.

A possibilidade de revisão ou cancelamento de súmula é de extrema relevância quando se tem em vista que é da natureza da própria sociedade e do Direito estar em processo de evolução contínua. Nesse sentido, faz-se imprescindível a possibilidade de alteração das súmulas vinculantes, para que elas possam ser adequadas a essas necessidades, também de índole prática. Todavia, do mesmo modo que a adoção de uma súmula vinculante não ocorre de um momento para o outro, exigindo que a matéria tenha sido objeto de reiteradas decisões sobre o assunto, a sua alteração ou modificação também exige uma discussão cuidadosa.

À evidência, não procede o argumento de que a súmula vinculante impede mudanças que ocorrem por demanda da própria sociedade e do próprio sistema jurídico, uma vez que há previsão constitucional da revisão e revogação da mesma.

Ademais, a revisão da súmula propicia ao eventual requerente maiores oportunidades de superação do entendimento consolidado do que o sistema de recursos em massa, que são respondidos, também, pelas fórmulas massificadas existentes hoje nos Tribunais.

Tal questão foi objeto de pronunciamento do Ministro Sepúlveda Pertence perante a Câmara dos Deputados:

> É muito mais fácil prestar atenção a um argumento novo, num mecanismo de revisão de súmula, do que num dos 5 ou 6 mil processos a respeito que subam num determinado ano ao Supremo Tribunal Federal, até porque a sentença que contém o argumento novo tem de ser sorteada, porque não dá para conferir mais do que por amostragem.

A solenidade do processo de revisão da súmula vinculante permite que o Tribunal confira a atenção devida à proposta de alteração.

3.3. Da autoridade competente

A Emenda Constitucional nº 45/2004 outorgou a competência para editar súmulas vinculantes exclusivamente ao Supremo Tribunal Federal, o que significa que as súmulas vinculantes ficaram adstritas unicamente à matéria constitucional, seja sobre a interpretação das próprias normas constitucionais, seja sobre a interpretação das leis infraconstitucionais em face da Constituição.

Não se conferiu ao Superior Tribunal de Justiça e ao Tribunal Superior do Trabalho a autorização para editar súmulas vinculantes. Tendo em vista a importância dessas Cortes na uniformização do direito federal, nas respectivas áreas de atuação, afigura-se recomendável que se discuta o tema, uma vez mais, no âmbito do processo de reforma do Judiciário, agora sob apreciação da Câmara dos Deputados.

3.4 Limites objetivos e subjetivos da súmula vinculante

Os limites objetivos da súmula vinculante são fornecidos pelo enunciado que resulta de sua formulação. É evidente que esse enunciado poderá ser mais bem compreendido à luz das referências da súmula, isto é, dos julgados que forneceram a base para a decisão sumulada.

Assim, não raras vezes ter-se-á de recorrer às referências da súmula para dirimir eventual dúvida sobre o seu exato significado. Tais referências são importantes também no que diz respeito a eventual distinção ou *distinguishing* que se tenha que fazer na aplicação da súmula vinculante.

Desde já, afigura-se inequívoco que a súmula vinculante conferirá eficácia geral e vinculante às decisões proferidas pelo Supremo Tribunal Federal sem afetar diretamente a vigência de leis porventura declaradas inconstitucionais no processo de controle incidental. É que não foi alterada a cláusula clássica, constante hoje do art. 52, X, da Constituição, que outorga ao Senado a atribuição para suspender a execução de lei ou ato normativo declarado inconstitucional pelo Supremo Tribunal Federal.

Não resta dúvida de que a adoção de súmula vinculante em situação que envolva a declaração de inconstitucionalidade de lei ou ato normativo enfraquecerá ainda mais o já debilitado instituto da suspensão pelo Senado. É que a súmula vinculante conferirá interpretação vinculante à decisão que declara a inconstitucionalidade sem que a lei declarada inconstitucional tenha sido eliminada formalmente do ordenamento jurídico (falta de eficácia geral da decisão declaratória de inconstitucionalidade). Tem-se efeito vinculante da súmula, que obrigará a administração a não mais aplicar a lei objeto da declaração de inconstitucionalidade (nem a orientação que dela se dessume), sem eficácia *erga omnes* da declaração de inconstitucionalidade.

Mais uma razão para que se reveja a interpretação que se confere, tradicionalmente, ao disposto no art. 52, X, da Constituição.

Como se sabe, a ampliação do sistema concentrado, com a multiplicação de decisões dotadas de eficácia geral, acabou por modificar radicalmente a concepção que dominava entre nós sobre a divisão de poderes, tornando comum no sistema a decisão com eficácia geral, que era excepcional sob a Emenda Constitucional de 16/65 e sob a Carta de 1967/69.

No sistema constitucional de 1967/69, a ação direta era apenas uma idiossincrasia no contexto de um amplo e dominante modelo difuso. A adoção da ADI, posteriormente, conferiu perfil diverso ao nosso sistema de controle de constitucionalidade, que continuou a ser um modelo misto. A ênfase passou a residir, porém, não mais no modelo difuso, mas nas ações diretas. O advento da Lei nº 9.882/99 conferiu conformação à ADPF, admitindo a impugnação ou a discussão direta de decisões judiciais das instâncias ordinárias perante o Supremo Tribunal Federal. Tal como estabelecido na referida lei (art. 10, § 3º), a decisão proferida nesse processo há de ser dotada de eficácia *erga omnes* e de efeito vinculante. Ora, resta evidente que a ADPF estabeleceu uma ponte entre os dois modelos de controle, atribuindo eficácia geral a decisões de perfil incidental.

Vê-se, assim, que a Constituição de 1988 modificou de forma ampla o sistema de controle de constitucionalidade, sendo inevitáveis as reinterpretações ou releituras dos institutos vinculados ao controle incidental de inconstitucionalidade, especialmente da exigência da maioria absoluta para declaração de inconstitucionalidade e da suspensão de execução da lei pelo Senado Federal.

O Supremo Tribunal Federal percebeu que não poderia deixar de atribuir significado jurídico à declaração de inconstitucionalidade proferida em sede de controle incidental, ficando o órgão fracionário de outras Cortes exonerado do dever de submeter a declaração de inconstitucionalidade ao plenário ou ao órgão especial, na forma do art. 97 da Constituição. Não há dúvida de que o Tribunal, nessa hipótese, acabou por reconhecer efeito jurídico transcendente à sua decisão. Embora na fundamentação desse entendimento fale-se em quebra da presunção de constitucionalidade, é certo que, em verdade, a orientação do Supremo acabou por conferir à sua decisão algo assemelhado a um efeito vinculante, independentemente da intervenção do Senado. Esse entendimento está hoje consagrado na própria legislação processual civil (CPC, art. 481, parágrafo único, parte final, na redação da Lei nº 9.756, de 17-12-1998).

Essa é a orientação que parece presidir o entendimento que julga dispensável a aplicação do art. 97 da Constituição por parte dos Tribunais ordinários, se o Supremo já tiver declarado a inconstitucionalidade da lei, ainda que no modelo incidental. Na oportunidade, ressaltou o redator para o acórdão, Ilmar Galvão, no já mencionado RE 190.728, que o novo entendimento estava "em perfeita consonância não apenas com o princípio da economia processual, mas também com o da segurança jurídica, merecendo, por isso, todo encômio, como procedimento que vem ao encontro da tão desejada racionalização orgânica da instituição judiciária brasileira", ressaltando que se cuidava "de norma que não deve ser aplicada com rigor literal, mas, ao revés, tendo-se em mira a finalidade objetivada, o que permite a elasticidade do seu ajustamento às variações da realidade circunstancial".[21]

E ela também demonstra que, por razões de ordem pragmática, a jurisprudência e a legislação têm consolidado fórmulas que retiram do instituto da *"suspensão da execução da lei pelo Senado Federal"* significado substancial ou de especial atribuição de efeitos gerais à decisão proferida no caso concreto.

Como se vê, as decisões proferidas pelo Supremo Tribunal Federal em sede de controle incidental acabam por ter eficácia que transcende o âmbito da decisão, o que indica que a própria Corte vem fazendo uma releitura do texto constante do art. 52, X, da Constituição de 1988, que, como já observado, reproduz disposição estabelecida, inicialmente, na Constituição de 1934 (art. 91, IV) e repetida nos textos de 1946 (art. 64) e de 1967/69 (art. 42, VIII).

Portanto, é outro o contexto normativo que se coloca para a suspensão da execução pelo Senado Federal no âmbito da Constituição de 1988.

Ao se entender que a eficácia ampliada da decisão está ligada ao papel especial da jurisdição constitucional e, especialmente, se considerarmos que o texto constitucional de 1988 alterou substancialmente o papel desta Corte, que passou a ter uma função preeminente na guarda da Constituição a partir do controle direto exercido na ADI, na ADC e na ADPF, não há como deixar de reconhecer a necessidade de uma nova compreensão do tema.

A aceitação das ações coletivas como instrumento de controle de constitucionalidade relativiza enormemente a diferença entre os processos de índole objetiva e os processos de caráter estritamente subjetivo. É que a decisão proferida na ação civil pública, no mandado de segurança coletivo e em outras ações de caráter coletivo não mais poderá ser considerada uma decisão *inter partes*.

De qualquer sorte, a natureza idêntica do controle de constitucionalidade, quanto às suas finalidades e aos procedimentos comuns dominantes para os modelos difuso e concentrado, não mais parece legitimar a distinção quanto aos efeitos das decisões proferidas no controle direto e no controle incidental.

Somente essa nova compreensão parece apta a explicar o fato de o Tribunal ter passado a reconhecer efeitos gerais à decisão proferida em sede de controle incidental, independentemente da intervenção do Senado. O mesmo há de se dizer das várias decisões legislativas que reconhecem *efeito transcendente* às decisões do STF tomadas em sede de controle difuso.

Esse conjunto de decisões judiciais e legislativas revela, em verdade, uma nova compreensão do texto constitucional no âmbito da Constituição de 1988.

É possível, sem qualquer exagero, falar-se aqui de uma autêntica mutação constitucional em razão da completa reformulação do sistema jurídico e, por conseguinte, da nova compreensão que se conferiu à regra do art. 52, X, da Constituição de 1988. Valendo-nos dos subsídios da doutrina constitucional a propósito da mutação constitucional, poder-se-ia cogitar aqui de uma autêntica *reforma da Constituição sem expressa modificação do texto*.[22]

Em verdade, a aplicação que o Supremo Tribunal Federal vem conferindo ao disposto no art. 52, X, da Constituição de 1988 indica que o referido instituto mereceu uma significativa reinterpretação a partir dessa Constituição.

É possível que a configuração emprestada ao controle abstrato pela nova Constituição, com ênfase no modelo abstrato, tenha sido decisiva para a mudança verificada, uma vez que as decisões com eficácia *erga omnes* passaram a se generalizar.

A multiplicação de processos idênticos no sistema difuso — notória após 1988 — deve ter contribuído, igualmente, para que a Corte percebesse a necessidade de atualização do aludido instituto. Nesse contexto, assume relevo a decisão que afirmou a dispensabilidade de se submeter a questão constitucional ao Plenário de qualquer Tribunal se o Supremo Tribunal já se tiver manifestado pela inconstitucionalidade do diploma. Tal como observado, essa decisão acaba por conferir uma eficácia mais ampla — talvez até mesmo um certo efeito vinculante — à decisão do Plenário do Supremo Tribunal no controle incidental. Essa orientação está devidamente incorporada ao direito positivo (CPC, art. 481, parágrafo único, parte final, na redação da Lei n. 9.756, de 1998). No mesmo contexto situa-se a decisão que outorgou ao Relator a possibilidade de decidir, monocraticamente, os recursos extraordinários vinculados às questões já resolvidas pelo Plenário do Tribunal (CPC, art. 557, § 1º-A).

De fato, é difícil admitir que a decisão proferida em ADI ou ADC e na ADPF possa ser dotada de eficácia geral e a decisão proferida no âmbito do controle incidental — esta muito mais morosa porque em geral tomada após tramitação da questão por todas as instâncias — continue a ter eficácia restrita entre as partes.

Explica-se, assim, o desenvolvimento da nova orientação a propósito da decisão do Senado Federal no processo de controle de constitucionalidade, no contexto normativo da Constituição de 1988.

A prática dos últimos anos, especialmente após o advento da Constituição de 1988, parece dar razão, pelo menos agora, a Lúcio Bittencourt, para quem a finalidade da decisão do Senado era, desde sempre, "apenas tornar pública a decisão do tribunal, levando-a ao conhecimento de todos os cidadãos".[23]

Sem adentrar o debate sobre a correção desse entendimento no passado, não parece haver dúvida de que todas as construções que se vêm fazendo em torno do efeito transcendente das decisões pelo Supremo Tribunal Federal e pelo Congresso Nacional, com o apoio, em muitos casos, da jurisprudência da Corte,[24] estão a indicar a necessidade de revisão da orientação dominante antes do advento da Constituição de 1988.

Assim, parece legítimo entender que, hodiernamente, a fórmula relativa à suspensão de execução da lei pelo Senado Federal há de ter simples efeito de publicidade. Desta forma, se o Supremo Tribunal Federal, em sede de controle incidental, chegar à conclusão, de modo definitivo, de que a lei é inconstitucional, esta decisão terá efeitos gerais, fazendo-se a comunicação ao Senado Federal para que este publique a decisão no Diário do Congresso. Tal como assente, não é (mais) a decisão do Senado que confere eficácia geral ao julgamento do Supremo. A própria decisão da Corte contém essa *força normativa*. Parece evidente ser essa a orientação implícita nas diversas decisões judiciais e legislativas acima referidas. Assim, o Senado não terá a faculdade de publicar ou não a decisão, *uma vez que se não cuida de uma decisão substantiva, mas de simples dever de publicação*, tal como reconhecido a outros órgãos políticos em alguns sistemas constitucionais (Constituição austríaca, art. 140, 5 — *publicação a cargo do Chanceler Federal* e Lei Orgânica da Corte Constitucional Alemã, art. 31, (2), *publicação a cargo do Ministro da Justiça*). A não-publicação não terá o condão de impedir que a decisão do Supremo assuma a sua real eficácia.

Esta solução resolve de forma superior uma das tormentosas questões da nossa jurisdição constitucional. Superam-se, assim, também, as incongruências cada vez mais marcantes entre a jurisprudência do Supremo Tribunal Federal e a orientação dominante na legislação processual, de um lado, e, de outro, a visão doutrinária ortodoxa e — permita-nos dizer — ultrapassada do disposto no art. 52, X, da Constituição de 1988.

Assim, é de se esperar que a adoção da súmula vinculante venha a acelerar a necessária revisão da jurisprudência sobre o papel do Senado Federal em sede de controle incidental de normas, permitindo que se atribua eficácia geral à declaração de inconstitucionalidade da lei proferida pelo Supremo Tribunal também no modelo difuso.

E quanto aos limites subjetivos da súmula vinculante?

Os limites subjetivos estão expressamente definidos no texto constitucional.

Nos termos do art. 103-A, *caput*, da Constituição, estão submetidos à súmula vinculante do Supremo Tribunal os demais órgãos do Poder Judiciário e da Administração Pública direta e indireta, nas esferas federal, estadual e municipal.

Vê-se, claramente, que o legislador constituinte excluiu do âmbito normativo do efeito vinculante o Poder Legislativo enquanto exercente de atividade legislativa.

É claro que o Poder Legislativo quando praticar atos administrativos públicos (prática de atos administrativos e exercício de atividade administrativa pelos órgãos do Poder Legislativo) estará submetido ao estabelecido na súmula vinculante.

Essa opção do legislador constituinte explicita também que uma das formas adequadas de renovar a discussão sobre o conteúdo é a eventual promulgação de lei em sentido contrário ou que altere o objeto sobre o qual a súmula foi desenvolvida.

Consideração relevante diz respeito à própria vinculação do Supremo Tribunal Federal.

Pelos próprios termos da norma constitucional, não se pretende vincular diretamente o Supremo Tribunal Federal.

Afigura-se inegável, porém, que, tendo em vista a própria formalidade do processo de aprovação e edição de súmula, o Tribunal não poderá afastar-se da orientação sumulada sem uma decisão formal no sentido da superação do enunciado eventualmente fixado. Aquilo a que Victor Nunes se referiu como instrumento de autodisciplina do Tribunal densifica-se, no contexto da súmula vinculante, em algo associado à própria responsabilidade institucional da Corte de produzir clareza e segurança jurídicas para os demais Tribunais e para os próprios jurisdicionados.

A afirmação de que inexistiria uma autovinculação do Supremo Tribunal ao estabelecido nas súmulas há de ser entendida *cum grano salis*. Talvez seja mais preciso afirmar-se que o Tribunal estará vinculado ao entendimento fixado na súmula enquanto considerá-lo expressão adequada da Constituição e das leis interpretadas. A desvinculação há de ser formal, explicitando-se que determinada orientação vinculante não mais deve subsistir.

4. Palavras finais

É chegada a hora de revisitar e discutir com seriedade o papel que têm desempenhado os Tribunais Superiores no Estado Democrático de Direito brasileiro. Não há mais como postergar a análise da realidade que nos circunda, pois os instrumentos que atualmente manejamos não se revelam adequados para o mundo contemporâneo. A "fantasia" constituinte não pode estar distante da responsabilidade que a realidade social brasileira nos impõe: é chegada a hora de o princípio da esperança dialogar com o princípio da responsabilidade.

Na verdade, os instrumentos jurídicos já estão à disposição dos magistrados brasileiros. Veja-se o exemplo do critério de transcendência com previsão legislativa expressa na Medida Provisória nº 2.226/01, para a admissibilidade do recurso de revista perante o TST. Este instrumento permite uma seleção prévia dos processos que, pela sua transcendência jurídica, política, social ou econômica, mereçam pronunciamento da Corte Superior Trabalhista.

Por óbvio que imperativos de fundamentação e de publicidade, os quais norteiam todas as decisões judiciais, também façam parte dessa discussão. Não se pode negar, pelo menos *a priori,* que o exercício da discricionarieade judicial, pela via de instrumentos como a transcendência ou mesmo a repercussão geral, esteja condicionado à motivação e publicidade das decisões das respectivas Cortes.

Diante da realidade que presenciamos todos os dias, é preciso honestidade e coragem para assumir que muitos processos no Supremo Tribunal Federal são analisados e julgados com base em fundamentos retóricos e genéricos. Revela-se necessário criar novas fórmulas, pois não mais é possível admitirmos que os Tribunais Superiores sejam juízes de casos singulares: não é assim no mundo todo e também não pode ser assim no Brasil.

Notas

1. Cf. Decreto nº 73.529, de 21/01/1974.
2. Projetos de Lei nºs 6.648/2006 e 6.636/2006, ambos da Comissão Especial Mista, que disciplinam, respectivamente, a repercussão geral para conhecimento de recurso extraordinário e a edição, a revisão e o cancelamento da súmula vinculante. O PL nº 6.648/2006 já recebeu parecer pela aprovação por parte da CCJC e encontra-se aguardando apreciação do plenário; o PL nº 6.636/2006 aguarda parecer da CCJC, desde março de 2006 (Informações atualizadas até 27.9.2006). Fonte: www2.camara.gov.br/proposições.
3. Peter Harbele, *O recurso de amparo no sistema germânico. Sub Judice* 20/21, 2001, p. 33 (49).
4. Heinrich Triepel. "Wesen und Entwicklung der Staatsgerichtsbarkeit". *VVDStRL* v. 5, 1929, p. 26.
5. Heinrich Triepel. "Wesen und Entwicklung der Staatsgerichtsbarkeit". *VVDStRL* cit. p. 26.
6. Cf., a propósito, Stephen M. Griffin, *The Age of Marbury, Theories of Judicial Review vs. Theories of Constitutional Interpretation,* 1962-2002. Paper apresentado na reunião anual da American Political Science Association, 2002, p. 34.
7. Stephen M. Griffin, *The Age of Marbury, Theories of Judicial Review vs. Theories of Constitutional Interpretation,* 1962-2002, cit. p. 34.
8. A sugestão de substitutivo ao Projeto de Lei nº 1.343/2003 propõe as seguintes alterações a dispositivos da Lei nº 5.869, de 11 de janeiro de 1973, que institui o Código de Processo Civil: O CONGRESSO NACIONAL decreta: **Art. 1º** O artigo 541 da Lei nº 5.869, de 11 de janeiro de 1973 — Código de Processo Civil passa a vigorar com a seguinte redação:

    Art. 541

    ....
    ....

    § 2º O recurso especial por ofensa a lei federal somente será conhecido quando o julgado recorrido tiver repercussão geral, aferida pela importância social ou econômica da causa, requisito que será dispensado quando demonstrada a gravidade do dano individual.

    Art. 2º Fica acrescido à Lei nº 5.869, de 11 de janeiro de 1973 — Código de Processo Civil —, o seguinte artigo:

    Art. 543-A Quando se verificar multiplicidade de recursos com fundamento em idêntica controvérsia, o recurso extraordinário será processado com observância do disposto neste artigo.

    § 1º Caberá ao Presidente do Tribunal de origem selecionar um ou mais recursos representativos da controvérsia, que serão encaminhados ao Supremo Tribunal Federal, ficando suspensos os demais processos até o pronunciamento definitivo dessa Corte.

§ 2º O relator poderá solicitar informações no prazo de dez dias, aos tribunais superiores, federais, estaduais, turma de uniformização e turmas recursais, acerca da controvérsia constitucional, no âmbito de sua jurisdição.

§ 3º O relator, considerando a relevância da matéria, poderá admitir, por despacho irrecorrível, a manifestação, por intermédio de procurador devidamente habilitado, de pessoas, órgãos ou entidades, inclusive partes que tiveram seus processos sobrestados, nos termos do Regimento Interno do Supremo Tribunal Federal.

§ 4º Após o recebimento das informações e, se houver, após as audiências aludidas no parágrafo antecedente, o relator abrirá vista ao Ministério Público Federal, que deverá se pronunciar no prazo de quinze dias.

§ 5º Vencido o prazo para o Ministério Público Federal, o relator lançará o relatório, com cópia para os demais Ministros, e determinará a inclusão do processo em pauta para julgamento, devendo o feito ter preferência sobre os demais, ressalvados os processos com réus presos, os *habeas corpus* e os mandados de segurança.

§ 6º Publicado o acórdão respectivo, os recursos sobrestados serão apreciados pelos Tribunais, Turma de Uniformização ou Turmas Recursais, que poderão exercer o juízo de retratação ou declará-los prejudicados.

§ 7º Se a instância de origem mantiver a decisão, processar-se-á o recurso extraordinário, hipótese em que o Supremo Tribunal Federal, conforme disposto em seu regimento interno, poderá determinar sumariamente a cassação das decisões contrárias à orientação firmada no acórdão.

§ 8º As Turmas Recursais, a Turma de Uniformização, os Tribunais de Justiça, os Tribunais Regionais, o Superior Tribunal de Justiça e o Supremo Tribunal Federal, no âmbito de suas competências, expedirão normas regulamentando os atos internos a serem adotados para processamento e julgamento do recurso previsto neste artigo.

§ 9º Verificada a plausibilidade do direito invocado e havendo fundado receio da ocorrência de dano de difícil reparação, em especial quando a decisão recorrida contrariar súmula ou jurisprudência dominante do Supremo Tribunal Federal, poderá o relator conceder, de ofício ou a requerimento do interessado, *ad referendum* do Plenário, medida liminar para determinar a suspensão, na origem, dos processos nos quais a controvérsia esteja estabelecida, até o pronunciamento dessa Corte sobre a matéria.

§ 10º Aplicam-se ao recurso especial, no que couber, as disposições contidas neste artigo.

Art. 3º Esta lei entra em vigor três meses após sua publicação.

9. Nelson de Souza Sampaio, "Supremo Tribunal Federal e a nova fisionomia do Judiciário". *RDP* n. 75, p. 5 e ss.
10. Hans Kelsen, *Teoria pura do direito*. 2. ed. Coimbra: Armênio Amado, 1962, v. 2, p. 115-116.
11. O "Restatement of Law" é uma consolidação de jurisprudência realizada por advogados, juízes e professores americanos, com o objetivo de conferir segurança ao estudo da aplicação dos precedentes (cf. Victor Nunes Leal, "Problemas de direito público e outros problemas". *Arquivos do Ministério da Justiça* v. II. Brasília, 1997, p. 61).
12. Victor Nunes Leal, *Passado e futuro da súmula do STF*, cit. p. 62, 65 e 66.
13. Victor Nunes Leal, *Passado e futuro da súmula do STF*, cit. p. 291-292.
14. Karl Larenz, *Metodologia da ciência do direito*. 3ª. ed. Lisboa: Fundação Calouste Gulbenkian, 1997, p. 495.
15. Karl Larenz, *Metodologia da ciência do direito,* cit. p. 498-500.
16. Inocêncio Mártires Coelho, *Interpretação constitucional*. Porto Alegre, Sérgio Antonio Fabris, 1997.
17. Peter Härberle. "Zeit und Verfassung". *In*: Ralf Dreier; Friedrich Schwegmann (Orgs.). *Probleme der Verfassungsinterpretation*. Baden-Baden: Nomos, 1976, p. 312-313.
18. Peter Härberle. "Zeit und Verfassung", cit. p. 295-296.
19. Peter Härberle. "Zeit und Verfassung", cit. p. 300.
20. Peter Härberle. "Zeit und Verfassung", cit. p. 300.
21. RE 190.728, rel. para o acórdão Min. Ilmar Galvão, *DJ*, 30-5-1997.

22. Georg Jellinek. *Reforma y Mutación de la Constitución*. Tradução espanhola de Christian Förster. Madrid: Centro de Estudios Constitucionales, 1991, p. 15-35; Hsü Dau-Lin, *Mutación de la Constitución*. Tradução espanhola de Christian Förster e Pablo Lucas Verdú. Bilbao: Ivap, 1998, p. 68 e s.; Anna Cândida da Cunha Ferraz. *Processos informais de mudança da Constituição*. São Paulo, Max Limonad, 1986, p. 64s. e 102s.
23. Carlos Alberto Lucio Bittencourt. *O controle jurisdicional da constitucionalidade das leis*. 2. ed. Rio de Janeiro, Forense, 1968, p. 145.
24. MS 16.512 (rel. Min. Oswaldo Trigueiro), *RTJ* 38(1):23; RMS 17.976 (rel. Min. Amaral Santos) *RDA*, 105:111(113); AI-.AgR 168.149 (rel. Min. Marco Aurélio), *DJ* de 4-8-1995; AI-AgR 167.444 (rel. Min. Carlos Velloso), *DJ* de 15-9-1995; RE 190.728 (rel. Min. Celso de Mello), *DJ* de 30-5-1997; RE 191.898 (rel. Min. Sepúlveda Pertence), *DJ* de 22-8-1997; RE 228.844-SP (rel. Min. Maurício Corrêa), *DJ* de 16-6-1999; RE 221.795 (rel. Min. Nelson Jobim), *DJ* de 16-11-2000; RE 364.160 (rel. Min. Ellen Gracie), *DJ* de 7-2-2003; AI 423.252 (rel. Min. Carlos Velloso), *DJ* de 15-4-2003; RE 345.048 (rel. Min. Sepúlveda Pertence), *DJ* de 8-4-2003; RE 384.521 (rel. Min. Celso de Mello), *DJ* de 30-5-2003); ADI 1.919 (rel. Min. Ellen Gracie), *DJ* de 1º-8-2003.

Celeridade da Prestação Jurisdicional e Seleção das Causas a Serem Julgadas pelos Tribunais Superiores

ESTÊVÃO MALLET

*Professor de Direito do Trabalho da Faculdade de Direito
da Universidade de São Paulo e advogado*

Sumário

1. Importância do tema
2. Desdobramentos práticos da garantia de celeridade
3. Seleção de causas pelos tribunais superiores: solução para o problema da morosidade?
4. Alternativas para o problema da morosidade
5. Conclusão

1. Importância do tema

Nunca será excessivo enfatizar a importância da celeridade na prestação da atividade jurisdicional. Embora não seja o único valor a considerar no campo do processo — há outros igualmente relevantes, como a correta resolução dos litígios[1] —, é certo que a realização tardia da justiça muitas vezes significa, na prática, a chancela legal da injustiça. Nas palavras sempre repetidas de Rui Barbosa, justiça tardia "não é justiça, senão injustiça, qualificada e manifesta".[2]

Daí poder-se dizer que o Estado, ao proibir a autotutela ou a justiça de mão própria, assegurando, ao mesmo tempo, o acesso à justiça (Constituição do Brasil, art. 5º, XXXV), obriga-se não somente a prestar a tutela jurídica[3] como, ainda mais, a fazê-lo de modo acessível e em prazo razoável. Como assinalado por Marie-Anne Frison-Roche, *"le droit au droit ayant engendré le droit au juge, le droit au juge engendre le droit au procès et en son sein le droit au temps qui convient"*[4]. Bem a propósito, assinalou o Tribunal Constitucional português que o direito de acesso aos tribunais ou à tutela jurisdicional desdobra-se, na verdade, em três diferentes garantias: "primeiro, no direito de acesso a 'tribunais' para defesa de um direito ou de um interesse legítimo, isto é, um direito de acesso à 'Justiça', a órgãos jurisdicionais, ou, o que é o mesmo, a órgãos independentes e imparciais...; segundo, uma vez concretizado o acesso a um tribunal, no direito de obter uma solução num prazo razoável; terceiro, uma vez ditada a sentença, no direito à execução das decisões dos tribunais ou no direito à efectividade das sentenças".[5]

Por isso mesmo, é freqüente a inclusão, no rol das garantias fundamentais dos litigantes, do direito à duração razoável do processo. Até mesmo na Magna Carta, elaborada em época tão recuada e a partir de pressupostos completamente diversos dos que hoje informam o processo, encontra-se referência ao tema, como se vê de sua provisão nº 40, em que se previa: *"To no one will we sell, to no one we deny, or delay right or justice"*.[6] A Sexta Emenda à Constituição dos Estados Unidos da América, por sua vez, ao tratar do processo penal, estatui: *"In all criminal prosecutions, the accused shall enjoy the right to a speedy and public trial…"*. Em termos mais amplos, a Constituição espanhola de 1978, em seu art. 24, nº 2, dispõe que *"...todos tienen derecho...a un proceso público sin dilaciones indebidas..."*.[7] Na *Canadian Charter of Rights and Freedoms*, o art. 11, alínea "b", assegura a todos o direito de *"to be tried within a reasonable time"*. E a Constituição italiana, após a reforma decorrente da Lei Constitucional de 1999, passou a contar com a seguinte previsão, no art. 111: *"La giurisdizione si attua mediante il giusto processo regolato dalla legge. Ogni processo si svolge nel contraddittorio tra le parti, in condizioni di parità, davanti a giudice terzo e imparziale. La legge ne assicura la ragionevole durata"*.

Também no plano da legislação infraconstitucional são comuns as alusões à garantia de celeridade no julgamento dos processos. No Código de Processo

Civil de Portugal, por exemplo, logo no art. 2º, nº 1, pode-se ler: "1. A protecção jurídica através dos tribunais implica o direito de obter, em prazo razoável, uma decisão judicial que aprecie, com força de caso julgado, a pretensão regularmente deduzida em juízo, bem como a possibilidade de a fazer executar". Em França, a Lei nº 2000-516, de 15 de junho de 2000, introduziu artigo preliminar no Code de Procédure Pénale, em cujo inciso III, estabelece-se, como direito do acusado: *"Il doit être définitivement statué sur l'accusation dont cette personne fait l'objet dans un délai raisonnable."*

No Brasil o assunto ganhou nova dimensão com a explicitação da garantia de celeridade processual, após a introdução, pela Emenda Constitucional nº 45, de novo inciso ao rol do art. 5º, em que se prevê: " LXXVIII — a todos, no âmbito judicial e administrativo, são assegurados a razoável duração do processo e os meios que garantam a celeridade de sua tramitação".[8]

2. Desdobramentos práticos da garantia de celeridade

Para muitos, a simples previsão, em norma constitucional, da garantia de celeridade no tratamento dos processos pouco significaria concretamente. Seria apenas o caso de mais uma das tantas promessas do legislador, impossível, como muitas outras, de cumprimento, a atrair a advertência de Montaigne: *"vaudroit mieux faire vouloir aux loix ce qu´elles peuvent, puis qu´elles ne peuvent ce qu´elles veulent"*.[9]

É possível, no entanto, a partir de premissas diferentes, conferir à nova norma da Constituição brasileira mais relevante significado, em respeito, inclusive, à necessidade de assegurar a maior realização possível das disposições constitucionais, como lembrado por Jellinek,[10] preocupação também presente em Pontes de Miranda, que assim se expressou: "se há mais de uma interpretação da mesma regra jurídica inserta na Constituição, tem de preferir-se aquela que lhe insufle a mais ampla extensão jurídica".[11]

Na verdade, pode-se tirar, do inciso LXXVIII da Constituição, em primeiro lugar, o caráter fundamental das tutelas de urgência, de modo a invalidar disposições de legislação ordinária que pretendam proscrever a sua utilização.[12]

De outro lado, é igualmente possível afirmar, a partir da garantia constitucional de duração razoável do processo, a responsabilidade do Estado em caso de morosidade no cumprimento da obrigação de prestação da tutela jurisdicional. Superada a doutrina regalista de irresponsabilidade do Estado, que, fundada na concepção despótica do governo, confunde a soberania "*col potere e coll' amministrazione*",[13] não é difícil passar da mera responsabilidade por atos executivos para a responsabilidade por atos judiciais, nos termos, aliás, do velho art. 630 do Código de Processo Penal, a compreender, inclusive, indenização em caso de excessiva morosidade na solução dos litígios.

A conclusão em torno da responsabilidade do Estado por mora na prestação da atividade jurisdicional tem sido reiteradamente firmada pela Corte Européia de Direitos Humanos, a partir do texto do art. 6º da Convenção Européia sobre Direitos do Homem, assim redigido: "Artigo 6º Direito a um processo eqüitativo: 1. Qualquer pessoa tem direito a que a sua causa seja examinada, eqüitativa e publicamente, num prazo razoável por um tribunal independente e imparcial, estabelecido pela lei, o qual decidirá, quer sobre a determinação dos seus direitos e obrigações de caráter civil, quer sobre o fundamento de qualquer acusação em matéria penal dirigida contra ela." Ao se garantir o direito ao exame das pretensões das partes em um "prazo razoável", sempre que o Estado não cumpre tal obrigação, quer por não prover o Poder Judiciário de meios adequados, quer por outra razão que lhe seja imputável, surge a responsabilidade pela indenização dos prejuízos causados. É paradigmática, a propósito, a condenação da Itália, no caso Capuano, em cuja decisão lê-se:

> 22. *La période à considérer ne prête pas à controverse. Il s'agit...d'un laps de temps dépassant déjà dix ans et quatre mois (10 janvier 1977 - 19 mai 1987)...35. En résumé, Mme Capuano n'a pas eu droit à un examen de sa cause dans un délai raisonnable même si on peut lui imputer quelques-uns des retards observés; il y a donc eu violation de l'article 6 § 1 (art. 6-1)...37. Aux yeux de la Cour...le dépassement du 'délai raisonnable' dont l'article 6 § 1 (art. 6-1) exige le respect (voir notamment l'arrêt Lechner et Hess du 23 avril 1987, série A nº 118, p. 22, § 64)...a augmenté les frais et dépens de Mme Capuano en Italie et pu de surcroît entraîner pour elle d'autres pertes financières...La requérante a éprouvé en outre un préjudice moral indéniable: elle a vécu dans une incertitude et une anxiété prolongées quant à l'issue et aux répercussions de la procédure (ibidem)...Ces divers éléments ne se prêtent pas en l'espèce à un calcul exact. Les appréciant dans leur ensemble et, comme le veut l'article 50 (art. 50), en équité, la Cour alloue à l'intéressée une indemnité de L 8.000.000,00*".[14]

Nem mesmo a sobrecarga de trabalho nos órgãos judiciários é escusa aceitável para a demora na solução dos processos, como assentado também pela

Corte Européia de Direitos Humanos, no julgamento do caso SAPL contra França.[15]

3. Seleção de causas pelos tribunais superiores: solução para o problema da morosidade?

Para tentar dar mais efetividade à garantia constitucional de duração razoável dos processos tem sido proposta, ao lado de outras medidas, e sem prejuízo do reconhecimento da complexidade do problema, a seleção de causas a serem julgadas pelos tribunais superiores, a fim de evitar a necessidade de exame de todos os processos a eles atualmente encaminhados. A idéia suscita, todavia, vários questionamentos.

O primeiro deles se relaciona, naturalmente, com o critério a adotar-se para a seleção de processos. Qual o parâmetro a considerar? É preferível critério objetivo, previamente definido em lei, de maneira mais precisa, ou, ao contrário, critério aberto, sujeito, em maior medida, à discrição judicial?

No direito brasileiro, em matéria trabalhista, a experiência que se tem envolve situações vinculadas à primeira alternativa, ou seja, limitações objetivas e mais bem definidas. Na Lei nº 5.584 e no art. 896, § 6º, da CLT, por exemplo, estão hipóteses de exclusão de certos recursos, tendo em conta o valor da causa. Na primeira norma exclui-se todo e qualquer recurso das causas de valor não excedente a dois salários mínimos, salvo havendo matéria constitucional em debate.[16] Já na segunda afasta-se o recurso de revista, em causas de até quarenta salários mínimos, a menos que demonstrada divergência da decisão com Súmula do Tribunal Superior do Trabalho ou violação direta da Constituição da República. No art. 896, § 2º, também da CLT, a seu turno, a exclusão funda-se na natureza do processo, não se admitindo recurso de revista da decisão proferida em execução de sentença, observada, mais uma vez, a ressalva em caso de ofensa à Constituição da República.

Ambos os critérios de exclusão de causas, já acolhidos pelo legislador, têm problemas. Não é nada difícil imaginar causa de pequeno valor, mas, ao mesmo tempo, com grande importância, seja para as partes, seja mesmo para a sociedade. A decisão em que se afirmou a indisponibilidade, inclusive no plano coletivo, da garantia de emprego da gestante,[17] a despeito de seu amplo significado, impondo nova orientação para a jurisprudência em geral, bem poderá ter sido proferida em causa de valor reduzido. Para sair dos estreitos limites do direito brasileiro, pode-se citar, na mesma linha, a decisão tomada pela Corte Suprema dos Estados Unidos da América, no caso *Brown v. Board of Education*,[18] que alterou os rumos da sociedade norte-americana, sem que estivesse em debate, no entanto, questão economicamente relevante.

De outro lado, a seleção de causas a partir da natureza do processo põe dificuldades igualmente significativas. A exclusão de recurso de revista, em processos de execução, na forma do art. 896, § 2º, da CLT, lança o terceiro, que sofre indevida apreensão de seus bens, em situação mais vulnerável. A despeito da relevância do interesse em debate, não lhe é dado acesso ao Tribunal Superior do Trabalho, com fundamento em divergência jurisprudencial ou mesmo em virtude de ofensa a literal disposição de lei. Aliás, nem mesmo para as próprias partes os problemas deixam de estar presentes. Não são raros os casos em que, mesmo sem haver o menor traço de contencioso constitucional, foi preciso suplantar a limitação legal à recorribilidade em processo de execução, tudo para evitar mais profunda perturbação da ordem jurídica. Assim fez o Tribunal Superior do Trabalho ao acolher recurso de revista, sob fundamento de violação do art. 5º, incisos XXXV e LV, da Constituição, para determinar o julgamento de agravo de petição, não conhecido por falta de juntada dos atos constitutivos da empresa. O julgado tem a seguinte ementa:

> Representação processual. Exigência do estatuto social da empresa, para verificar a regularidade de representação. Violação direta do art. 5º, LV, da Constituição Federal. O E. TRT da Primeira Região não conhecera do agravo de petição da executada, por irregularidade de representação processual, ao fundamento, em síntese, de que a procuração particular, desacompanhada dos atos constitutivos da pessoa jurídica que designou poderes ao subscritor, é irregular, nos termos do art. 12, inciso VI, do CPC. Tratando-se de recurso de revista interposto em fase de execução de sentença, incabível é a argüição de maltrato ao art. 13 do CPC. Todavia, entendo possível o acesso da revista por violação dos incisos XXXV e LV do art. 5º da Constituição Federal, na medida em que a juntada do estatuto social, como exigido no Acórdão, constitui negativa de prestação jurisdicional, na medida em que a lei não contempla tal exigência para o ingresso de qualquer demanda em juízo, bastando, para tanto, a simples exibição do instrumento procuratório. Por outro lado, quando o notário atesta a assinatura aposta no instrumento particular, o faz porque a pessoa jurídica credenciou o signatário para firmar qualquer documento em seu nome.[19]

O mesmo voltou a fazer o Tribunal Superior do Trabalho, reiteradas vezes, a ponto de editar Súmula,[20] para reformar julgados que exigiam depósito recursal também em agravo de petição, em frontal contraste com os termos da Instrução Normativa nº 3, do próprio Tribunal Superior do Trabalho.[21] No entanto, aplicada a tese esboçada nos dois casos em sua real inteireza, todo contencioso legal transforma-se, inevitavelmente, em contencioso constitucional, o que, ao fim e ao cabo, elimina a restrição recursal imposta pela lei. O problema surgiu, na verdade, por conta da limitação à recorribilidade, imposta pela legislação em vigor.

A partir do exposto, pode parecer mais adequada a seleção de causas por meio de critérios abertos, sujeitos à discrição judicial, na linha, aliás, do *writ of certiorari* do direito norte-americano, conforme Rule 10, das *Rules of the United States Supreme Court*, assim redigida: "*review on a writ of certiorari is not a matter of right, but of judicial discretion*". É, ademais, o que propõe o § 3º do art. 102 da Constituição, introduzido, pela Emenda Constitucional nº 45, claramente sob inspiração da experiência norte-americana: "No recurso extraordinário o recorrente deverá demonstrar a repercussão geral das questões constitucionais discutidas no caso, nos termos da lei, a fim de que o Tribunal examine a admissão do recurso, somente podendo recusá-lo pela manifestação de dois terços de seus membros". Antes mesmo dessa mudança constitucional, a Medida Provisória nº 2.226, de modo análogo e com a mesma fonte de inspiração, introduziu o art. 896-A, ao texto da CLT, para condicionar o julgamento do recurso de revista ao prévio exame da transcendência da matéria em debate.

Ao importar soluções estrangeiras, todavia, é sempre preciso cautela, tendo em conta as peculiaridades por vezes presentes nos diferentes sistemas jurídicos. Calha muito bem, no particular, a advertência de Barbosa Moreira, sobre o cuidado que se há de ter "na abertura das portas jurídicas aos produtos vindos dos Estados Unidos, dada a notória diferença estrutural dos dois sistemas — o brasileiro, de linhagem européia continental, com o predomínio das fontes escritas, e o norte-americano, muito mais afeiçoado à formação jurisprudencial do direito".[22] O *writ of certiorari* norte-americano é julgado em sessão secreta. Dela não tomam parte nem mesmo os assessores dos juízes. Tudo se passa na mais completa reserva. Não há, pois, direito a manifestação verbal das partes interessadas.[23] Não há, de outro lado, necessidade de fundamentação ou de indicação de razões para a concessão ou não do pedido.[24] É compreensível, em tal contexto, sirva o *writ of certiorari* como eficiente, maleável e rápido instrumento para a seleção de causas a serem julgadas pela Corte Suprema dos Estados Unidos da América. A conformação do direito brasileiro, porém, impede que o mesmo resultado aqui se produza. É que, por força do disposto no art. 93, inciso IX, da Constituição, o exame preliminar a respeito da relevância do julgamento do recurso terá de ser feito, ressalvadas as limitadas exceções legais, obrigatoriamente de maneira pública, o que por si só reclama prévia inclusão do feito em pauta, com intimação das partes. Afinal, como adverte Mario Chiavario, "*il principio di 'pubblicità' non implica, é vero, un 'effettiva' presenza del pubblico e/o della stampa agli atti processuali; ma implica pur sempre qualcosa di più di un semplice 'potenzialità' astratta di presenza: ad esempio, ove non siano tempestivamente conoscibili le date ed i luoghi in cui atti processuali vengnono compiuti, la garanzia della pubblità può rimanere del tutto illusoria*".[25] Mais ainda, não há como, em virtude do mesmo dispositivo constitucional antes lembrado, prescindir, no julgamento da relevância do recurso, de adequada fundamentação, acolha-se ou não o pedido.[26] Por fim, no campo trabalhista, a já citada Medida Provisória nº 2.226 garante, ademais, o direito a sustentação oral, nos seguintes termos: "O Tribunal Superior do Trabalho regulamentará, em seu regimento interno, o processamento da transcendência do recurso de revista, assegurada a apreciação da transcendência em sessão pública, com direito a sustentação oral e fundamentação da decisão".

Em conseqüência, não mais sendo admissível, ante o ordenamento constitucional vigente, adotar-se o procedimento da antiga argüição de relevância — julgada em sessão secreta, sem motivação e sem direito a sustentação oral[27] —, o procedimento de seleção de processos agora proposto, ao invés de simplificar a atuação dos tribunais superiores, ou manterá tudo como hoje está — com julgamento, não do mérito do recurso, mas de sua relevância —, ou, em certos casos, agravará a carga de trabalho, com imposição de dois julgamentos, em que antes havia apenas um: o primeiro, com todos os ritos e solenidades próprios de qualquer julgamento, para decidir sobre a necessidade de exame do recurso; o segundo, após superada tal fase, para o julgamento do recurso propriamente dito.

Nem mesmo a consolidação de teses sobre as matérias cuja relevância legitima o julgamento de recursos, eventualmente até com a edição de precedentes, resolve o problema. Sempre terá a parte, em face das garantias constitucionais do art. 93, inciso IX, e mesmo do disposto no art. 2º, da Medida Provisória nº 2.226, o direito de tentar mostrar a relevância do seu caso específico.

Por fim, se o caráter vago e aberto da jurisdição exercida no âmbito do *writ of certiorari* talvez possa ser adequado à cultura jurídica norte-americana, em que o exercício da jurisdição tradicionalmente envolve certa dose de discricionariedade, dificilmente o será em sistema jurídico fundado muito mais no direito legislado, com competências definidas na Constituição, como é o caso do direito brasileiro. Aliás, da exigência de segurança e previsibilidade pode-se mesmo extrair, como o faz Canotilho, a necessidade de "densidade suficiente na regulamentação legal",[28] incompatível com a fixação do cabimento de certos recursos a partir de conceitos vagos e indeterminados, como a transcendência da matéria, transcendências cujos termos caberia, no campo trabalhista, a simples norma regimental definir, na forma do art. 896-A, da CLT.

4. Alternativas para o problema da morosidade

Se a seleção de causas não é a melhor alternativa para tornar mais célere a prestação da atividade jurisdicional, especialmente no âmbito dos tribunais superiores, o que se pode e se deve então fazer?

Em termos gerais, antes de examinar a situação específica dos tribunais superiores, é preciso considerar a necessidade de dotar o Poder Judiciário de meios e de recursos, inclusive e especialmente, financeiros, para cumprir sua função, garantida, outrossim, a distribuição adequada de tais recursos entre os diferentes órgãos judiciários. A prestação do serviço judiciário supõe instalações adequadas, equipamentos apropriados, servidores preparados, magistrados adequadamente selecionados, com remuneração condizente com a importante função exercida. Não há como pensar em processo eficiente e eficaz se o Poder Judiciário não conta com verbas suficientes, bem empregadas e bem utilizadas. Nenhum serviço público pode funcionar bem sem dotação orçamentária compatível com as necessidades a serem satisfeitas.

Mas as dotações atribuídas ao Poder Judiciário têm sido, em muitos casos, inferiores ao necessário, por conta das restrições impostas aos gastos públicos pela vigente política econômica. Em alguns domínios as carências são enormes. No Estado de São Paulo, por exemplo, encontra-se o Tribunal de Justiça em precárias condições, sem dinheiro para ampliar a sua informatização ou mesmo para adequar as instalações dos serviços judiciários. Mesmo assim, as suas dotações orçamentárias são limitadas. As propostas sofrem cortes significativos. O resultado é, na essência, comprometer-se não somente a eficiência da atividade jurisdicional como a própria independência do Poder Judiciário, no sentido mais amplo da expressão.[29] Aliás, tentou-se até mesmo ir mais longe, para restringir o cumprimento dos orçamentos aprovados, com aplicação do disposto no art. 9º, § 3º, da Lei Complementar nº 101, de modo que autorize o Poder Executivo a limitar o empenho e movimentações financeiras de valores atribuídos ao Poder Judiciário, o que foi, com toda razão, considerado inconstitucional pelo Supremo Tribunal Federal, quando do julgamento da liminar na ação direta de inconstitucionalidade nº 2.238.

Bem se vê a importância de, não apenas assegurar ao Poder Judiciário recursos financeiros adequados ao cumprimento de sua função, como, ainda mais, de garantir a boa distribuição e o cumprimento do orçamento aprovado, sem possibilidade de cortes ou contingenciamento, do que parece haver se dado conta o legislador constituinte reformador, ao introduzir o inciso XIII no art. 93, o § 2º no art. 98 da Constituição e ao dar nova redação ao art. 168 da mesma Constituição.

No que toca, de modo específico, aos processos encaminhados aos tribunais superiores, o aprimoramento de algumas providências já previstas em lei, mas disciplinadas de modo bastante inadequado, poderia trazer bons resultados, sem criar os problemas levantados pela seleção de causas. O depósito do valor arbitrado para a condenação, como condição de admissibilidade de recursos, é um bom exemplo. A limitação do valor a depositar, nos termos da legislação vigente,[30] não faz nenhum sentido. De pronto, não coíbe, pelo reduzido valor do depósito exigido, recursos protelatórios, ainda quando dirigidos aos tribunais superiores. De outro lado, leva a que o devedor, condenado no pagamento de importância menos expressiva, abaixo do limite legal, seja obrigado a depositar o valor integral da condenação para recorrer, enquanto franqueia ao condenado no pagamento de importância mais elevada, acima do limite legal, a interposição de recurso com depósito apenas parcial do débito. No fundo, quanto maior o débito, menor, em termos percentuais, o valor a depositar, o que beneficia o grande devedor e prejudica o pequeno. Nem cabe dizer que a exigência de depósito integral da condenação contraria a garantia do devido processo legal. A alegação não procede na medida em que, podendo o devedor efetuar o depósito, tendo meios para tanto, a exigência não se mostra ilegítima.[31] Acha-se mesmo sedimentada a constitucionalidade da exigência no campo administrativo,[32] em que também há a previsão de depósito do valor da multa para interposição de recurso, inclusive, em matéria trabalhista.[33]

E é deveras surpreendente exigir-se depósito integral de multa, imposta por mera autoridade administrativa, e dispensar-se a mesma providência quando se cuida de imposição resultante de provimento judicial, emitido após o mais amplo exercício do contraditório. Por fim, exigir depósito integral do valor da condenação serve não apenas para desestimular a interposição de recursos protelatórios, inclusive dirigidos aos tribunais superiores, como, igualmente, para simplificar a subseqüente execução da decisão, abreviada pela existência de numerário recolhido ao banco.

Bons resultados também podem ser obtidos com a súmula impeditiva de recurso, cuja legitimidade não apresenta os mesmos problemas suscitados pela súmula vinculante — esta sim bastante questionável — e é também meio eficiente de reduzir a sobrecarga de trabalho de tribunais, não apenas superiores como, outrossim, de apelação.

O favorecimento das tutelas coletivas, durante largo tempo desprestigiadas pela jurisprudência trabalhista, em virtude do teor do Enunciado 310 do Tribunal Superior do Trabalho, é mais um ponto a considerar. Por meio delas resolve-se, em um único processo, grande número de litígios, em que se repetem as mesmas situações concretas. A falta de regulamentação das ações coletivas trabalhistas ou, em termos mais gerais, sua regulamentação inadequada no campo processual civil, tem, no entanto, criado dificuldades de monta para a utilização do instituto, como se vê do disposto, por exemplo, no parágrafo único do art. 1º da Lei nº 7.347, e no art. 16 da mesma Lei, além de dar margem a ajuizamento de pedidos em que, não raro, as questões individuais suplantam as coletivas, de que resulta inútil ou improdutivo dispêndio de energia no processo.

Restam, ainda, expedientes não diretamente relacionados com os tribunais superiores, mas que merecem menção, porque, além de muito relevantes para a maior celeridade do processo, puderam ser tomados sem nenhuma necessidade de reforma legislativa, como simples e feliz decorrência de criatividade e inventividade. Em tal rol inserem-se a penhora realizada por meio eletrônico — que tanta eficiência trouxe ao processo de execução trabalhista, sendo gradualmente levada para a Justiça dos Estados e para a Justiça Federal comum — o leilão unificado instituído em alguns Tribunais Regionais do Trabalho, como o da 2ª Região[34] e, ainda, o sistema eletrônico de envio de petições.

Para arrematar, cumpre reverter a cultura de descumprimento da lei, tão em voga nos dias de hoje. Em outros termos, é preciso fazer com que deixe de ser economicamente rentável ou politicamente tolerável o descumprimento da lei, com previsão, para os casos em que isso se dá, de ônus acrescidos ou sanções específicas. Em relação ao primeiro ponto, importa que *"the payment which will be extracted by the court proceedings may be sufficient to deter violation of the contract"*, conforme advertem, com toda razão, os autores vinculandos à doutrina da *economic analysis of law*.[35] Já no tocante ao segundo aspecto, é inaceitável que continue a Administração Pública a adotar a postergação da solução de conflitos como expediente de gestão das finanças públicas. Se ambas as variáveis não se alterarem, fica a própria crença do cidadão na eficácia da lei abalada, comprometendo-se os alicerces de toda a sociedade. É preciso fazer com que o respeito à lei, decorrente do cumprimento espontâneo das obrigações assumidas, seja a regra, e o seu descumprimento, a exceção, a verificar-se em situações em que há realmente dúvida sobre a existência ou o alcance da obrigação.

5. Conclusão

Como síntese do exposto, pode-se dizer que a seleção das causas a serem julgadas pelos tribunais superiores, além de apresentar dificuldades relevantes, não resolve o problema da morosidade, nem mesmo nos limitados termos em que se propõe a fazê-lo. Outras alternativas há, menos problemáticas e mais eficazes, para dar maior efetividade ao processo.

Notas

1. Como anota Barbosa Moreira, "nem o valor celeridade deve primar, pura e simplesmente, sobre o valor verdade, nem este sobrepor-se, em quaisquer circunstâncias, àquele", "Efetividade do Processo Técnica Processual in *Temas de direito processual*, São Paulo, Saraiva, 6ª ed., 1997, p. 22.
2. *Elogios acadêmicos e orações de paraninfo*, Editora da Revista de Língua Portuguesa, 1992, p. 381.
3. A propósito, Pontes de Miranda, *Tratado das ações*, Rio de Janeiro, RT, 1970, Tomo I, § 43, n. 1, p. 231.
4. "Les Droits Fondamentaux des Justiciables au Regard du Temps dans la Procédure", *In Le temps dans la procédure*, Paris, Dalloz, 1996, p. 15.
5. Decisão nº 934/96, 10.07.96, item n. 12, tomada no Processo nº 489/93. Com a nova redação dada ao art. 20 da Constituição de Portugal, após a decisão transcrita, explicitou-se compreender o direito de acesso aos tribunais a garantia de duração razoável dos processos, nos termos do nº 4 do referido dispositivo, *verbis*: "4. Todos têm direito a que uma causa em que intervenham seja objeto de decisão em prazo razoável e mediante processo equitativo".
6. William F. Swindler, *Magna Carta: legend and legacy*, Indianapolis, Bobbs-Merrill Company, 1965, p. 316/317.

7. Em doutrina, com ampla exposição, cf. Placido Fernandez-Viagas Bartolome, *El derecho a un proceso sin dilaciones indebidas*, Madrid, Civitas, 1994, *passim*.
8. Para indicações variadas sobre o assunto, antes da Emenda Constitucional nº 45, cf. José Rogério Cruz e Tucci, *Tempo e processo*, São Paulo, RT, 1998, *passim*.
9. *Les essais de Michel de Montaigne*, Paris, Presses Universitaires de France, 1978, Livre 1, cap. 23, t. 1, p. 122.
10. *apud* Mauro Cappelletti, "La Actividad y los Poderes del Juez Constitucional en Relación com su Fin Genérico", *In Proceso, Ideologias, Sociedad*, Buenos Aires, Ejea, 1974, nota 59, p. 441.
11. *Comentários à Constituição de 1967*, Rio de Janeiro, Forense, 1987, tomo I, p. 302.
12. Para maior desenvolvimento do assunto, incabível aqui, cf., para o caso do art. 273, § 2º, do CPC, embora sejam as considerações anteriores à Emenda Constitucional nº 45, permanecendo, de todo modo válidas, Estêvão Mallet, *Antecipação da tutela no processo do trabalho*, São Paulo, LTr, 1999, p. 104s.
13. Meucci, *Instituzioni di diritto amministrativo*, Torino, Fratelli Bocca, 1898, p. 250.
14. Corte Européia de Direitos Humanos, Processo Capuano nº 7, 1986, p. 105-153.
15. Trata-se do processo nº 37.565/97, em cuja decisão, no item nº 43, a Corte, para justificar a condenação do Estado francês no pagamento de 6.000 euros, a título de danos morais, por demora na solução de processo, assinala: "*la Cour constate que le greffe de la cour administrative d'appel fait état de l'encombrement du rôle pour expliquer le retard dans l'examen de l'affaire, ce qui entraîne des délais supplémentaires imputables aux seules autorités internes*".
16. Art. 2º, § 4º, da Lei nº 5.584.
17. STF, 1ª T., RE n. 234.186/SP, Rel. Min. Sepúlveda Pertence, julg. Em 05.06.01 *in DJU* de 31.08.01, p. 65.
18. 347 U.S. 483.
19. TST – 3ª T., Ac. nº 1232/97 , Rel. Min. José L. Vasconcellos *in* DJU de 02/05/97, p. 16.
20. Súmula 128, inciso II.
21. Cf., por exemplo, o seguinte precedente: "Agravo de petição. Depósito prévio. Indispensabilidade. O princípio da legalidade, consagrado no inciso II do art. 5º da Constituição constitui garantia fundamental do cidadão e da ordem jurídica. Se está escrito na lei que será exigido o depósito nos recursos processados na fase de execução é o que basta (art. 40 da Lei nº 8.177, de 1991, com a redação que lhe deu a Lei nº 8.542/92). Salta a evidência que o propósito do legislador foi obstacular a prática que se tornou comum de protelar a satisfação do débito" (TRT – 2ª Reg., 8ª T., AP nº 20000230604, Rel. Juiz José Carlos da Silva Arouca, Ac. nº 20000640926, julg. em 30/10/00 *in DJSP* de 16/01/01).
22. "O Futuro da Justiça: Alguns Mitos" *in Temas de direito processual*, São Paulo, Saraiva, 8ª ed., 2004, p. 9/10.
23. Pode-se encontrar interessante exposição do procedimento do julgamento do *writ of certiorari* em *Gideon's Trumpet*, de Anthony Lewis, New York, 1989, p. 41 s.
24. Lea Brilmayer, *An introduction to jurisdiction in the American Federal System*, Virginia, The Michie Company, 1986, p. 68.
25. *Processo e garanzie della persona – Le garanzie fondamentali*, Milano, Giuffrè, 1984, II, p. 282.
26. Tenha-se em conta o seguinte precedente do Supremo Tribunal Federal: "A fundamentação dos atos decisórios qualifica-se como pressuposto constitucional de validade e eficácia das decisões emanadas do Poder Judiciário. A inobservância do dever imposto pelo art. 93, IX, da Carta Política, precisamente por traduzir grave transgressão de natureza constitucional, afeta a legitimidade jurídica do ato decisório e gera, de maneira irremissível, a conseqüente nulidade do pronunciamento judicial" (STF – 1ª T., Proc. HC nº 74.073-1-RJ, Rel. Min. Celso de Mello *in DJU* nº 121, de 27.06.97, p. 30.227).
27. A propósito, cf. Regimento Interno do Supremo Tribunal Federal, arts. 151, inciso I, 152 e 327 e 328, § 5º, inciso VIII.
28. *Direito constitucional e teoria da Constituição*, Coimbra, Almedina, 4ª ed., p. 257.

29. Sobre o tema, mais amplamente, a tese de José Mauricio Conti, "A autonomia financeira do Poder Judiciário no Brasil" São Paulo, s. e. p., 2005, *passim*.
30. Art. 899, §§ 1º e 2º, da CLT, combinado com art. 40, da Lei nº 8.177.
31. É claro que, se o devedor não tem recursos financeiros para efetuar o depósito, provada tal circunstância, não se lhe pode exigir garantia. Como registrou a Suprema Corte norte-americana, em 1956, no exame do caso Griffin v. Illinois, *"there can be no equal justice where the kind of trial a man gets depends on the amount of money he has"* (351 U.S. 12). Mas a jurisprudência trabalhista sempre teve em conta a circunstância, como mostra o item X, da Instrução Normativa nº 3, do Tribunal Superior do Trabalho.
32. STF – Plenário, ADInMC nº 1.049-DF, Rel. Min. Celso de Mello, julg. em 18.05.95, STF – 2ª T., AGRRE nº 309.033/SP, Rel. Min. Carlos Velloso *in DJU* de 08.03.02, p. 63, STF – 2ª T., AGCRA nº 371.414/RJ, Rel. Min. Gilmar Mendes, STF – 2ª T., AGED nº 348.715/SC, Rel. Min. Celso de Mello *in DJU* de 12.04.02, p. 65 e STF – 1ª T., RE nº 282.243/RN, Rel. Min. Moreira Alves *in DJU* de 02.03.01, p. 15, entre vários outros precedentes.
33. CLT, art. 636, § 1º.
34. Cf. Regulamento de Leilão Judicial Unificado *in DO*, 21.06.06.
35. Gordon Tullock, *Trials on trial – The pure theory of legal procedure*, New York, Columbia University Press, 1980, p. 17. Ainda sobre o tema, cf. a importante obra de Richard Posner, *Economic analysis of law*, New York, Aspen Publishers, 1998, p. 630.

Parte III

Relações de Trabalhos Passíveis de Apreciação pela Justiça do Trabalho

III

Relações de Trabalho e a Competência Material da Justiça do Trabalho

JOÃO ORESTE DALAZEN

Ministro do Tribunal Superior do Trabalho. Professor da Universidade de Brasília (UnB)

Sumário

1. Introdução
2. Vertente conservadora
3. Vertente expansionista
4. Alcance da competência material da Justiça do Trabalho para relação de trabalho
5. Relação contratual de consumo

1. Introdução

Um das questões mais complexas, intrincadas e espinhosas suscitadas pela Emenda Constitucional nº 45, de 2004, é a amplitude da competência material da Justiça do Trabalho para as lides sobre relação de trabalho de que cuida o art. 114, I, da CF/88.

Mais precisamente: trata-se de saber quais os conflitos de interesses emergentes de relações de trabalho são passíveis de apreciação pela JT.

Decorridos quase dois anos da promulgação da Emenda Constitucional nº 45, de 31/12/2004, é inconteste que se delinearam nitidamente **duas verten-**

tes, na doutrina e na jurisprudência, que disputam entre si a primazia da melhor exegese do art. 114, I, da Constituição Federal.

A **primeira vertente**, que eu denominaria "**conservadora**" **ou restritiva**, identifica uma relação **de emprego** na locução "relação **de trabalho**".

A **segunda vertente**, que eu denominaria **expansionista ou ampliativa**, abraçada majoritariamente pelos juízes do trabalho e pela doutrina trabalhista, sustenta o oposto, com maior ou menor dimensão.

2. Vertente conservadora

Em que fundamentos se apóiam os adeptos da corrente conservadora, cada vez mais sufragada?

Argumenta-se que a locução "da relação de trabalho" no novo texto constitucional somente poderia significar "da relação **de emprego**", pois esta seria a única exegese que harmonizaria logicamente o malsinado inciso I com o inciso IX do art. 114 da CF, mantendo o paralelismo que havia sob a égide da redação originária do art. 114 da CF/88.

Como se recorda, o texto aprovado da EC nº 45/04 incorre em **grave contradição**.

Ao mesmo tempo em que o inciso I do art. 114 declara competir à Justiça do Trabalho julgar os dissídios em geral emergentes de "relação **de trabalho**", o inciso IX estatui que a Justiça do Trabalho pode julgar "outras controvérsias decorrentes da relação **de trabalho, na forma da lei**".

Ora, objetam os adeptos dessa corrente, se a **fonte** da competência da Justiça do Trabalho para "relação **de trabalho**" repousa no próprio texto constitucional (inciso I), **não haveria por que** se contemplar em outro inciso (IX) a possibilidade **de a lei** ordinária estender essa competência a outras controvérsias **também** decorrentes de relação de trabalho.

De modo que para se conciliarem logicamente as duas normas constitucionais, somente haveria uma **linha interpretativa**: o inciso I aludiria **impropriamente** à relação **de trabalho**, pretendendo referir-se, em realidade, à **relação de emprego**, única circunstância em que compreender-se-ia e justificar-se-ia a norma do inciso IX ao contemplar a possibilidade de a lei estender a competência para outras controvérsias decorrentes da relação de trabalho.

Outros ponderáveis argumentos da corrente conservadora para cingir a competência da JT aludida no art. 114, inc. I, aos litígios da relação de emprego são os seguintes:

a) a própria Constituição Federal, no inciso VII do art. 114, alude à "relação de trabalho" inequivocamente na acepção de relação **de emprego**; idem, o art. 1º da CLT;

b) na doutrina, especialmente de Direito Comparado, sabe-se que a locução "relação de trabalho" também é utilizada em sentido estrito guardando sinonímia com a locução "relação **de emprego**"; tanto isso é exato que a OIT, na Conferência de 2006, aprovou uma **recomendação** sobre "Relação de Trabalho" em que maneja a locução exclusivamente na acepção de relação **de emprego**.

2.1 Jurisprudência do STF e do STJ

Na esteira da vertente conservadora, o Supremo Tribunal Federal, mesmo após a EC nº 45/04, concedeu liminar **em ADI** (recentemente confirmada pelo Plenário) para emprestar interpretação conforme ao art. 114, I, que **afaste** a competência da Justiça do Trabalho para os servidores públicos estatutários![1] Entendeu "**alheio**, ao conceito de **relação de trabalho**, o vínculo jurídico de natureza estatutária vigente entre servidores públicos e a Administração".

Por sua vez, o Superior Tribunal de Justiça, igualmente na exegese do art. 114, I, da CF/88, persiste identificando a Justiça do Trabalho **apenas** com os dissídios da relação **de emprego**.

É o que evidenciam numerosas decisões do **STJ, proferidas em 2005 e em 2006**, de que farei, a seguir, uma breve referência agora para ilustrar:

1) Conflito de Competência nº 46.562-SC, Segunda Seção, Rel. Min. Fernando Gonçalves, julgado em 10/08/2005 (*DJU* 05/10/2005). Resumo do caso: ação proposta em Vara Cível por pessoa física em face de pessoa jurídica (jornal), cujo pedido é cobrança de serviços prestados por "free lance" consistentes em 132 artigos publicados pela ré. Suscitante: Vara do Trabalho. STJ: o pedido e a causa de pedir definem a natureza da lide. Assim, na espécie, não se verifica a pretensão autoral de lhe ser reconhecido vínculo empregatício ou o recebimento de verbas trabalhistas. Ao contrário, busca

o recebimento da importância correspondente pelos serviços prestados. Compete, portanto, à Justiça Comum.

2) Conflito de Competência nº 46.796-MG, Segunda Seção, Rel. Min. Nancy Andrighi, Red. Min. Cesar Asfor Rocha, julgado em 22/02/2006 (*DJU* 20/03/2006). Resumo do caso: ação proposta em Vara Cível por pessoa física em face de pessoa jurídica (transportadora), cujo pedido é receber o pagamento de valor certo e ajustado em virtude de contrato verbal para a prestação de serviços terceirizados em caminhão da autora para atender a programa do governo federal de abastecimento de carro pipa. Suscitante: Vara do Trabalho. STJ: é evidente que não há entre os litigantes vínculo empregatício a justificar o julgamento da demanda pela Justiça do Trabalho, não incidindo, no caso, o disposto no art. 114 da CF, com a nova redação que lhe deu a EC nº 45/04. Compete, portanto, à Justiça Comum.

3) Conflito de Competência nº 51.937-SP, Segunda Seção, Rel. Min. Carlos Alberto Menezes Direito, julgado em 09/11/2005 (*DJU* 19/12/2005). Resumo do caso: ação proposta em Vara Cível por pessoa física em face de pessoa jurídica (instalação de gás), cujo pedido é o recebimento de indenização decorrente da rescisão do contrato de prestação de serviços. Suscitante: Vara do Trabalho. STJ: a simples prestação de serviços, por si só, não caracteriza relação de trabalho para efeito de definir a competência em favor da Justiça do Trabalho após a Emenda Constitucional nº 45. Compete, portanto, à Justiça Comum.

4) Conflito de Competência nº 57.685-SP, Segunda Seção, Rel. Min. Ari Pargendler, julgado em 22/02/2006 (*DJU*, 08/03/2006). Resumo do caso: ação proposta em Vara Cível por pessoa física em face de pessoa jurídica (templo religioso), cujo pedido é indenização por serviços prestados como zelador durante 43 anos. Suscitante: Vara do Trabalho. STJ: Do pedido e da causa de pedir não se pode concluir que havia relação de trabalho entre as partes. O autor, a título de danos materiais, requereu indenização pelos serviços prestados, valores pagos em contas de água e luz e em reformas na casa; não houve qualquer referência a contrato de trabalho, salário, férias ou 13º salário. Compete, portanto, à Justiça Comum.

5) Conflito de Competência nº 40.564-SE, Segunda Seção, Rel. Min. Castro Filho, julgado em 13/04/2005 (*DJU*, 25/04/2005). Resumo do caso: ação proposta em Vara Cível por pessoa física em face de pessoa física, cujo pedido é indenização correspondente aos shows não-quitados, despesas de

manutenção, multa rescisória, perdas e danos, juros remuneratórios e correção monetária. Suscitante: Vara do Trabalho. STJ: pelo fato de a própria autora da ação insistir na mera prestação de serviço, sem pedir reconhecimento de vínculo, entendeu-se pela natureza puramente civil da avença e, por conseguinte, pela competência da Justiça Comum.

6) Conflito de Competência nº 53.878-SP, Primeira Seção, Rel. Min. Castro Meira, julgado em 12/12/2005 (*DJU*, 13/02/2006). Resumo do caso: ação proposta em Vara Federal pela Caixa Econômica Federal em face de pessoa física, cujo pedido é a cobrança de dívidas relativas ao FGTS. Suscitante: Vara do Trabalho. STJ: A execução fiscal das dívidas do FGTS não se confunde com a relação de trabalho subjacente, já que não envolve diretamente empregador e empregado. Cuida-se de relação que decorre da lei (*ex lege*), e não da vontade das partes (*ex voluntate*). É também uma relação de Direito Público, que se estabelece entre a União, ou a CEF, e os empregadores inadimplentes com o FGTS, e não de Direito Privado decorrente do contrato de trabalho. Declarou competente o Juízo Federal suscitado.

7) Conflito de Competência nº 55.409-SP, Primeira Seção, Rel. Min. Teori Albino Zavascki, julgado em 08/03/2006 (*DJU*, 27.03.2006). Resumo do caso: ação proposta em Vara Federal por conselho regional de fiscalização profissional em face de pessoa física, cujo pedido é o recebimento de valores de anuidades vencidas referentes ao exercício de sua atividade de fiscalização profissional. Suscitante: Vara do Trabalho. STJ: não há relação de trabalho entre o Conselho de Fiscalização Profissional e os profissionais perante ele registrados. O que há entre eles é uma relação de natureza estatutária (isto é, regrada por atos normativos, e não por contrato), pertencente ao domínio do Direito Administrativo, que subordina à fiscalização do Conselho o exercício da atividade profissional. Sendo assim, permanece de competência da Justiça Federal, mesmo após o advento da Emenda Constitucional nº 45/04, a execução fiscal promovida por Conselho de Fiscalização Profissional.

8) Conflito de Competência nº 55.415-SP, Primeira Seção, Rel. Min. José Delgado, julgado em 22/02/2006 (*DJU*, 13/03/2006). Resumo do caso: ação proposta em Vara Federal por conselho regional de fiscalização profissional em face de pessoa física, cujo pedido é o recebimento de valores de anuidades vencidas referentes ao exercício de sua atividade de fiscalização profissional. Suscitante: Vara do Trabalho. STJ: Da expressão "relação de traba-

lho", inserida no art. 114 da CF/88 pela EC 45/04, não se pode extrair a conclusão de que estão abrangidas as relações de fiscalização exercidas pelos Conselhos Profissionais, daí por que a competência é da Justiça Federal.
9) Conflito de Competência nº 46.570-PR, Segunda Seção, Rel. Min. Fernando Gonçalves, julgado em 13/04/2005 (*DJU*, 04/05/2005). Resumo do caso: ação proposta em Vara Cível por pessoa física em face de pessoa física, cujo pedido é receber indenização consubstanciada em pagamento de três salários mínimos por mês, durante o tempo em que prestados serviços à ré, devido a promessa de recebimento de casa quando a filha da ré atingisse a maioridade. Suscitante: TRT 9ª STJ: a pretendida indenização por danos materiais decorre de avença realizada entre as partes, com clara feição de direito comum, assim como nítida é a natureza da causa de pedir: o ato ilícito. Compete, portanto, à Justiça Comum.

3. Vertente expansionista

Estou convencido, contudo, de que, *data venia*, essa não é a melhor linha interpretativa da Constituição Federal. Parecem-me mais **sólidos, consistentes e convincentes** os fundamentos da "corrente expansionista" da Justiça do Trabalho.

E por que relação de trabalho não é relação de emprego? Por fundamentos jurídicos, sociológicos e econômicos.

3.1 Fundamentos jurídicos

O primeiro fundamento jurídico para tanto deriva de uma **interpretação histórica**, em face do **processo legislativo** que redundou na EC nº 45/04.

Rememore-se que na Comissão Especial da PEC nº 96/1992 da Câmara dos Deputados, votou e aprovou parecer da Rel., Dep. Zulaiê Cobra, em que, **coerentemente, preservava-se** o sistema **originário** do art. 114 da CF/88. Com efeito. Na proposta do que seria o atual art. 115, inc. I, reportava-se explicitamente a dissídio de **relação de emprego** e em outro inciso (VIII) repisava-se a diretriz de que **a lei** poderia alargar a competência da JT para outras controvérsias decorrentes da relação **de trabalho**.

Sucede, todavia, que **em Plenário** a Câmara dos Deputados aprovou destaque para substituir a locução "relação de emprego" (do inciso I) por "relação de trabalho". E o **Senado Federal manteve** a locução "relação de trabalho".

Aprofundando-se mais no processo legislativo, constata-se que no Senado Federal apresentou-se **Emenda de Plenário**, em que se propugnava o restabelecimento do texto aprovado na Comissão Especial da Câmara dos Deputados com a locução **relação de emprego**. A Emenda, contudo, **sequer foi votada,** o que dá bem a medida da absoluta falta de receptividade à proposição.

Logo, já pela exegese histórica da norma constitucional, vê-se que constitui um **ledo engano** identificar-se "relação de trabalho" com "relação de emprego".

Mais ainda: o Senado Federal não apenas manteve a locução "relação **de trabalho**", como também aprovou emenda para **excluir** da competência material da Justiça do Trabalho "os servidores ocupantes de cargos criados por lei, de provimento efetivo ou em comissão, incluídas as autarquias e fundações públicas".

Ora, essa exceção à regra da competência da Justiça do Trabalho para as lides derivantes de "relação **de trabalho**" é indubitavelmente reveladora e sugestiva de que **não** quis o Senado Federal limitar a referida competência do inciso I às lides emergentes de relação de emprego porquanto, se assim fosse, naturalmente não se faria necessária a exclusão dos servidores públicos estatutários.

Quer dizer: se a competência da Justiça do Trabalho aprovada na Câmara **fosse restrita** às lides provenientes de **relação de emprego** não haveria necessidade de o Senado excepcionar os estatutários de tal competência porque obviamente **não** mantêm relação de emprego com o Estado.

Transparece nítida e insofismável, assim, à luz de uma **interpretação histórica** do processo legislativo da EC nº 45/04, que a *mens legislatoris* foi a de repelir a identificação da competência material da Justiça do Trabalho estritamente com os dissídios emergentes da "relação **de emprego**".

Houve, sim, **deliberada** vontade do Congresso Nacional, expressa em sucessivos momentos, de **alargar os horizontes** da atuação da Justiça do Trabalho.

O **segundo fundamento jurídico** pelo qual sustento que "relação de trabalho" do inciso I **não** é sinônimo de relação de emprego está em que, **diferentemente** da redação anterior do art. 114, a atual **não repisa** a referência a dissídio entre trabalhadores e **empregadores**. O **silêncio eloqüente** acerca dos sujeitos em que se pode configurar um dissídio advindo da relação de trabalho também sinaliza, iniludivelmente, que se objetivou mesmo a **expansão dos domínios da Justiça do Trabalho**, de maneira a inscrever em sua esfera muitos outros litígios derivantes de **relação de trabalho**, em sentido lato, em que **não** haja vínculo empregatício.

O terceiro fundamento jurídico reside precisamente no conceito mais amplo da locução "**RELAÇÃO DE TRABALHO**".

Sabemos que essa locução é de natureza **polissêmica**: em sentido **estrito**, designa a relação **de emprego, espécie do gênero** "relação de trabalho"; mas em sentido **amplo** designa também as **múltiplas relações jurídicas** cujo objeto seja o trabalho humano **autônomo**.

3.2 Fundamentos econômicos e sociológicos

E por que o Congresso preferiu a locução relação **de trabalho**, de **alcance bem mais abrangente**, à restrita locução relação **de emprego**?

Em meu entender, porque se inspirou em **fundamentos econômicos e sociológicos notórios** visando a operar precisamente uma mudança no perfil e no espectro de **atuação** da Justiça do Trabalho brasileira.

O fato objetivo é que vivemos sob o signo da **Quarta Onda globalizante**. Vivemos afetados em quase todas as dimensões de nossas vidas pela **revolução da informática**, pelas novas tecnologias da informação e da automação.

Esta nova **Era do Saber**, **aliada** à **globalização da economia** capitalista, como sabemos, tem operado profundas **metamorfoses** na sociedade e, particularmente, no mundo do trabalho humano produtivo.

Algumas dessas marcantes **transformações** são:

- a **precarização** das relações **de emprego**;
- o acentuado aumento da **informalidade** que, no Brasil, segundo o Ipea, concentra 51,2% dos trabalhadores do país;[2]
- outra conseqüência dramática é o fenômeno da progressiva **diminuição dos postos de trabalho** praticamente em todos os setores da economia.

Em uma palavra: níveis explosivos de **desemprego estrutural**. O paulatino **fim do emprego**, desafortunadamente, parece uma tendência irrefreável na atual quadra da economia capitalista.

Devo confessar que em alguns momentos de pessimismo chego a pensar que estamos cada vez mais próximos de concretizar a clássica previsão de Aldus Huxley sobre o **fim do trabalho**, magnificamente exposta no *Admirável mundo* *novo*, no qual as máquinas e os zumbis produzem o que é consumido pelos intelectuais permanentemente drogados...

Mas enquanto, felizmente, esse ainda é apenas um cenário aterrador de ficção científica, o fato objetivo é que o **subproduto final** desse quadro de transformações socioeconômicas, como sabemos, é o **crescimento** de formas alternativas de prestação de trabalho **por conta própria**.

A realidade indisfarçável é que cresce o trabalho autônomo, muitas vezes prestado até em condições bastante assemelhadas a um contrato de emprego, ao ponto de já se cogitar de uma **expansão** dos domínios do próprio **Direito do Trabalho**, ou de uma **redefinição** do marco regulatório trabalhista.

Imagino que foi nesta perspectiva que pareceu ao Congresso Nacional imperativo que a Justiça do Trabalho precisava **evoluir** e acompanhar o dinamismo da sociedade, sob pena de soçobrar ante os novos ventos de modernidade.

Uma Justiça do Trabalho da CLT não se coadunava e não se coaduna com a realidade atual e tampouco com o futuro iminente.

4. Alcance da competência material da JT para relação de trabalho

Fixadas essas premissas, cabe posicionar-me, enfim, sobre quais são as **lides da relação de trabalho afetas à Justiça do Trabalho**.

Estou convencido de que o **novel** art. 114, inciso I, da CF/88, confiou à Justiça do Trabalho competência material para equacionar **dois gêneros básicos** de dissídios individuais oriundos da "relação de trabalho":

1º) obviamente, os conflitos trabalhistas emergentes de uma relação de **emprego, espécie do gênero** relação de trabalho, aí compreendidos agora, inclusive, os dissídios **interobreiros** (concebível em contrato de equipe) e os dissídios **interpatronais** (concebível, por exemplo, na hipótese contemplada no art. 455 da CLT) **advindos** da relação de **emprego**;

2º) toda lide advinda de uma relação de trabalho em sentido **lato**; vale dizer: advinda dos contratos de atividade em geral, **regidos** ou não pelo Direito do Trabalho, tendo por objeto trabalho **autônomo** ou por conta própria, seja eventual ou não, seja remunerado ou gracioso, porquanto a norma constitucional não distingue.

Somente uma **condição** me parece inarredável: que se cuide de prestação de serviço por **pessoa física** a outrem.

Por quê? Porque a tônica da competência traçada no novo art. 114, inc. I, em meu entender, há de guardar uma certa **simetria ou paralelismo** com a competência para os dissídios emergentes de relação **de emprego**.

É a **similitude** de condições socioeconômicas, **em geral**, entre a figura do empregado e a do autônomo que dita essa competência da Justiça do Trabalho. Ambos têm em comum a circunstância de subsistirem da **prestação de trabalho a outrem**.

Esse traço de relativa identidade entre o empregado e o autônomo é que justifica submeterem-se ambos a uma **jurisdição que é "do Trabalho"**, a exemplo do que já sucede, há décadas, com o pequeno empreiteiro operário ou artífice (CLT, art. 652, "a", inc. III). Esse, parece-me, o espírito da norma constitucional em foco.

Portanto, em meu entender, essa competência **não enlaça** na órbita da Justiça do Trabalho **todo contrato de atividade**: não o firmado por **pessoa jurídica** na condição de prestadora do serviço.

4.1 Lides em contratos de atividade. Projeto de lei

Está claro que há uma diversidade e uma multiplicidade inesgotável de relações de trabalho em sentido amplo, cujas lides são passíveis de apreciação pela Justiça do Trabalho.

Assim, por exemplo, **em todos os casos** de Conflito de Competência julgados pelo STJ, acima referidos, é manifesta e indiscutível a **competência material da Justiça do Trabalho**, *data venia*. Do mesmo modo, apenas para ilustrar, o litígio entre um especialista em demarcação de terras e a empresa ou pessoa que o contratou para fazer um levantamento topográfico em determinada fazenda, por determinado preço.

Do ponto de vista estritamente **técnico**, pelas razões expostas, **não** haveria **conveniência** e tecnicamente nem necessidade de uma lei ordinária que disciplinasse o âmbito de abrangência da competência para relação de trabalho em sentido amplo, já que ela deriva do art. 114, I, da CF/88.

Esse disciplinamento, inclusive, seria temerário e certamente não abrangeria a vastíssima gama de relações de trabalho que a dinâmica em sociedade pode engendrar.

Vale lembrar que em **Direito Obrigacional**, ao contrário do que se passa no plano do Direito Tributário e do Direito Penal, **a tipicidade é aberta**. É perfeitamente possível surgir, assim, um contrato atípico que implique relação de trabalho e não esteja disciplinado no ordenamento jurídico.

Sucede, todavia, que, como visto, o STJ reiteradamente vem **minando** esse entendimento.

Com todo o respeito, essa jurisprudência do STJ está solapando, em grande medida, o vigoroso e alentador fortalecimento institucional ou revigoramento conferido à Justiça do Trabalho pela EC nº 45/04.

É óbvio que, a prevalecer o entendimento abraçado em decisões desse jaez, sobremodo **restritivas** da competência material da Justiça do Trabalho, pode-se asseverar, sem receio, que a EC nº 45/04 teria encetado uma reforma, neste passo, inspirada no "método **Lampaduza**": para tudo permanecer como estava anteriormente... A mudança de relação **de emprego** para "relação **de trabalho**" no texto constitucional e a exclusão da referência a dissídios "entre trabalhadores e empregadores" não teria significado absolutamente **NADA**, o que, *data venia*, é um grave equívoco.

De sorte que, posicionando-me de forma bem realista e pragmática, **sem** renunciar à aplicação ampla do art. 114, inc. I, penso que convém pugnar-se pela aprovação no Congresso Nacional de um projeto de lei que discipline as relações de trabalho de que cogita o art. 114, inc. IX.

Como se sabe, nesse sentido já tramita na Câmara dos Deputados, entre outros, o **Projeto de Lei nº 6.542**, proposto em janeiro de 2006, pela Comissão Mista incumbida de implantar a EC nº 45/04.

Examinando-se o teor do aludido projeto, percebe-se que efetivamente a proposição é infeliz e, injustificadamente, sobremodo **restritiva** da competência da Justiça do Trabalho.

A título de modesta colaboração, a minha sugestão é no sentido de que se apresente um **substitutivo**, emprestando ao PL a seguinte redação:

"*Art. 1º O art. 652 da Consolidação das Leis do Trabalho — CLT, aprovada pelo Decreto-Lei nº 5.452, de 1º de maio de 1943, passa a vigorar com as seguintes alterações:*

"*Art. 652. Compete ao juiz do trabalho:*

....

§ 1º Compete ainda às Varas do Trabalho processar e julgar os litígios decorrentes de relações de trabalho que, não configurando vínculo de emprego, **envolvam prestador de serviço pessoa física** nos seguintes casos:

I — contrato de representação comercial, entre o representante comercial autônomo e o tomador de serviços;

II — contrato de corretagem, entre o corretor e o tomador de serviços, inclusive corretora de seguros;

III — contrato de transporte, entre o transportador autônomo e empresa de transporte ou usuário dos serviços;

IV — nos contratos de pequena empreitada, entre empreiteiro e subempreiteiro, ou qualquer destes e o dono da obra, sempre que o primeiro concorrer pessoalmente com seu trabalho para a execução dos serviços, ainda que mediante a colaboração de terceiros;

V — nos contratos de parceria agrícola, pesqueira, pecuária, extrativa vegetal e mineral, entre o parceiro outorgado e o proprietário;

VI — nos contratos de agência e distribuição;

VII — no contrato de estágio, entre o estagiário e o tomador dos serviços;

VIII — entre prestador de serviço voluntário e o tomador, nos termos da Lei nº 9.608, de 18/02/1998;

IX — entre cooperativas de trabalho e seus associados;

X — entre cooperativas de trabalho ou seus associados e os respectivos tomadores de serviços;

XI — entre prestador de trabalho prisional e o Estado;

XII — entre servidor e o Estado no caso de contratação por tempo determinado, disciplinada por lei, para atender a necessidade temporária de excepcional interesse público (art. 37, IX, da Constituição Federal);

XIII — entre o condutor autônomo de veículo rodoviário em regime de colaboração e o proprietário do veículo, nos termos da Lei nº 6.094, de 30/08/1974;

XIV — nos contratos de prestação de serviço de qualquer natureza, inclusive para cobrança de honorários decorrentes de exercício de mandato oneroso, excetuada a lide estritamente sobre **relação de consumo** que acaso neles emergir, nos termos do Lei nº 8.078, de 1990".

5. Relação contratual de consumo

E aqui surge a tormentosa e atormentadora questão consistente em saber **se** a competência para a lide decorrente de **relação de trabalho** alcançaria também a relação contratual de **consumo**, regulada pelo Código de Defesa do Consumidor (Lei nº 8.078/90).

Ninguém ignora que a prestação de serviço pode ser objeto de relação contratual de **consumo**. Não necessariamente, mas pode. Daí se conclui que, em última análise, a relação contratual de consumo também pode conter uma **relação de trabalho em sentido amplo** (art. 3º, § 2º, do CDC), ou vice-versa.

A prestação de serviço **médico** para uma cirurgia estética ou reparatória, a prestação de serviço por **engenheiro** na administração de uma obra de engenharia, pelo **arquiteto** na concepção de um projeto arquitetônico, a prestação de serviço de conserto ou assistência técnica, entre infindáveis outros exemplos, caracterizam **relação de consumo em que se contém uma relação de trabalho**.

Continuo convencido de que a relação contratual de consumo tendo por objeto a prestação de um serviço (uma atividade!) caracteriza uma relação jurídica de natureza híbrida, complexa e bifronte, que enseja uma dupla visualização (em duas perspectivas):

1ª) de um lado, sob o ângulo do consumidor/destinatário do serviço, é propriamente relação de consumo, regida e protegida pelo CDC;
2ª) de outro lado, sob o prisma da virtual pessoa física prestadora (fornecedora) do serviço, também é relação de trabalho, regulada pelas normas gerais de Direito Civil.

Evidentemente, que nessa relação contratual tanto pode surgir lesão a direito subjetivo do prestador do serviço (fornecedor) quanto do consumidor/destinatário do serviço.

Penso que a lide sob o prisma propriamente da relação de consumo, entre o consumidor, nesta condição, e o respectivo prestador do serviço, visando à aplicação do Código de Defesa do Consumidor, escapa à competência da Justiça do Trabalho.

Assim, por exemplo, a paciente do médico contratado para uma cirurgia estética ou reparatória NÃO pode demandar em desfavor do médico perante a JT para obter indenização por erro profissional (imperícia médica, por exemplo).

E por quê?

Primeiro, porque aí **não** se cuida de lide propriamente emanada de relação **de trabalho**; é uma lide de relação de **consumo**. Essa é uma lide cujo objeto é a defesa de direitos do cidadão na condição de consumidor de um serviço e, não, como prestador de um serviço.

Segundo, porque, do contrário, a Justiça do Trabalho poderia desfigurar-se. Entendo que é necessária uma postura cautelosa, do ponto de vista político-institucional, para que a excessiva absorção de competência para julgar demandas que não guardem similitude com os propósitos que originaram a instituição da Justiça do Trabalho não esmaeça as próprias características e princípios de que ela é tão ciosa. Meu receio é o de que uma acentuada ampliação da competência da Justiça do Trabalho acabe por desvirtuar uma instituição historicamente vocacionada para outro fim: a proteção do trabalho humano produtivo em um contexto capitalista de apropriação da mais-valia.

Além disso, não podemos esquecer que a Justiça do Trabalho foi engendrada para solucionar uma lide em que o trabalhador é economicamente hipossuficiente. Ora, sabidamente na relação de consumo é o consumidor — o destinatário do serviço — quem merece proteção legal.

Como conciliar tais princípios na circunstância em que o trabalhador é, ao mesmo tempo, o fornecedor dos serviços?

Em terceiro lugar, seria nefasta uma dualidade de aplicação do CDC pela Justiça do Trabalho e pela Justiça comum, provocando inevitavelmente jurisprudência discrepante.

É bem verdade que a solução que preconizo não é plenamente satisfatória, ao conceber uma espécie de relação desdobrável em outra para efeito de determinação da competência material.

Reconheço os inconvenientes da cisão da competência entre Justiça do Trabalho e a Justiça Comum. Claro que, por exemplo, proposta na Justiça do Trabalho a demanda pelo trabalhador/fornecedor de serviço postulando o pagamento pelos serviços prestados, o consumidor/tomador de serviço poderá pretender apresentar reconvenção, postulando, por exemplo, indenização por erro médico. Naturalmente, pela minha tese, faleceria competência material à Justiça do Trabalho para a reconvenção que, assim, não caberia nesse caso na Justiça do Trabalho. Incumbiria ao consumidor/tomador de serviço propor a ação de indenização respectiva na Justiça estadual.

A despeito disso, como ressaltei, mesmo que se admitisse competência plena da Justiça do Trabalho, inclusive para a relação de consumo, essa solução também apresentaria o seriíssimo inconveniente de dois segmentos do Poder Judiciário aplicarem o CDC: a Justiça do Trabalho, para a pessoa física prestadora (fornecedora) do serviço; a Justiça estadual, para a pessoa **jurídica** que celebre contrato de prestação de serviço.

A bem de ver, não deveria causar espécie o fenômeno da cisão de competência porque ele se dá aqui e acolá com qualquer magistrado, cível ou trabalhista, precisamente por força da distribuição da competência. Por exemplo: não é porque a Justiça do Trabalho tem competência para julgar uma **justa causa** que lhe compete também julgar o crime de apropriação indébita referente ao **mesmo fato**. Igualmente, não é porque a Justiça do Trabalho tem competência para julgar a lide cujo objeto seja indenização por dano moral decorrente de trabalho escravo que lhe compete também julgar o crime contra a organização do trabalho.

Em conclusão: conquanto seja intensa a controvérsia, a propósito, persisto convicto de que a relação de trabalho não atrai para a Justiça do Trabalho a conexa relação de consumo.

Notas

1. *DJU*, 19.04.06.
2. Pesquisa divulgada em *O Globo*, 10/08/06.

Relações de Trabalho Passíveis de Apreciação pela Justiça do Trabalho

GEORGENOR DE SOUSA FRANCO FILHO

Juiz Togado do TRT da 8ª Região, Doutor em Direito Internacional pela Faculdade de Direito da Universidade de São Paulo, Professor de Direito Internacional e do Trabalho da Universidade da Amazônia, Presidente da Academia Nacional de Direito do Trabalho, Conselheiro da Sociedad Hispano-Brasileña de Derecho del Trabajo, e Membro da Academia Paraense de Letras da Sociedade Brasileira de Direito Internacional, da International Law Association e do Centro per la Cooperazione Giuridica Internazionale.

Sumário

1. Aspecto geral do tema
2. Relações do Código Civil na Justiça do Trabalho: prestação de serviço de autônomo; empreitada; depósito; mandato; comissão; agência e distribuição; corretagem; transporte; cooperativa
3. As relações de consumo e a Justiça do Trabalho
4. Conclusão
5. Fontes consultadas

1. Aspecto geral do tema

O tema que me foi atribuído deve ser examinado em dois aspectos. Primeiro, à luz do Código Civil. Segundo, pelas regras do Código de Defesa do Consumidor.

Antes, porém, importante situar o novo panorama que envolve o Direito e a Justiça do Trabalho em nosso país. A Justiça do Trabalho não é mais a Justiça do *empregado*, ou, mais corretamente, do *desempregado*. Passou a cuidar do *trabalhador* em geral, de todo trabalhador, de todo aquele que, pessoa física, empresta seu esforço (físico ou mental) em favor de outrem mediante contraprestação *in pecunia*.[1]

É o que se extrai do art. 114 da Constituição de 1988, a partir da Emenda Constitucional n. 45/2004, porque, agora, compete-lhe processar e julgar as ações oriundas da relação de trabalho, e não apenas os dissídios individuais e coletivos entre trabalhadores e empregadores do texto original, o que se reforça com o inciso IX: *outras controvérsias decorrentes da relação de trabalho, na forma da lei*.

É certo que muda seu caráter e sua natureza original. Não se trata mais da Justiça do trabalhador hipossuficiente. Passa a ser mais que isso. Atinge outras relações, antes tidas como nitidamente de natureza civil ou de natureza consumerista, ambas por longo tempo da competência da Justiça estadual comum. Passa a haver uma manifestação volitiva que é um relevante ponto distintivo da nova competência da Justiça do Trabalho. Antes, basicamente dedicava-se às relações de emprego subordinado. Agora, alcança outras, sem subordinação, e onde prevalece a escolha daquele a quem se prestará o serviço.

Tempos novos e ventos novos na Justiça do Trabalho, e já não é sem tempo... Teremos, os que nela atuamos, que mudar até mesmo os rumos da bússola do nosso cotidiano.

A relação de emprego exige subordinação. Na relação de trabalho, não se quer isso, mas necessariamente a presença do caráter personalíssimo da prestação do serviço. Na relação de Direito Civil, encontramos o tomador e o prestador, com a atividade caracteristicamente *intuitu personae*. Na relação de consumo, onde estão presentes consumidor e fornecedor, pode ocorrer uma situação híbrida que enseje a se ter uma relação trabalhista-consumerista, com a característica *intuitu personae* presente.

Situados esses parâmetros mínimos, vejamos o novo art. 114 da Constituição. Seu teor é o seguinte:

> Art. 114. *Compete à Justiça do Trabalho processar e julgar:*
> *I — as ações oriundas da relação de trabalho, abrangidos os entes de direito público externo e da administração pública direta e indireta da União, dos Estados, do Distrito Federal e dos Municípios;*

II — as ações que envolvam exercício do direito de greve;

III — as ações sobre representação sindical, entre sindicatos, entre sindicatos e trabalhadores, e entre sindicatos e empregadores;

IV — os mandados de segurança, habeas corpus e habeas data, quando o ato questionado envolver matéria sujeita à sua jurisdição;

V — os conflitos de competência entre órgãos com jurisdição trabalhista, ressalvado o disposto no art. 102, I, o;

VI — as ações de indenização por dano moral ou patrimonial, decorrentes da relação de trabalho;

VII — as ações relativas às penalidades administrativas impostas aos empregadores pelos órgãos de fiscalização das relações de trabalho;

VIII — a execução, de ofício, das contribuições sociais previstas no art. 195, I, a, e II, e seus acréscimos legais, decorrentes das sentenças que proferir;

IX — outras controvérsias decorrentes da relação de trabalho, na forma da lei.

§ 1º Frustrada a negociação coletiva, as partes poderão eleger árbitros.

§ 2º Recusando-se qualquer das partes à negociação coletiva ou à arbitragem, é facultado às mesmas, de comum acordo, ajuizar dissídio coletivo de natureza econômica, podendo a Justiça do Trabalho decidir o conflito, respeitadas as disposições mínimas legais de proteção ao trabalho, bem como as convencionadas anteriormente.

§ 3º Em caso de greve em atividade essencial, com possibilidade de lesão do interesse público, o Ministério Público do Trabalho poderá ajuizar dissídio coletivo, competindo à Justiça do Trabalho decidir o conflito.

Dispositivo longo, extenso como a própria Constituição, analítica em demasia, frágil em demasia, emendada em demasia, que poderia ser sintética, como a japonesa ou a francesa, e sólida e duradoura, como a norte-americana. E o art. 114 poderia estar resumido aos incisos I e IX e neles estariam — e, na verdade, estão — todos os demais incisos, tópicos e pontuais, abrindo oportunidade a questionamentos sobre quem tem competência para o que no Brasil, quando o único interessado, que é o jurisdicionado, fica sem saber como sair da Justiça, porque o grande problema brasileiro não é o do *acesso* à Justiça, no sentido de *entrar na*, como costumeiramente se decanta, mas *sair* dela, como tive oportunidade de assinalar alhures.[2]

Feitas essas considerações preambulares, vejamos os temas a examinar.

2. Relações do Código Civil na Justiça do Trabalho

O primeiro quesito apresentado é o seguinte: *Quais os contratos previstos no Código Civil que geram relação de trabalho?*

O art. 421 do Código Civil em vigor (Lei nº 10.406, de 10/1/2002) dispõe que:

> Art. 421. A liberdade de contratar será exercida em razão e nos limites da função social do contrato.

Temos, então, que o contrato depende da vontade das partes, que atuam livremente, condicionando sua motivação e seus limites à sua função social.

Para fins de definição de competência jurisdicional, as pendências que envolverem contratos celebrados à luz do Código Civil serão da Justiça do Trabalho, desde que tais ajustes sejam celebrados *intuitu personae*, aproximando, no particular, as regras civilistas com a do art. 652, *a*, III, da CLT, que cuida do pequeno empreiteiro.

Os contratos que estão nesse nível são os que passarei a examinar, *en passant*.

2.1 Prestação de serviço de autônomo

Está regulado nos arts. 593 a 599 do Código Civil. É aquele no qual se contrata médico, advogado, dentista, engenheiro, profissionais liberais de modo geral. A esses contratos, aos quais não se aplica a CLT, nem existe lei especial (art. 593),[3] mas apenas o próprio CCB, temos a prestação típica de serviço de autônomo (art. 594).[4]

Arnaldo Süssekind entende que a competência para dirimir questões em torno de contrato dessa natureza é da Justiça do Trabalho.[5] João Oreste Dalazen destaca que a relação é de direito civil entre o advogado e o cliente, e de consumo, entre o cliente e o advogado,[6] ambas, na hipótese, são da competência da Justiça do Trabalho.

2.2 Empreitada

O tema é tratado nos arts. 610 a 626 do Código Civil. Pode ser de duas espécies: a de labor, na qual é empreitado apenas o trabalho; e a mista, onde empreita-se o trabalho e o fornecimento de material (art. 610).[7]

As pendências estabelecidas entre o empreiteiro e o dono da obra, quando em litígio, devem sem solucionadas na Justiça do Trabalho, desde que o empreiteiro seja pessoa física, não havendo falar em empreiteiro pessoa jurídica para fins dessa competência.[8] O dono da obra é obrigado a recebê-la (art. 615),[9] e aqui deve-se incluir o direito de ação que possui contra o empreiteiro, como, v.g., quando este suspende a obra (art. 624).[10]

2.3 Depósito

A matéria é objeto dos arts. 627 a 628 do Código Civil, e as questões decorrentes das relações entre depositário e depositante devem ser resolvidas na Justiça do Trabalho, a teor do art. 628,[11] ainda que graciosas, porque a Constituição não distingue o acesso à Justiça, oneroso ou não.

2.4 Mandato

Tema dos arts. 653 a 654 do Código Civil,[12] a principal preocupação é quanto ao mandato oneroso, cujas divergências devem ser dirimidas na Justiça do Trabalho. O mandatário será sempre pessoa física e o contrato deve ser sempre *intuitu personae* em relação a este.

2.5 Comissão

O contrato de comissão é tratado nos arts. 693 a 696, do CCB. O caráter *intuitu personae* deve atingir o comissário, nesse contrato que tem por objeto a aquisição ou a venda de bens pelo comissário, em seu próprio nome, à conta do comitente (art.693).[13] Cause o comissário algum prejuízo ao comitente, este poderá acioná-lo na Justiça do Trabalho (art. 696, parág. único).[14]

2.6 Agência e distribuição

Este é o contrato de representação comercial autônoma. Cuida dele o Código Civil nos arts. 710 a 716. Tendo que *uma pessoa assume, em caráter não eventual e sem vínculos de dependência, a obrigação de promover, à conta de outra, mediante retribuição, a realização de certos negócios, em zona determinada, caracterizando-se a distribuição quando o agente tiver à sua disposição a coisa a ser negociada* (art. 710), deve ser realizado pessoalmente pelo agente, e as divergências nesse contrato serão dirimidas pela Justiça do Trabalho.

2.7 Corretagem

A corretagem está regulada nos arts. 722 a 725 do Código Civil. Cuida-se da relação entre o corretor de seguros e o tomador de seus serviços. Não é a relação entre o corretor e o titular da apólice do seguro, o *cliente*, mas daquele com a própria seguradora. Estas questões (corretor e seguradora) são da competência da Justiça do Trabalho. As questões entre corretor e cliente, que são as do art. 723 do CCB,[15] devem ser resolvidas na Justiça comum.

2.8 Transporte

O art. 730 do Código dispõe que: *Pelo contrato de transporte alguém se obriga, mediante retribuição, a transportar, de um lugar para outro, pessoas ou coisas.* O que se cuida é de transportador autônomo, e não de empresas transportadoras.

Existem dois tipos de contrato dessa natureza: transporte de pessoas e transportes de coisas. Pelo primeiro, o transportador responde pelos danos causados às pessoas transportadas e suas bagagens, salvo motivo de força maior, sendo nula qualquer cláusula excludente da responsabilidade (art. 734). No segundo, a coisa, entregue ao transportador, deve estar caracterizada pela sua natureza, valor, peso e quantidade, e o mais que for necessário para que não se confunda com outras, devendo o destinatário ser indicado ao menos pelo nome e endereço (art. 743). Em ambos, temos que deve ser prestado por transportador autônomo, que o transporte deve ser efetuado pelo próprio.

Tratando-se de transportadora pessoa jurídica, as questões entre o condutor e esta serão resolvidas na Justiça do Trabalho. Mas, as pendências entre a transportadora e o tomador do serviço serão da competência da Justiça Comum, porque aí se trata de relação de consumo.

2.9 Cooperativa

A Sociedade Cooperativa, de que cuidam os arts. 1.093 e segs. do Código Civil, seja de trabalho ou de mão-de-obra, leva para a Justiça do Trabalho as divergências com seus associados.

3. As relações de consumo e a Justiça do Trabalho

O quesito a ser respondido é o seguinte: *a relação de trabalho atrai para a Justiça do Trabalho a conexa relação de consumo?*

O tema é atual e preocupante, e, inicialmente, deve-se distinguir *consumidor* e *fornecedor*, sujeitos tipos da relação de consumo. De acordo com o Código de Defesa do Consumidor (CDC — Lei nº 8.078, de 11/9/1990), consumidor é toda pessoa física ou jurídica que adquire ou utiliza produto ou serviço como destinatário final para sua própria necessidade e uso (art. 2º do CDC), equiparando-se a ele também a coletividade de pessoas, ainda que indetermináveis, que haja intervindo nas relações de consumo (parágrafo único).

> *Fornecedor é toda pessoa física ou jurídica, pública ou privada, nacional ou estrangeira, bem como os entes despersonalizados, que desenvolvem atividade de produção, montagem, criação, construção, transformação, importação, exportação, distribuição ou comercialização de produtos ou prestação de serviços (art. 3º).*

Outra distinção indispensável é entre produto e serviço. O próprio CDC indica que *produto é qualquer bem, móvel ou imóvel, material ou imaterial* (art. 3º, § 1º), e *serviço é qualquer atividade fornecida no mercado de consumo, mediante remuneração, inclusive as de natureza bancária, financeira, de crédito e securitária, salvo as decorrentes das relações de caráter trabalhista* (art. 3º, § 2º).

Como Ives Gandra da Silva Martins Filho acentua, relação de trabalho não se confunde com relação de consumo (regida pela Lei nº 8.078/90), que reúne dois sujeitos: fornecedor e consumidor, e o objeto não é o trabalho realizado, mas o produto ou serviço consumível.[16] Note-se, aqui, um aspecto distintivo da relação de trabalho pura. Em ambos, há inversão do ônus da prova. No entanto, na relação de trabalho, a inversão é para beneficiar o hipossuficiente, que é o trabalhador. Na relação trabalhista-consumerista, a inversão é para beneficiar o consumidor, que é considerado hipossuficiente.

O traço caracterizador para atribuir competência à Justiça do Trabalho para apreciar uma relação sob a proteção do CDC é que seja prestada *intuitu personae*, por parte do fornecedor.[17] Com efeito, note-se que, na relação de consumo, a venda de produto em uma determinada loja por determinado vendedor não irá induzir relação de dependência trabalhista entre o comprador do produto e o vendedor ou o proprietário da loja. A relação é de consumo entre o comprador e o proprietário e de emprego entre o vendedor e o proprietário. Se se tratar de fornecedor pessoa física e for pessoal a prestação, será ela de trabalho e as divergências serão dirimidas na Justiça do Trabalho.

Com acentua João Oreste Dalazen, relação de consumo não é relação de trabalho porque aquela visa a proteção do consumidor.[18]

4. Conclusão

A meu ver, os contratos regidos pelo Código Civil nos quais a prestação é *intuitu personae*, onde procura-se o prestador do serviço por ele próprio, e as relações regidas pelo CDC, onde o caráter *intuiu personae* esteja igualmente presente, ou seja, que o fornecedor do bem ou serviço seja pessoa física e desenvolva a atividade pessoalmente, em ambos, as divergências surgidas devem ser dirimidas na Justiça do Trabalho. Em síntese é o que penso.

Com efeito, respondendo aos quesitos formulados, tenho o que segue:

Ao 1º: quais os contratos previstos no Código Civil que geram relação de trabalho? São aqueles em que existe prestação de serviço *intuitu personae*.

Ao 2º: a relação de trabalho atrai para a Justiça do Trabalho a conexa relação de consumo? Não atrai, salvo aquelas *intuitu personae* em relação ao prestador do serviço ou fornecedor do bem.

As divergências jurisprudenciais existentes, questionando, em muito momento, se é ou não da competência da Justiça do Trabalho o exame de determinado tema, mercê de uma possível interpretação restritiva do texto constitucional, devem ser espancados com indispensável brevidade.

Não se deve atribuir a outros segmentos do Judiciário o exame de matéria que envolva relação de trabalho *lato sensu*. Nesta se enquadram os servidores públicos, em que pese a decisão da Suprema Corte na ADIn 3.395-6-DF. De igual modo, deve também se ter como abrangidas todas as questões previdenciárias, porquanto a Previdência Social originou-se da relação de trabalho, e o próprio Direito Previdenciário, antes um ramo do Direito do Trabalho, só mais tarde ganhou autonomia científica.

E continuo insistindo em ir muito mais além e para além da simples regra constitucional, que indica o norte, e permite interpretações ampliativas que se destinem à melhor e mais adequada e célere distribuição da Justiça: deve a Justiça do Trabalho ser competente para apreciar crimes contra a organização do trabalho. Não se trata, aqui, de condenações por prática de trabalho forçado, cujas indenizações, lamentavelmente, são endereçadas ao Fundo de Amparo ao Trabalhador, e o trabalhador mesmo (o chamado *escravo*) nada recebe, o que deveria ser alterado para *dar a César o que é de César* (e *César*, aqui, é o trabalhador). Trata-se, sim, de reconhecer competência ao juiz do trabalho para conhecer, instruir e julgar a prática de crimes contra a organização do trabalho. E estariam incluídos os que tomam o trabalho infantil, os que praticam o *aviamento*, os que exploram a mulher, especialmente a gestante.

Imagino que o C. Tribunal Superior do Trabalho, como Corte Suprema do Judiciário Trabalhista brasileiro, tem a missão de indicar, às instâncias inferiores, os caminhos que devem ser tomados pela jurisprudência regional. Penso que podem ser editadas súmulas ou mesmo orientações jurisprudenciais. Ou ainda resoluções interpretativas, onde o TST demonstre o entendimento superior no sentido de reconhecer competência à Justiça do Trabalho para temas que estão polemizando os graus inferiores ou gerando conflitos de competência entre segmentos do Poder Judiciário. Assim interpretando, o TST estará, comandante da Justiça do Trabalho que é, dizendo qual o comportamento que devem assumir os juízes regionais nesses temas.

Fique uma coisa patente e firme: matéria trabalhista ou correlata (e aqui se inclui relações de consumo, temas penais trabalhistas e assuntos de natureza previdenciária) somente deve ser dirimida pela Justiça do Trabalho.

O mundo mudou. Os homens mudaram. As relações jurídicas também mudaram. A Justiça do Trabalho seguiu e segue a mesma trilha e não vai esmorecer, nem seus magistrados e servidores desistirão de servir a este país.

Afinal, todos somos responsáveis pela tranqüilidade das relações e pela paz social. Esta é a verdadeira obra da Justiça.

Quanto ao tema central deste painel, concluo reconhecendo que o que importa, ao cabo, é que a Justiça do Trabalho teve ampliada sua competência pela Emenda nº 45. Embora pudesse ter ido muito mais além, para incluir, como acabei de mencionar, também crimes contra a organização do trabalho, todas as questões previdenciárias e, de forma mais clara ainda, os temas relativos aos servidores públicos, em que pese a decisão da Suprema Corte retirando-lhe parte do que consta do texto publicado no Diário Oficial, o que tem não pode abrir mão, pela necessidade de quem deve servir a este país e pela capacidade de seus magistrados.

5. Fontes consultadas

DALAZEN, João Oreste. "A reforma do Judiciário e os novos rumos da competência material da Justiça do Trabalho". *In: Revista do TST*. Brasília 71(1):41-67, jan./abr.2005.

DALLEGRAVE NETO, José Affonso. "A nova competência trabalhista para julgar ações oriunda da relação de trabalho". *In: Revista do TST*. Brasília 71(1):240-52, jan./abr.2005.

LIMA, Taísa Maria Macena. "O Sentido e o Alcance da Expressão 'Relação de Trabalho' no Artigo 114, Inciso I, da Constituição da República (Emenda Constitucional nº 45, de 08.12.2004)". *In: Revista do TST*. Brasília 71(1):282-95, jan./abr.2005.

MALLET, "Apontamentos Sobre a Competência da Justiça do Trabalho após a Emenda Constitucional nº 45". *In*: COUTINHO, Grijalbo F. e FAVA, MARCOS N. *Justiça do Trabalho: competência ampliada*. São Paulo, LTr, 2005, p. 70-91.

MARTINS FILHO, Ives Gandra da Silva. "A Reforma do Poder Judiciário e seus Desdobramentos na Justiça do Trabalho". *In Revista LTr*. São Paulo, 69(1):30-9, jan.2005

MELO FILHO, Hugo Cavalcante. "Nova Competência da Justiça do Trabalho: Contra a Interpretação Reacionária da Emenda nº 45/2004". *In*: COUTINHO, Grijalbo F. e FAVA, MARCOS N. *Justiça do Trabalho: competência ampliada*. São Paulo, LTr, 2005, p. 179.

SÜSSEKIND, Arnaldo Lopes. "As Relações Individuais e Coletivas de Trabalho na Reforma do Poder Judiciário". *In Revista do TST*. Brasília 71(1):17-30, jan./abr.2005.

Notas

1. No mesmo sent.: Estevão Mallet. "Apontamentos sobre a competência da Justiça do Trabalho após a Emenda Constitucional nº 45". *In*: Grijalbo F. Coutinho e Marcos N. Fava *Justiça do Trabalho: competência ampliada*. São Paulo, LTr, 2005, p. 74.
2. V., a respeito, meu artigo *Reengenharia do processo: produtividade e celeridade*. *In*: Revista do Direito Trabalhista. Brasília, 12(4):26-9, abr.2006; *In* Revista LTr. São Paulo, 70(4):396-401, abr.2006; *in*: Jornal Trabalhista. Brasília, 23(1126):4-7, jul.2006; *in*: Revista do TRT da 8ª Região, Belém, 39(76):39-48, jan./jun.2006.
3. Art. 593. A prestação de serviço, que não estiver sujeita às leis trabalhistas ou a lei especial, reger-se-á pelas disposições deste Capítulo.
4. Art. 594. Toda a espécie de serviço ou trabalho lícito, material ou imaterial, pode ser contratada mediante retribuição.
5. Arnaldo Lopes Süssekind. *As relações individuais e coletivas de trabalho na reforma do Poder Judiciário*. *In Revista do TST* Brasília 71(1): 22-3, jan./abr.2003.
6. João Oreste Dalazen, "A Reforma do Judiciário e os Novos Rumos da Competência Material da Justiça do Trabalho", *in Revista do TST*. Brasília 71(1):48, jan./abr.2005.
7. Art. 610. O empreiteiro de uma obra pode contribuir para ela só com seu trabalho ou com ele e os materiais.
    § 1º A obrigação de fornecer os materiais não se presume; resulta da lei ou da vontade das partes.
    § 2º O contrato para elaboração de um projeto não implica a obrigação de executá-lo, ou de fiscalizar-lhe a execução.
8. N. sent.: J. O. Delazen. Art. cit., p. 47.
9. Art. 615. Concluída a obra de acordo com o ajuste, ou o costume do lugar, o dono é obrigado a recebê-la. Poderá, porém, rejeitá-la, se o empreiteiro se afastou das instruções recebidas e dos planos dados, ou das regras técnicas em trabalhos de tal natureza.
10. Art. 624. Suspensa a execução da empreitada sem justa causa, responde o empreiteiro por perdas e danos.
11. Art. 628. O contrato de depósito é gratuito, exceto se houver convenção em contrário, se resultante de atividade negocial ou se o depositário o praticar por profissão.

Parágrafo único. Se o depósito for oneroso e a retribuição do depositário não constar de lei, nem resultar de ajuste, será determinada pelos usos do lugar, e, na falta destes, por arbitramento.

12. Art. 653. Opera-se o mandato quando alguém recebe de outrem poderes para, em seu nome, praticar atos ou administrar interesses. A procuração é o instrumento do mandato.

Art. 654. Todas as pessoas capazes são aptas para dar procuração mediante instrumento particular, que valerá desde que tenha a assinatura do outorgante.

§ 1º O instrumento particular deve conter a indicação do lugar onde foi passado, a qualificação do outorgante e do outorgado, a data e o objetivo da outorga com a designação e a extensão dos poderes conferidos.

§ 2º O terceiro com quem o mandatário tratar poderá exigir que a procuração traga a firma reconhecida.

13. Art. 693. O contrato de comissão tem por objeto a aquisição ou a venda de bens pelo comissário, em seu próprio nome, à conta do comitente.

14. Art. 696. No desempenho das suas incumbências o comissário é obrigado a agir com cuidado e diligência, não só para evitar qualquer prejuízo ao comitente, mas ainda para lhe proporcionar o lucro que razoavelmente se podia esperar do negócio.

Parágrafo único. Responderá o comissário, salvo motivo de força maior, por qualquer prejuízo que, por ação ou omissão, ocasionar ao comitente.

15. *Art. 723. O corretor é obrigado a executar a mediação com a diligência e prudência que o negócio requer, prestando ao cliente, espontaneamente, todas as informações sobre o andamento dos negócios; deve, ainda, sob pena de responder por perdas e danos, prestar ao cliente todos os esclarecimentos que estiverem ao seu alcance, acerca da segurança ou risco do negócio, das alterações de valores e do mais que possa influir nos resultados da incumbência.*

16. Ives Gandra da Silva Martins Filho. "A Reforma do Poder Judiciário e seus Desdobramentos na Justiça do Trabalho". *In Revista LTr*. São Paulo, 69(1):34, jan.2005.

17. Hugo Cavalcante Melo Filho. "Nova Competência da Justiça do Trabalho: Contra a Interpretação Reacionária da Emenda n. 45/2004, *in* G. F. Coutinho e M. N. Fava *Op. cit.* p.179.

18. J. O. Dalazen. Art. cit., p. 64.

Parte IV

Eficácia e Celeridade da Execução Trabalhista e a Penhora *On-line*

Parte
IV

Eficácia e
Celeridade da
Execução Trabalhista
e a Penhora Online

Dos Abusos no Uso do Bloqueio *On-line* e Alternativas de Celeridade da Execução Trabalhista

AREF ASSREUY JÚNIOR
Procurador do Distrito Federal e Advogado Trabalhista

Sumário

1. Introdução
2. Dos abusos do bloqueio *on-line*
3. Procedimento *versus* processo
4. O princípio da inocência
5. Os princípios do contraditório e da ampla defesa
6. O bloqueio de múltiplas contas
7. Conclusão

1. Introdução

O bloqueio *on-line* é uma conquista do judiciário brasileiro e da própria sociedade brasileira, revelando-se importante ferramenta de celeridade para o processo judicial em sua fase executória.

Trata-se de instrumento atualizado com a evolução da informática e com a necessidade de adequação, pelo judiciário, de técnicas modernas para redução da burocracia administrativa do processo em si, reduzindo utilização de papel, e, principalmente, de tempo dos servidores e julgadores, seja no plano interno do cartório, seja no que toca aos oficiais de Justiça.

É importante lembrar que o processo, como ferramenta de pacificação social, deve ser capaz de resultados efetivos para os litigantes, com entrega da tutela jurisdicional de forma aceitável diante do direito posto e, ainda, de forma tempestiva. Aliás, a Emenda Constitucional nº 45/2004 incluiu, entre os princípios Constitucionais, a "razoável duração do processo e os meios que garantam a celeridade na tramitação".

Diante dessa orientação clara do legislador, não restam dúvidas de que meios eletrônicos como o bloqueio *on-line* devem ser utilizados para dar efetividade ao comando judicial transitado em julgado.

Quando falo em trânsito em julgado, nesse contexto objetivo, busco separar a execução provisória (título judicial precário) da execução definitiva.

O sistema de consulta e bloqueios *on-line*, em sua adaptação na última versão, ora em uso pelo srs. Juízes, corrigiu grave distorção existente, qual seja, a demora excessiva no desbloqueio o que, atualmente, pode ser feito em curto espaço de tempo, evitando o excesso de penhora em várias contas, o que dificultava a vida do devedor e sua administração financeira, com o demorado desbloqueio das contas.

Isso foi um grande avanço do sistema ora em uso.

Permanece, todavia, essa dificuldade técnica na ocorrência de bloqueio dos mesmos valores em várias contas bancárias do devedor, matéria que será oportunamente debatida.

O Tribunal Superior do Trabalho, por meio de sua Presidência e de Ministros Corregedores que se sucederam da implantação até os dias atuais, participou ativamente do aperfeiçoamento do convênio, sendo, sem dúvida, os Corregedores-Gerais da Justiça do Trabalho os maiores conhecedores do instituto, pois participaram da instalação e da evolução do sistema.

Este estudo pretende contribuir para a evolução do sistema, promovendo debate sobre os abusos dessa forma de bloqueio e busca de alternativas para aumento da celeridade processual da execução.

2. Dos abusos do bloqueio *on-line*

No estudo que realizei sobre o assunto, abordei um ângulo diferenciado, exatamente no debate crítico/construtivo sobre a utilização do sistema pelos Srs. Juízes do Trabalho.

É que, no meu entender, está havendo um uso indiscriminado do sistema de bloqueios *on-line*, em abandono claro a princípios básicos de direito, como da razoabilidade e racionalidade e, também, de princípios constitucionais pétreos, como da inocência, contraditório e ampla defesa.

Isso porque, enquanto o objetivo maior do uso dessa ferramenta é a busca do *mal pagador*, do empresário que se esconde atrás de pessoas jurídicas fraudulentas e que desaparecem de repente, na verdade empresas com saúde financeira inquestionável, devedoras em processos judiciais, têm sofrido enormes transtornos no seu capital de giro e pagamento de fornecedores e empregados, enquanto poderiam ser, simplesmente, intimadas da recusa do bem ofertado à penhora, quando, então, poderiam programar sem problemas o recolhimento judicial.

No tocante a pequenas e médias empresas, também com estabilidade financeira, bom nome e idoneidade na praça, muitas vezes suas situações são agravadas pela ocorrência precipitada do bloqueio bancário.

É preciso lembrar que ato precipitado desse tipo pode comprometer a saúde financeira da empresa. Não há programação para pagamento naquele momento, quando, em muitas vezes, sequer definitiva é a execução, vindo a retirar-lhe recursos que podem, momentaneamente, vir a comprometer a satisfação de salários, tributos e fornecedores.

Tal ato precipitado desequilibra e prejudica a empresa, assim como sua função social de geração de empregos e riqueza, pois, embora com condições de satisfazer o débito com prazo razoável de programação, é surpreendida com o bloqueio, sendo que, em muitos casos, aquele dinheiro bloqueado já está destinado para outros fins orçamentários imediatos.

Também a penhora progressiva em recebimentos futuros é descartada, quando poderia muito bem permitir ao devedor organizar-se para quitar o débito.

Mas não, as empresas oferecem bens à penhora. Desembaraçados e sem qualquer justificativa tais bens são rejeitados pelo credor e, sem qualquer intimação do devedor, sobre a recusa, é determinado o bloqueio.

Questiona forte corrente doutrinária que, em sendo avisado o devedor, da recusa do bem ofertado, teria esse tempo para sacar o dinheiro do banco.

É nesse ponto que tem faltado atenção aos princípios da razoabilidade, racionalidade e proporcionalidade por muitos Juízes, pois os devedores a que me refiro — médias e grandes empresas — além de não terem como sacar todo o seu numerário nos bancos, recebem vultosas quantias nessas mesmas contas bancárias, o que torna impossível a missão de zeramento das mesmas.

Também pequenas e médias empresas não têm como funcionar sem um sistema bancário, pois, inclusive, recebem recursos nessas contas bancárias.

Repita-se, para essas empresas, salvo renitente negativa de pagamento, é completamente desnecessário o uso do sistema, de forma abrupta, como muitas vezes vem ocorrendo, pois, em se concedendo prazo razoável, não mais do que 5 (cinco) dias, sem problema poderá ser recolhido, judicialmente, o valor do débito judicial ou, no caso de empresa menor, oferecer-se alternativa à penhora.

Mas, o que temos visto é o uso indiscriminado dos bloqueios *on-line*, sem qualquer observância à gradação do art. 655 do CPC, que, simplesmente, deixou de existir com o surgimento desse sistema eletrônico, assim como a não-valoração e adequação da razoabilidade e racionalidade da execução, a qual o legislador quis garantir aos devedores, quando editado o art. 620, do CPC.

Importante lembrar que a recente reforma processual não revogou os referidos arts. 620 e 655 do CPC.

Eis o que prevêem referidos dispositivos:*

> Art. 620. *Quando por vários meios o credor puder promover a execução, o juiz mandará que se faça pelo modo menos gravoso para o devedor.*
>
> Art. 665. *A penhora observará, preferencialmente, a seguinte ordem:*
>
> *I – dinheiro, em espécie ou em depósito ou aplicação em instituição financeira;*
>
> *II – veículos de via terrestre;*
>
> *III – bens móveis em geral;*
>
> *IV – bens imóveis;*
>
> *V – navios e aeronaves;*
>
> *VI – ações e quotas de sociedades empresárias;*
>
> *VII – percentual do faturamento de empresa devedora;*
>
> *VIII – pedras e metais preciosos;*
>
> *IX – títulos da dívida pública da União, Estados e Distrito Federal com cotação em mercado;*
>
> *X – títulos e valores mobiliários com cotação em mercado;*
>
> *XI – outros direitos.*

3. Procedimento *versus* processo

Quero deixar claro — e isso é relevante — que o bloqueio "*on-line*" é, evidentemente, um avanço de procedimento, mas não necessariamente um avanço

---

* Na redação dada pela Lei nº 11.382, de 06/12/06 (que, além disso, acresceu o art. 655-A ao CPC, regulamentando o uso da penhora "on line").

processual, e explico a diferença: Ao proceder o bloqueio o juiz estará incidindo diretamente na conta do devedor, retirando-lhe o livre dispor de seu dinheiro, o que facilita a execução. Mas somente deverá assim agir e, neste ponto a diferença entre *procedimento* e *processo*, seguindo o devido processo legal, com observância dos postulados do devido processo legal, ampla defesa e contraditório.

Afinal, se o art. 655 do CPC prevê uma gradação e o art. 882 da CLT a ele expressamente se refere, o devedor tem o direito, antes de ter suas contas bloqueadas, de discutir os bens à penhora, evitando proceder-se de forma indiscriminada, com revogação tácita das normas processuais referidas, os bloqueios em dinheiro.

Vejam bem, existem várias situações em que o bloqueio é necessário, e não é isso que quero demonstrar, mas, sim, evitar o uso indiscriminado da ferramenta em discussão.

O que quero registrar é que ao Juiz cabe examinar, com atenção e equilíbrio, as condições de idoneidade processual, financeira e social do devedor, antes de decidir pelo ato extremo do bloqueio *on-line*.

O sistema, repita-se, é para maus pagadores contumazes, sem idoneidade moral, e não para o mero devedor.

Podemos citar como exemplos milhares de ações que têm como condenados, subsidiariamente, fortes grupos nacionais e multinacionais — o que garante a exigibilidade do título judicial ao tempo do trânsito em julgado da sentença condenatória. Negado, após isso, o pagamento, aí, sim, seria cabível o imediato bloqueio.

E a situação mais grave está na execução provisória, pois, mesmo com a orientação do Tribunal Superior do Trabalho, por meio da OJ 62 SDI II TST, evoluída para a construção da Súmula 417 TST, a grande maioria dos juízes de 1º Grau, e vários Tribunais Regionais, quando provocados por mandados de segurança, entendem que deva, sim, ser bloqueado dinheiro na execução provisória, o que é endossado por parte da doutrina. A súmula diz claramente que não se deve penhorar dinheiro em execução provisória. Vale dizer: uma empresa sadia, financeiramente falando, é obrigada a ter bloqueado e penhorado, em muitos casos, altíssimos valores, dinheiro que fica em conta judicial com correção monetária de caderneta de poupança, irrisória — sendo as empresas lesadas triplamente porque:

- O crédito trabalhista cresce muito mais rápido do que o do depósito judicial, tornando a penhora inútil e gerando mais passivos para a empresa ao final;

- A empresa deixa de poder aplicar tais valores em outros setores, em que tal numerário poderia ter retorno melhor, assegurando seu crescimento;
- A empresa perde capital de giro e tem prejudicada sua saúde financeira, retirando-lhe, ainda, numerário que poderia estar sendo utilizado em seu aperfeiçoamento.

Um numerário expressivo fica retido e gerando, tão-somente, prejuízo, enquanto sequer o recurso ordinário, na fase cognitiva, muitas vezes sequer foi, ainda, julgado. Isso não é executar de maneira mais gravosa o devedor? Em minha opinião sim!

Se há, na execução provisória, notícias ou risco de que o devedor esteja com sua saúde financeira abalada, ou mesmo que esteja sendo dilapidado o capital dessa empresa, há instrumentos processuais que permitem ao exeqüente pedir, e ao juiz deferir, a providência cautelar, mesmo na execução provisória que, nesse particular, se identifica com a definitiva.

O que não se pode é recusar qualquer bem à penhora oferecido, simplesmente porque, com dinheiro, há maior tranqüilidade do credor. Absolutamente não, pois o princípio insculpido no art. 620, do CPC, juntamente com os princípios da razoabilidade e racionalidade, devem levar o magistrado ao equilíbrio no momento da penhora, seja porque está em sede de execução provisória, seja porque, mesmo estando em execução definitiva, esta se iniciou com cálculos do devedor, e não do juízo, o que pode gerar profunda distorção no real valor devido. Isso foi inclusive motivo de preocupação do legislador, tanto no CPC anterior, art. 604, § 2º, como também quando alterou agora o CPC, com a introdução da regra do art. 475, B, § 3º, o qual diz que o Juiz deve ter prudência no exame da planilha de cálculo apresentada pelo credor ao início da execução/liquidação.

Diz referido artigo:

Art. 475-B. Quando a determinação do valor da condenação depender apenas de cálculo aritmético, o credor requererá o cumprimento da sentença, na forma do art. 475-J desta Lei, instruindo o pedido com a memória discriminada e atualizada do cálculo.

§ 1º Quando a elaboração da memória do cálculo depender de dados existentes em poder do devedor ou de terceiro, o juiz, a requerimento do credor, poderá requisitá-los, fixando prazo de até trinta dias para o cumprimento da diligência.

§ 2º Se os dados não forem, injustificadamente, apresentados pelo devedor, reputar-se-ão corretos os cálculos apresentados pelo credor, e, se não o forem pelo terceiro, configurar-se-á a situação prevista no art. 362.

§ 3º Poderá o juiz valer-se do contador do juízo, quando a memória apresentada pelo credor aparentemente exceder os limites da decisão exeqüenda e, ainda, nos casos de assistência judiciária.

Vejam que a nova lei que alterou o CPC — Lei nº 11.232/2005 — manteve as regras dos arts. 620 e 655 do CPC, tornando-se evidente que o legislador pretendeu manter sua observância como princípios a serem seguidos pelo julgador, assim como aquela do art. 604, transportado para o atual art. 475, B, § 3º, do CPC.

4. O princípio da inocência

É neste ponto que trago ao debate outra questão que, também, não verifiquei nos escritos que busquei para exame do assunto, que é o princípio da inocência.

Ainda agora, quando estamos vivendo difíceis momentos na vida política do país, o Supremo Tribunal Federal, muitas vezes massacrado pela mídia, tem mantido intacto seu posicionamento de respeito ao princípio da inocência.

E é isso que não vejo, muitas vezes, nas execuções provisórias trabalhistas, assim como na doutrina que busquei, pois todos os empregadores que, afinal, geram os empregos, a riqueza do País e seu desenvolvimento são tratados, desde logo, como culpados, sem que haja o trânsito em julgado da sentença condenatória.

Volto a falar das execuções provisórias, muitas delas iniciadas logo após a sentença de primeiro grau. Como bem sabemos, são inúmeros os casos de reforma de decisões de primeiro grau pelos Tribunais Regionais do Trabalho e muitas, também, pelo Tribunal Superior do Trabalho e, num incontável número de vezes, aqueles valores bloqueados eletronicamente e transformados em penhora, defasados, ficam parados no processo até o trânsito em julgado da eventual decisão absolutória.

5. Os princípios do contraditório e da ampla defesa

Outros princípios constitucionais, do contraditório e da ampla defesa, ainda hoje fortalecidos por decisões do Supremo Tribunal Federal, como é exemplo o notório e atual acórdão proferido pelo Min. Gilmar Mendes, no RE nº 24.268, em matéria de processo administrativo, merecem maior relevo nos processos judiciais, e muitas vezes não têm sido observados.

Isso porque tem ocorrido, em muitos casos e não apenas em alguns, como relata parte da doutrina, cidadãos citados por seu gerente bancário ou pela recusa de um cheque num estabelecimento comercial, com notícia de bloqueio de sua conta, sem que nunca tenham participado de qualquer relação processual na fase cognitiva, ou mesmo sido chamados a integrar o pólo executório.

É uma completa inversão processual, a qual, como advogado e operador do direito, não posso aceitar sem protesto, pois, sem qualquer direito a contraditório, na fase cognitiva ou mesmo na execução, o cidadão, em vez de convocado preliminarmente a esclarecer sua situação dentro da empresa devedora — mesmo que se admita a despersonalização da pessoa jurídica — tem sua conta bloqueada para, depois, poder vir a juízo explicar-se.

Vale dizer que é feito exatamente o que todos condenamos, em parte, na mídia nacional, que condena as pessoas antes do devido processo legal, estampando seus retratos como culpados antes que possam defender-se.

Aqui a situação é idêntica e forte parte da doutrina diz que isso não é problema, porque, em havendo erro, o interessado pode explicar-se e seu dinheiro e suas contas bancárias serão liberados.

Diz, ainda, forte corrente doutrinária que o sistema é bom para localizar devedores não-citados, desaparecidos e que, tendo sua conta bloqueada, têm de vir a juízo para, então, ser citados.

Que o sistema é ótimo para localizar isso é verdade, mas deve ser lembrado que existem alternativas para localizar o devedor ou sócio da empresa, não sendo, todavia, imediatamente necessária a ordem de bloqueio. Ora, pelo menos a citação, feita por edital, em caso de não-localização, não pode deixar de ser feita.

Com todo o respeito aos que pensam em contrário, vejo nesse procedimento inegável atentado aos princípios constitucionais a que me referi, pois esse pequeno intervalo de tempo pode causar enormes prejuízos, transtornos e constrangimentos a quem não tem responsabilidade pelo débito, daí a necessidade de convocação citatória preliminar para compor o pólo passivo da execução. Como exemplos — e todos já vimos vários — poderia trazer centenas deles, mas trago dois entre alguns que muito me impressionaram:

- No primeiro, sobre falta de contraditório, um funcionário público de Brasília, onde reside há 17 (dezessete) anos, foi sócio de empresa de engenharia 20 (vinte) anos atrás, na cidade de Recife, quando se desligou de maneira formal e sem débitos. Não se sabe como, mas o único contrato social encontrado pelos advogados dos credores da empresa, em processos surgidos muito depois do desligamento societário do referido cidadão, foi aquele de 20 (vinte) anos atrás, e, de lá para cá, esse funcionário já teve suas contas (contas salário), várias vezes bloqueadas, o que lhe acarreta o transtorno e prejuízo de a cada vez pagar um advogado, em Recife, para explicar que não tem qualquer vinculação com a empresa, para somente depois de dias ou semanas ter novamente regularizada sua vida bancária.
- Em outro caso, um conselheiro fiscal de uma S/A que, segundo a Lei das S/As, sequer pode ser acionista da empresa, vem tendo reiteradamente bloqueada sua conta salário, obrigando-o a travar imensas batalhas jurídicas para liberá-la. Inclusive nesse caso, houve intervenção da Corregedoria-Geral da Justiça do Trabalho para cessar a violência sofrida.
- No plano do erro de valores, em especial nos casos em que os exeqüentes iniciam a execução com planilha oferecida por eles (art. 879 da CLT), e são logo homologadas pelo juízo, sem exame prévio da contadoria oficial ou parte contrária, há exemplo de processo em que, emitido mandado de execução e penhora de R$ 900 mil reais, a empresa demonstrou que o crédito era negativo. Refiro-me àquelas ações existentes em alguns tribunais regionais do Trabalho, fundadas em sentenças normativas as quais foram reformadas posteriormente pelo Tribunal Superior do Trabalho, por sua Seção Especializada em Dissídios Coletivos, o que redundou no zeramento do título executivo alcançado em ação de cumprimento individual, ou seja, tivesse sido oportunizada à empresa sadia discutir em impugnação o crédito e tudo teria sido resolvido com maior celeridade, inclusive.

É a diferença entre processo e procedimento.

6. O bloqueio de múltiplas contas

O problema maior, ainda não solvido pelo sistema, diz respeito ao bloqueio de múltiplas contas de empresas devedoras, o que poderia ser contornado com o bom senso, a racionalidade e a razoabilidade que procuro demonstrar, em vez de revelar que o problema simplesmente desapareceria, caso esse tipo de empresa fosse intimada ao depósito, sem alternativa, pena de bloqueio, pois certamente não admitiria o tumulto em suas contas.

Para amenizar o problema causado, a Corregedoria-Geral da Justiça do Trabalho, em ato do Ministro Ronaldo Leal, então Corregedor, fez editar o provimento 1/2003, que permite às empresas indicar uma conta bancária única, com permanentes recursos para responder aos bloqueios. Referido provimento, como todos da Corregedoria-Geral da Justiça do Trabalho, estão agora consolidados num só texto, identificado como Consolidação dos Provimentos da Corregedoria-Geral da Justiça do Trabalho, publicado no *Diário de Justiça*, de 02/05/2006.

A matéria está tratada nos arts. 58 a 60 da referida Consolidação dos provimentos. A faculdade prevista, a qual buscou amenizar os efeitos de uma falha do sistema Bacen-Jud, surpreendentemente recebeu fortes críticas da doutrina, por inconstitucionalidade e incompetência do Sr. Corregedor para editar o provimento.

Com todo o respeito aos que pensam de forma contrária, entendo que a intervenção da Corregedoria que, afinal, trabalhou arduamente pela disponibilização do sistema aos jurisdicionados, encontra amparo na lei e na Constituição, pois, ao editar o provimento, pretende, tão-somente, corrigir uma notória falha do sistema.

Aliás, sobre a intervenção da Corregedoria-Geral nas suas últimas gestões, em casos concretos, provocada por pedidos de correição parcial, também não vejo qualquer ilegalidade ou interferência na atividade jurisdicional do magistrado, mas, sim, o aperfeiçoamento do correto procedimento de um instituto novo, diante da súmula construída pelo Tribunal Superior do Trabalho, pelas instâncias, evitando-se, com um procedimento uniforme, que surjam outros recursos e mais ações por atos ilegais e inconstitucionais.

7. Conclusão

Ora, uma súmula de execução, derivada de Orientação Jurisprudencial (OJ) da Seção Especializada em Dissídios Individuais II TST, a qual determina que, em execução provisória, não se deve penhorar dinheiro do devedor, evidentemente salvo motivo fundamentadamente justificado, merece ser observada. E quando não é observada por um Juiz de 1º Grau e o Tribunal Regional do

Trabalho confirma a arbitrariedade e, para a parte não resta outra alternativa senão conformar-se com a violência, ao arrepio da súmula da Corte Superior, nessas hipóteses vejo espaço, em casos específicos, para a intervenção da Corregedoria Geral.

Cabe, sim, ao órgão Superior, na lacuna da lei, determinar a observância do direito, quando se está diante de uma nova ferramenta, também não regulamentada de forma ampla pela lei, em face do desrespeito claro ao entendimento consolidado da Corte Superior.

Aliás, a insistente falta de disciplina judiciária às orientações da Corte Superior, tão-somente, alimenta a multiplicação dos recursos, o que não é bom nem para o Judiciário, muito menos para o Tribunal Superior do Trabalho, que recebe milhares de processos, apenas, para fazer observar sua súmula, e prejudica, principalmente, os trabalhadores que têm postergado o fim do processo.

Concluindo, o que pretendeu a corregedoria, em algumas decisões do passado recente, em meu entender de maneira correta, foi exatamente disciplinar a observância dos princípios da racionalidade e razoabilidade também no uso do sistema de bloqueio.

No que se refere à celeridade do processo do trabalho, o que proponho é uma interação maior entre Tribunal Superior do Trabalho e Tribunais Regionais do Trabalho, exatamente na busca de disciplina judiciária, a qual não precisa ser necessariamente imposta, podendo muito bem ser discutida e examinada, buscando um resultado prático maior para o processo.

Seminários fechados entre juízes do trabalho e ministros do Tribunal Superior do Trabalho seriam boas alternativas de convencimento, pois a insistência, em colegiados, de manutenção de entendimento superado somente prejudica os jurisdicionados.

No plano da execução trabalhista, os julgadores contam, agora, com algumas inovações no campo legal/processual, tendo em vista a entrada em vigor das novas alterações do CPC, pela Lei nº 11.232/2005.

A principal, no meu entender, está na alternativa de recebimento rápido, mesmo que parcial, do crédito alimentar pelo trabalhador.

Isso porque o art. 879 da CLT, como se sabe, abre ao julgador dois caminhos executórios: o da imediata homologação de cálculos do credor, ou a abertura de liquidação, com abertura de vistas ao devedor.

Reza o referido art. 879 da CLT:

> Art. 879 — Sendo ilíquida a sentença exeqüenda, ordenar-se-á, previamente, a sua liquidação, que poderá ser feita por cálculo, por arbitramento ou por artigos.
>
> § 1º — Na liquidação, não se poderá modificar, ou inovar, a sentença liquidanda nem discutir matéria pertinente à causa principal.
>
> § 1º A — A liquidação abrangerá, também, o cálculo das contribuições previdenciárias devidas.
>
> § 1º B — As partes deverão ser previamente intimadas para a apresentação do cálculo de liquidação, inclusive da contribuição previdenciária incidente.
>
> § 2º — Elaborada a conta e tornada líquida, o Juiz poderá abrir às partes prazo sucessivo de 10 (dez) dias para impugnação fundamentada com a indicação dos itens e valores objeto da discordância, sob pena de preclusão.
>
> § 3º — Elaborada a conta pela parte ou pelos órgãos auxiliares da Justiça do Trabalho, o juiz procederá à intimação por via postal do Instituto Nacional do Seguro Social — INSS, por intermédio do órgão competente, para manifestação, no prazo de dez dias, sob pena de preclusão.
>
> § 4º — A atualização do crédito devido à Previdência Social observará os critérios estabelecidos na legislação previdenciária.

Optando-se pelo segundo sistema (art. 897, § 2º, da CLT), o qual, entendo que na maioria das vezes pode ser melhor e até mais célere, o magistrado trabalhista poderá lançar mão, pela subsidiariedade do art. 769 da CLT, das novas regras do CPC, dentre elas aquelas dos arts. 475 letras A, §§ 1º e 2º; B, §§ 1º e 2º; I, §§ 1º e 2º; J, L e M, entre outros.

Como se vê, o legislador trouxe para a parte do CPC, que trata do processo cognitivo, dois capítulos, prevendo a liquidação e cumprimento da sentença, revogando, então, vários artigos do processo de execução, os quais foram transportados para a fase de conhecimento e acrescidos em seus termos.

Importante inovação é aquela do art. 475, L, § 2º, do CPC, quando o legislador determina que, ao impugnar os cálculos, o devedor deva, desde logo, indicar o valor que entende devido.

Tal procedimento já é aplicado no processo do trabalho, mas, agora, ganhou um auxílio legal para o pagamento dessa parcela incontroversa, pois, com tal número reconhecido, o Juiz pode utilizar, subsidiariamente, da regra do art. 475, J, *caput*, determinando que o devedor recolha, imediatamente, sob pena de multa de 10% sobre o valor devido, os valores incontroversos por ele apresentados. Isso ameniza de forma célere, embora não definitiva, o interesse alimentar do trabalhador, pois incentiva o devedor a amenizar sua dívida.

Também a eventual má-fé na apresentação dos cálculos pelo devedor, quando irrisórios à luz do título executivo em discussão, deve ser punida pelo juízo com os instrumentos que a lei faculta ao julgador.

Entendo que essa regra não se pode dar em caso de opção do juízo pela precipitada homologação da conta, pois nesse caso virão a penhora e embargos à execução, procedimentos já regulados na CLT, o que veda a utilização subsidiária da norma processual comum.

Sei que forte corrente doutrinária repele a aplicação da multa referida no processo do trabalho, mas entendo que, em optando o juiz pelo caminho do debate preliminar da conta, o uso subsidiário da norma processual não encontra obstáculo.

Tal conclusão deriva de uma interpretação hermenêutica da norma, com base nos métodos histórico e sistemático de interpretação, pois emerge do conteúdo processual atual, assim como do objetivo do legislador, buscar meios de dar maior celeridade às execuções.

Preocupa-me, todavia, assim como no caso dos bloqueios *on-line*, o uso precipitado e generalizado da norma. Veja-se exemplo recente em sentença de 1º Grau no Paraná, onde o Juiz já aplicou a multa do art. 475, J, do CPC (multa de 10% pelo não-pagamento de valor incontroverso e com trânsito em julgado), na sentença de conhecimento, quando se sabe que dita regra é dirigida especificamente ao processo de execução, como meio de forçar o devedor à quitação do débito.

Além dessas regras processuais de que pode lançar mão o juiz da execução, o volume de processos nos dias de hoje, com escassez de varas em algumas regiões do país, demanda maior preocupação e investimento em administração cartorária.

É importante ressaltar a notícia de criação da Escola Nacional da Magistratura Trabalhista, em futuro breve, incluindo-se, em suas matérias, técnicas de administração.

Isso é relevante, porque juízes e diretores de secretaria não passam por cursos de administração, o que poderia ser um aprendizado importante para o aperfeiçoamento do funcionamento interno do cartório e de otimização do trabalho, visando o mais célere andamento dos feitos.

Nada obsta a que tais cursos sejam realizados agora pelo Srs. Serventuários. Isso somado à informatização do sistema, o que já vem ocorrendo com bons investimentos pela Justiça do Trabalho, deve auxiliar e facilitar o melhor aproveitamento do tempo pelos servidores, com resultados práticos mais objetivos.

Entendo, ainda, que exemplos como o do TRT de Sergipe devam ser seguidos em todas as localidades, ou seja, objetivando-se que cada vez mais a sentença cognitiva seja proferida de maneira líquida, permitindo, desde logo, que sejam incluídas no recurso ordinário eventuais impugnações aos números liquidados, abreviando, em muito, o processo executório, que chegaria pronto quando do trânsito em julgado da decisão de conhecimento.

Aqui vale um parêntese, pois importante parte da doutrina defende que a sentença líquida não pode ocorrer, porque o Presidente da República, ao examinar o texto da lei do rito sumaríssimo, teria vetado tal possibilidade.

Acontece que a providência independe de norma legal autorizadora, pois está dentro do poder de comando do processo, pelo que o sistema pode, sim, ser aplicado, como vem ocorrendo em Sergipe.

São importantes, ainda, ao início da fase executória, em especial da definitiva, a realização de audiências entre as partes, já com cálculos elaborados, pois é nesse momento que a Justiça do Trabalho opera sua missão institucional, que é a busca da conciliação e, em especial, como tentei demonstrar neste texto, o momento em que o juiz tem à frente ambas as partes litigantes, quando poderá, então, saber qual comportamento o devedor pretende aplicar ao processo, o que então norteará seu comportamento para alcançar a tutela jurisdicional final deferida ao credor.

Vale, ainda, citar importante exemplo do TRT de Brasília, que criou setor comandado por juiz do trabalho, o qual concentra execuções de precatórios e hoje, também, avoca execuções complexas, o que tem demonstrado bastante sucesso em seus resultados, podendo citar como exemplo o famoso precatório dos médicos de Brasília, com mais de 20 (vinte) anos, hoje em vias de resolução.

Concluindo, entendo que o uso do bloqueio *on-line* como ferramenta de agilização do processo e economia de atos processuais deve ser utilizado de forma ampla pela Justiça do Trabalho, sem que, contudo, sejam violados princípios comezinhos de direito, como da ampla defesa, contraditório, inocência e devido processo legal, devendo, ainda, os Srs. Juízes, antes de decidir pelo caminho fácil do bloqueio, utilizar-se da racionalidade e razoabilidade que devem conduzir os magistrados, resguardando o direito dos litigantes.

Eficácia e Celeridade da Execução Trabalhista e a Penhora *On-line*

RONALDO JOSÉ LOPES LEAL
Ministro-Presidente do Tribunal Superior do Trabalho

Sumário

1. Introdução
2. O bloqueio *on-line*
3. Conclusão

1. Introdução

Quero dizer, em primeiro lugar, que o Ministro Gilmar Mendes, hoje pela manhã, focou um aspecto de nossa distribuição de justiça que merece ser considerado a todo momento, ou seja, a falta de racionalidade. Não temos a menor racionalidade no sistema judiciário em que hoje vivemos. É preciso, portanto, que nos engajemos todos nessa tarefa de restabelecer um Judiciário racional, que possa, efetivamente, atender aos anseios das partes que esperam a prestação jurisdicional a que têm direito. Nada — nenhum interesse corporativo, nenhum interesse subalterno — pode desviar o Poder Judiciário desse caminho, no sentido da racionalidade.

A propósito, quero dizer que, há muito e muito tempo, me preocupo mais com política jurídica do que com dogmática jurídica; ou seja, é preciso sempre avaliar os instrumentos judiciários e processuais de que dispomos, sob pena de enfrentarmos uma crise que não tem solução. Sei que o Poder Judiciário, não só no Brasil como em todo o mundo, está enfrentando uma crise semelhante. Basta dizer que quando estive no Japão, na Suprema Corte japonesa, informaram-me que a Dieta — que é o Parlamento deles — e a imprensa criticavam a morosidade do Poder Judiciário japonês, que, aliás, funciona razoavelmente bem. De fato, o problema não é circunscrito ao nosso país, como temos sempre a infelicidade de supor. Muitos pessimistas dizem que o Brasil não tem solução. O Brasil tem solução. É preciso que nos engajemos todos nessas soluções.

Agradeço ao professor Estevão Mallet a lembrança que fez, nesta manhã, de velhíssimos estudos que desenvolvi sobre os conflitos em massa, em uma ocasião em que não se falava em massividade da Justiça e em soluções massivas para conflitos que, efetivamente, permeavam a sociedade. De fato, escrevi vários artigos a respeito, inclusive um deles foi premiado no Concurso de Teses do Tribunal Superior do Trabalho. Mas naquele tempo também imaginei — e perdi qualquer anotação a respeito do tema — uma espécie de dissídio coletivo interpretativo de norma jurídica.

Para minha surpresa, quando eu participava ativamente da Seção de Dissídios Coletivos, fui vencido quando disse que não podemos, num dissídio coletivo de natureza jurídica, interpretar a lei em tese. Mas fui vencido. Podemos. Aquele instrumento que eu queria, já tínhamos, a julgar por aquilo que, pelo menos a SDC, naquele momento, decidiu, contra o meu voto, porque eu achava que o dissídio coletivo não pode interpretar a lei em tese. Apenas quero dizer que todos os recursos e instrumentos que visem a uma solução adequada para o Poder Judiciário são válidos.

Hoje pela manhã se falou, por exemplo, sobre o princípio da transcendência, e recordo-me de que o professor Estevão Mallet fez restrições à aplicação desse instituto. Quando essa afirmação provém do professor Estevão Mallet, descarto — estou falando com toda sinceridade — qualquer posição corporativa. O professor Estevão Mallet, antes de mais nada, é um doutrinador, uma pessoa em quem confiamos extremamente. Mas é possível até que a transcendência não surta os resultados que queremos. Não sei. Como é possível também que a súmula vinculante, como disse o Ministro Gilmar Ferreira Mendes, tenha sido, de certo modo, pífia em sua existência, porque, na verdade, existem ações que hoje já criam uma vinculação às instâncias inferiores.

Então, essas coisas vêm, se superpõem, no afã que temos de julgar a enormidade de processos que nos cabe, nem as percebemos. Mas a verdade é que precisamos, então, arregimentar todos esses instrumentos e (por que não?) aquele instrumento que constitui, por exemplo, um controle concentrado do alcance e do sentido de norma trabalhista controvertida, para evitar a fragmentação de ações e mais ações sobre o mesmo tema, e também para restabelecer o Tribunal Superior do Trabalho como um tribunal uniformizador da jurisprudência brasileira.

Atualmente, o Tribunal Superior do Trabalho não é mais uniformizador da jurisprudência brasileira, porque uma uniformização que vem oito ou dez anos depois não é adequada. Nesse meio tempo, a sociedade já está perplexa. Diversos tribunais já decidiram sobre o tema. Muitos tribunais decidiram e o Tribunal Superior do Trabalho — que é o tribunal que deveria uniformizar a jurisprudência — não fez isso, não conseguiu fazer, porque só vai emitir uma súmula oito, nove, dez anos depois que essa questão controvertida surgiu num Tribunal Regional. Então, qual seria o objetivo de um instrumento com esse tipo de controle concentrado? Ele iria restabelecer ao menos o papel de uniformizador da justiça que tem o Tribunal Superior do Trabalho. No momento em que pudesse interpretar a norma controvertida, trazida por uma ação declaratória concentrada, o Tribunal emitiria uma súmula — não com efeito vinculante, mas uma súmula — e estaria dizendo a toda sociedade, aos advogados, aos juízes de primeiro grau, aos tribunais, qual seria o entendimento do TST a respeito daquela matéria controvertida, colocando-se à frente, portanto, de toda a discussão e evitando que essa discussão fosse transformada em recursos de revista e mais recursos de revista, porque seria evidente a discrepância entre as decisões regionais, ensejando recursos, recursos e recursos ao longo dos anos. Isso resulta naquela quantidade de processos que o Tribunal Superior do Trabalho tem guardados e vem examinando aos poucos.

É importante também dentro desse contexto — aliás, muito importante — a informática. Digo ao Dr. Estevão Mallet que, mais uma vez, desculpe-me por estar evocando seu nome tantas vezes que obtivemos dinheiro para investimento maciço em informática. No tempo do Ministro Vantuil Abdala, se obteve uma verba substancial e, ao longo de dois anos, aplicamos cem milhões de reais.

Não se diga que isso é uma importância pequena, cem milhões de reais só no projeto nacional. Cem milhões de reais é uma importância muito volumosa em qualquer país, mesmo em um país não tão pobre como o nosso, que tenha tantas carências e tantas necessidades sociais. Então, é preciso que a informática produza os efeitos que queremos — e vai produzir.

Estou falando, então, sobre a efetividade dos Tribunais do Trabalho, dos tribunais brasileiros de um modo geral. Tenho de abordar, sei, o tema específico aqui. Vou abordá-lo, não se preocupem.

Já o Dr. Aref mencionou que o Tribunal de Sergipe produz sentença líquida, produz acórdão líquido. É um tribunal pequeno? Sim. A Justiça do Trabalho brasileira pode produzir sentença líquida em acórdão líquido? Pode. Pode porque, atualmente, temos um instrumento que é o cálculo unificado, o cálculo rápido, que permite ao juiz ou, se ele não o puder, ao servidor calculista que faça o cálculo da sua decisão. O juiz dá a decisão, passa ao calculista para que se calcule; o juiz incorpora o cálculo e publica a decisão. Quando chega ao tribunal, se o tribunal altera a decisão, há novamente um calculista ali para recalcular a condenação.

Isso significa que já estou, então, abordando o problema da execução. Por quê? Afinal de contas, a execução hoje, para nós, compreende a liquidação, embora saibamos que a liquidação é uma fase pós-cognitiva embutida na execução. Mas, na verdade, vamos suprimir a liquidação. Não haverá mais liquidação. Ninguém deverá se preocupar mais com liquidação. Ela já estará feita, estará embutida no processo de conhecimento. E precisamos disso com muita necessidade. Vou despertar o pavor no Dr. Aref, dizendo o seguinte: se temos a decisão líquida transitada em julgado, basta aplicar o bloqueio *on line*. Agora sim, vou abordar o bloqueio *on-line*. Vamos entrar, então, nesse tema – que é realmente interessantíssimo.

2. O bloqueio *on-line*

Como surgiu o sistema Bacen-Jud? Eu diria que — com mil perdões pela comparação — às vezes se procura solução para uma determinada questão e se acha uma utilidade não pensada. O Viagra e o Cialis são exemplos disso: eram destinados a algo completamente diferente e, de repente, se descobriu que seriam muito importantes em outro emprego; hoje são de largo uso pela população masculina brasileira. Do mesmo modo surgiu o sistema Bacen-Jud. Sabem como surgiu o sistema Bacen-Jud? Tenho alguns dados não muito atuais, porque tinha em mente fazer aqui uma palestra de "transpiração" e não de "inspiração". Eu não teria tempo para preparar algo. Foi assim: o Banco Central recebia ofícios dos juízes — não juízes do trabalho —, juízes de todo o país, querendo saber onde havia dinheiro para penhorar nas contas dos devedores. Então, o Banco Central começou a receber tais ofícios e a respondê-los. Continuou a recebê-los e a respondê-los. Foram mobilizadas 40 pessoas para responder aos ofícios dos juízes. Recebiam-se em média 6 mil ofícios mensais. Em 2001, foram respondidos aproximadamente 80 mil. A previsão de resposta para 2002 era de 90 mil. Então, o Presidente do Banco Central concluiu: "Um momento. Nós somos o Banco Central, não somos fonte de informação do Judiciário brasileiro. Vamos criar um *software* para fazer esse trabalho." Muito bem, criou-se o *software*. Só em 2002, a Justiça do Trabalho fez um convênio, a gestão do Presidente Almir Pazzianotto, com o Banco Central. Antes já havia convênio da Justiça Federal e de outros órgãos do Poder Judiciário brasileiro. Nós ingressamos em 2002.

Sabe o que aconteceu depois que entramos? Houve um crescimento, em 7 meses, de 5.500%. Por que aconteceu isso? Uma razão muito simples: os outros devedores — os devedores da Justiça Federal — somos nós, ignaros cidadãos que devemos tributos, sei lá o quê. Os devedores da Justiça Estadual são os mais diversos; e muitas vezes, são devedores ricos, poderosos. Agora, o nosso credor era o trabalhador. Sabe qual é a grande novidade do sistema Bacen-Jud? Ele veio tornar importantíssima a penhora em dinheiro, a prioridade do dinheiro. A prioridade do dinheiro está na lei há não sei quanto tempo, mas como esse instrumento visava exclusivamente verificar onde estava o dinheiro para ser bloqueado, então a novidade foi: para que pneu furado penhorado? Para que um trator que não anda mais? Vamos ao dinheiro.

Este é o susto geral: um *software* podia colimar esse objetivo, que era verificar onde estava o dinheiro. Portanto, houve aquela ênfase enorme com relação à penhora sobre o dinheiro. Essa é a novidade assustadora, e o Brasil esteve quase por cometer algo tão fantástico, que o mundo inteiro riria às gargalhadas. Sabem por quê? Havia um projeto de lei no sentido de revogar a penhora *on-line*, ou seja, o primeiro projeto de lei da história que pretendia revogar um *software*, uma coisa realmente fantástica, inacreditável. Na verdade, o que é o Sistema Bacen-Jud? É a substituição dos ofícios em papel por um *software*, apenas isso.

Então, por que razão houve tantas resistências à chamada penhora *on-line*? Porque, pela primeira vez na história deste país, o devedor passou a se assustar com o assédio do credor, pois anteriormente não era assim. Antes o credor gargalhava do devedor e não pagava nada.

Muito bem. Estamos nos aproximando, portanto, de um determinado modelo — o modelo alemão. Como é o modelo alemão? É assim: a sentença trabalhista transita em julgado e o devedor é intimado a pagar. Se ele não o fizer, vai preso, será encarcerado, porque descumpriu uma ordem do Poder Judiciário. O mesmo acontece com um agente público que deixa de pagar após ter sido intimado.

Esse é o sistema alemão. Assusta? Muito mais do que a nossa "coitadinha" penhora *on-line*. Acho que podemos prender o devedor, e não é só o recalcitrante que vai ser bloqueado. Por quê? Bem hoje o Dr. Aref nos trouxe a lei de processo civil que, infelizmente, passou à nossa frente. Não tem mais citação do devedor; esta acabou. Assim como acabou a nomeação dos bens à penhora. Não tem mais. Então, não existe citação do devedor, não tem nomeação de bens à penhora, o que vou escolher? Aplicar o Bacen-Jud, palavra de honra. Mas deixe-me dizer uma coisa a respeito dos problemas do Bacen-Jud. O Bacen-Jud veio com um problema gravíssimo, que fez perigar a sua existência. Qual foi? A multiplicidade de bloqueios; melhor dizendo: eu pretendia bloquear dez mil reais, e há uma empresa que tem dez mil reais aqui, tem dez mil reais em São Paulo, tem dez mil reais no Rio Grande do Sul, em Minas e mais não sei onde. De repente, esse bloqueio de dez mil reais virava cem mil, duzentos mil, quinhentos mil reais. Realmente, isso era algo comprometedor, e, até que o Banco informasse ao juiz a causa pela qual tinham sido feitos bloqueios aqui e ali, havia um gravame muito sério para a empresa. Como Corregedor-Geral na ocasião, baixei um provimento dizendo que as empresas que assim entendessem poderiam indicar uma só conta para sofrer bloqueios, mas deveriam manter recursos necessários nessa conta, sob pena de perder o direito de ter essa conta somente para bloqueio. Sabe qual foi a minha tremenda surpresa? Todas as empresas de porte do País se cadastraram na Corregedoria e se habilitaram com uma conta única. Cada uma dessas enormes empresas — todo o potentado brasileiro em matéria de empresas — estava lá na Corregedoria devidamente cadastrada. Perguntei-me por quê? Se a empresa é poderosa, por que não paga? Transitou em julgado, que pague. Por que, em vez de pagar, cadastrar-se na Corregedoria? É absolutamente ininteligível o que aconteceu; não consigo entender. Mas esse fenômeno nos assustou: aqui, a empresa brasileira prefere se cadastrar, sofrer bloqueio em sua conta, discutir, a pagar. Essas coisas nos deixaram perplexos.

O Dr. Aref levantou os temas e, de propósito, preferi que ele falasse primeiro. De fato, eu poderia dizer o que pensava, mas não sabia o que vinha dele — agora sei. Então, quanto à execução menos gravosa para o devedor — art. 620 do CPC —, sempre proclamei que esse artigo do CPC não se aplica ao processo do trabalho, que tem como princípio cardeal a satisfação do credor, jamais a proteção do caloteiro.

3. Conclusão

O crédito trabalhista é um crédito alimentar do trabalhador. Então, como podemos dizer que vamos proteger o devedor em relação ao crédito alimentar do trabalhador? O que efetivamente interessa é que não haja dúvida em relação à satisfação do credor. Esse é o princípio que deve nortear o nosso trabalho. Fui radical nessa matéria quando era Corregedor — e me arrependo, inclusive —, mas era preciso um gesto forte. Fui entrevistado pelo jornal *O Estado de S. Paulo* e declarei que precisamos ser truculentos em matéria de execução. Arrependo-me disso. Como é que um Corregedor-Geral da Justiça do Trabalho pode pregar truculência processual? Mas o que quis dizer, para motivar a todos, era que não se podia mais suportar aqueles mecanismos para não pagar o trabalhador. Esses mecanismos precisavam ser afastados de alguma maneira. Daí surgiu aquela infeliz declaração, da qual realmente me arrependo. Creio que um Corregedor-Geral não pode fazer esse tipo de declaração.

Mas o fato é que o Bacen-Jud, depois disso, criou um alento na Justiça do Trabalho, e o erro trouxe algo positivo. Também sustentei, na ocasião, a possibilidade da prisão civil do devedor trabalhista — esse, sim, contumaz — e examinei isso com dispositivos constitucionais, o que foi, inclusive, secundado, digamos assim, por um artigo muito substancioso de dois juízes do trabalho. Mas vou concordar com o Dr. Aref em algumas questões, com exceção da execução provisória e explico o porquê. Na hipótese do Bacen-Jud não existir, pergunto o seguinte: na execução provisória é proibida a penhora em dinheiro? Não. Pelo contrário, não é e nunca foi. Então, por que, em relação à execução provisória, não posso penhorar dinheiro? Posso penhorar dinheiro; sempre pude. Só porque tenho instrumento mais expedito agora, não posso penhorar dinheiro? Posso.

Concordo, entretanto, com o Dr. Aref em relação ao ex-sócio e também ao terceiro. Creio que muitos juízes do Trabalho têm sido açodados nessa matéria, porque é preciso verificar, com cognição correta, se efetivamente esse sócio tem responsabilidade. Concordo que é preciso declarar a responsabilidade primeiro, para só depois fazer incidir a chamada penhora *on-line*.

Agora, se não se verificar também, por meio de uma cognição muito correta, a responsabilidade do terceiro, como posso utilizar uma penhora em dinheiro — nem estou pensando em Bacen-Jud, que é apenas a maneira expedita da penhora em dinheiro — tão rápida quanto a do sistema Bacen-Jud em relação a quem não se determinou ainda a responsabilidade? Então essas coisas efetivamente precisam ser muito bem resguardadas.

No meu discurso de posse, cheguei a falar sobre isso porque sei que muitas pessoas me vêem como um dos maiores defensores do Sistema Bacen-Jud no país. Era preciso, então, que um dos maiores defensores do sistema dissesse: "Assim não, também não vamos exagerar." Hoje, com o Sistema Bacen-Jud 2, ainda ocorrerá o defeito do *software*, que é a multiplicidade de bloqueios, mas se criou um mecanismo tal que, no máximo em 48 horas, ocorrerá o desbloqueio — porque o juiz da causa saberá — daquilo que sobejar ao que se pretendeu bloquear.

Há os princípios da racionalidade, razoabilidade e proporcionalidade. Mas desde quando a penhora em dinheiro afronta os princípios da razoabilidade e da proporcionalidade? Nunca o fez. Agora porque o expediente é rápido, afronta? Não há afronta: é penhora em dinheiro, apenas isso.

Mas quero também, numa última palavra, falar sobre execução por precatório. Aqui sim, ou mexemos na Constituição — e temos de fazer um mutirão para isso —, ou então o credor trabalhista vai sofrer o calote dos órgãos públicos, como já vem sofrendo esse calote no dia-a-dia. O órgão público paga quando quer e como quer. Não é possível continuar com esse sistema.

Como Corregedor, eu recebia as partes que tinham alguma reivindicação a fazer — fosse qual fosse o nível em que estivesse a causa trabalhista. E, às pessoas que lá chegavam com problemas quanto ao órgão público, eu pedia que assobiassem um tango argentino, porque era a única maneira. "Vamos assobiar um tango argentino. Não tem jeito". Isso é desanimador para quem quer ver a efetividade da prestação jurisdicional trabalhista.

Juízes, advogados, pensadores do Direito do Trabalho, vamos fazer um mutirão para mudar esse panorama triste! É preciso que isso ocorra. Acho que, aí sim, nós — a sociedade — teremos negociado algo importante para muitos trabalhadores.

Parte V

Limites da Flexibilização das Normas Legais Trabalhistas

Limites da Flexibilização das Normas Legais Trabalhistas

OTAVIO BRITO LOPES
Vice-Procurador-Geral do Trabalho

Sumário

1. Introdução
2. O direito do trabalho no Brasil
3. A negociação coletiva no Brasil
4. A flexibilização na Constituição
5. Os limites da flexibilização
6. A ampliação das hipóteses de flexibilização e a legislação ordinária
7. A compensação específica de vantagens para validar a flexibilização
8. Os aspectos formais da flexibilização

1. Introdução

Não é tarefa de pouca monta identificar os marcos divisórios dos limites da flexibilização dos direitos trabalhistas. As dúvidas são muitas e o debate em alguns setores chega às raias da passionalidade. Muitos interesses, a maioria de natureza econômica, gravitam ao redor do tema.

O Brasil possui uma das maiores cargas tributárias de todo o planeta. Possui, também, se não a maior, uma das maiores taxas de juros do mundo. E neste ambiente inóspito, no qual procura sobreviver a classe trabalhadora, entre tributos arrasadores e crédito para investimentos extremamente caro, é fácil identificar quem ganha e quem perde. Ganha o Estado e o sistema financeiro. Perde o trabalhador. Primeiro, porque recai sobre ele, direta ou indiretamente, parte considerável dessa absurda carga tributária; segundo, porque em um mercado globalizado e extremamente competitivo, a maneira mais fácil e segura de reduzir custos ainda é sonegar direitos trabalhistas. Hoje em dia, a fiscalização tributária não deixa muita margem para aventuras, mesmo porque o Estado está bem aparelhado para enfrentar os incautos, inclusive com sanções de natureza penal. O mercado financeiro, de outro lado, raramente perde, já que cerca as suas operações com garantias de toda natureza. Resta o trabalhador, que nunca pleiteia seus direitos enquanto está empregado, sofre os efeitos perversos da prescrição no curso do contrato e, mesmo quando está desempregado, ainda teme represálias por empresas do mesmo ramo econômico de seu empregador, que não raro se utilizam de "listas negras" para punir aqueles que se aventuram na Justiça do Trabalho em busca de seus direitos.

Além de todos os riscos e da selvageria do mercado, passando feito rolo compressor sobre a classe trabalhadora, ainda está em voga a chamada onda flexibilizante.

Quando se fala em flexibilização no Brasil, pelo menos no quadrante laico e até em alguns rincões do mundo jurídico, costuma-se emprestar ao termo o sentido de desregulamentação do Direito do Trabalho, entendida esta, sem disfarces, como o desmonte desse ramo da ciência jurídica.

E não se pára por aí. A flexibilização tem sido normalmente invocada como o antídoto pára o chamado *custo Brasil*, o desemprego crescente, no Brasil e em todo o mundo, a complexidade das normas trabalhistas, o custo da mão-de-obra, os encargos de natureza tributária sobre a folha de pagamento e quejandos.

Como se observa, os direitos trabalhistas são apresentados por grande parte da mídia "especializada" como o vírus a ser eliminado, e a "flexibilização" como o remédio para os males do desemprego, alto custo da mão-de-obra, alta carga tributária etc.

A discussão sobre o tema costuma ser travada sob o enfoque puramente econômico. O ser humano nem ao menos é lembrado. O único ser a ser preservado, protegido e cultuado é Sua Excelência, o Mercado.

O arcabouço axiológico contido no Direito do Trabalho, desde os seus primórdios e que permanece inalterado até os dias de hoje, sequer é cogitado. A filosofia — se é que pode ser assim chamada — é a do mercado, do acúmulo de riquezas por poucos, em detrimento da grande maioria dos homens e mulheres que habitam o planeta. A lógica do mercado costuma ser a lógica do egoísmo e da injustiça, e é para se contrapor a essa lógica que existe o Direito do Trabalho, logo, nada mais natural que seja tão combatido pelos defensores do "Mercado". Preconiza-se como nunca a liberdade plena do mercado, para melhor explorar o indivíduo, e o afastamento do Estado (legislador e juiz) das relações entre o capital e o trabalho, já que este funciona como verdadeiro escudo protetor da classe trabalhadora.

Sob o ponto de vista do Direito do Trabalho, a conceituação de flexibilização não é uníssona, o que se explica em parte pelas peculiaridades da ordem jurídica de cada país, e em parte pelo conteúdo material que se quer ver abrangido no conceito proposto, que também não é uníssono. Só para exemplificar, Jean-Claude Javallier leciona que o termo pode albergar uma concepção de proteção ou de adaptação ou, ainda, de desregulação. Diz o ilustre doutrinador:

> ... que a primeira seria aquela inerente à concepção clássica do Direito do Trabalho, contendo normas e princípios de proteção ao trabalhador, inderrogáveis pela vontade das partes; a segunda decorreria da necessidade de adaptação do Direito do Trabalho às mudanças de natureza econômica ou tecnológica; e a terceira procura questionar a própria regulamentação heterônoma das relações de trabalho, que seria contrária aos próprios empregados, já que dificultaria a contratação.[1]

A flexibilização das normas trabalhistas, segundo Rozita Nasser, é apenas parte de um processo mais amplo de flexibilização do mercado de trabalho, que compreende estratégias políticas, econômicas e sociais, e não apenas jurídicas. Consiste tal fenômeno jurídico *"no conjunto de medidas destinadas a dotar o Direito Laboral de novos mecanismos capazes de compatibilizá-lo com as mutações decorrentes de fatores de ordem econômica, tecnológica ou de natureza diversa exigentes de pronto ajustamento."*[2]

A desregulamentação, segundo Amauri Mascaro Nascimento, é um termo restrito ao direito coletivo do trabalho, e consiste:

na política legislativa de redução da interferência da lei nas relações coletivas de trabalho, para que se desenvolvam segundo o princípio da liberdade sindical e a ausência de leis do Estado que dificultem o exercício dessa liberdade, o que permite maior desenvoltura do movimento sindical e das representações de trabalhadores, para que, por meio de ações coletivas, possam pleitear novas normas e condições de trabalho em direto entendimento com as representações empresariais ou com os empregadores.[3] Salienta, ainda, o festejado mestre, que o termo desregulamentação não é aplicável ao direito individual, ao qual é mais adequado o termo flexibilização.

Parece bem claro que não se pode confundir, no ordenamento jurídico brasileiro, a flexibilização com a desregulamentação. A verdade, entretanto, é que são confundidas reiteradamente, ora por ignorância ora por esperteza, não obstante eventuais protestos de juristas renomados.

Vista como o conjunto expedito de medidas capazes de compatibilizar o Direito do Trabalho com as mutações decorrentes de fatores de ordem econômica, tecnológica, política ou social, a flexibilização, no Brasil, é um instituto no mínimo tão antigo quanto a Consolidação das Leis do Trabalho.

Com efeito, a regra da indeterminação do prazo do contrato de trabalho, calcado no princípio da proteção, tem exceções bem antigas, ex.:, o § 2º do art. 443 da Consolidação das Leis do Trabalho — CLT (contrato por prazo determinado); o contrato por obra certa ou serviço certo (Lei nº 2.959, de 17 de novembro de 1956); o contrato de aprendizagem regulado pelo Decreto nº 31.546, de 6 de outubro de 1952; o contrato de safra; o *jus variandi* etc. Outros exemplos podem ser apresentados no tocante ao prisma da duração do trabalho, cuja limitação também está embasada no caráter tuitivo do Direito do Trabalho, como é o caso da Lei nº 4.923, de 23 de dezembro de 1965, que autorizava a redução transitória da jornada de trabalho ou do número de dias de trabalho, com a redução dos salários em até 25%, mediante acordo com a entidade sindical representativa dos trabalhadores e homologação pela Delegacia Regional do Trabalho, por prazo não excedente a 3 meses, prorrogável por igual período, em razão de conjuntura econômica que afetasse a empresa; a compensação de jornada, prevista no § 2º do art. 59 da CLT; o recente trabalho em regime de tempo parcial (art. 58-A da CLT) etc. No campo salarial, a regra da irredutibilidade salarial há muito já era excepcionada pelo art. 503, da CLT, que permitia, em caso de força maior ou prejuízos devidamente comprovados, a redução geral dos salários dos empregados, proporcionalmente ao salário de cada um, até o limite de 25%, respeitado o valor do salário mínimo regional. Por derradeiro, no que diz respeito à própria existência do vínculo de emprego, o sistema do Fundo de Garantia do Tempo de Serviço — FGTS, em substituição ao regime de estabilidade, é o ícone da flexibilização no Brasil, já que o contrato pode ser rompido pelo empregador ao seu bel-prazer, mediante o pagamento em pecúnia de valor, que, à época da instituição do novel regime, equivalia a 10% do saldo existente na conta vinculada do empregado. Só após a Constituição de 1988, esse valor foi majorado para 40%.

Como se pode perceber, a Constituição de 1988 não introduziu a flexibilização na ordem jurídica brasileira, mas, inegavelmente, procurou ampliar suas hipóteses estabelecendo lindes com *status* constitucional, aptos a limitar a ação do legislador infraconstitucional e a autonomia privada coletiva.

Inegavelmente, a ampliação das hipóteses de flexibilização trouxe como contrapartida a hierarquia e supremacia própria das Constituições para os novos limites traçados.

2. O direito do trabalho no Brasil

Ninguém desconhece a onda de desemprego que assola o país e o mundo. Não se ignora, também, que a tendência é de agravamento do problema. Os altos investimentos atualmente tendem a reduzir postos de trabalho, por mais paradoxal que possa parecer. O mundo do trabalho vem se alterando significativamente. O enfraquecimento dos sindicatos também não pode passar desapercebido.

No Brasil, os sindicatos merecem um capítulo à parte, mas não em um estudo tão despretensioso como este. O essencial é que os sindicatos brasileiros são fracos, de pouca representatividade e quase nenhum poder de barganha. As causas passam pela nossa legislação, mais preocupada em assegurar privilégios a dirigentes sindicais profissionais do que proteger os trabalhadores, e por uma série de fenômenos ligados ao mundo do trabalho, que vêm afetando de forma drástica o poder de negociação das entidades sindicais, como as terceirizações e a facilidade com que o capital migra de um quadrante a outro do mundo, deixando milhares de trabalhadores ao desalento.

A par da baixa capacidade de reação dos sindicatos, avulta cada vez mais o poderio do capital, sob o manto protetor da lei da oferta e da procura — fartura de mão-de-obra desempregada é igual a parcos salários e debilitadas condições de trabalho.

Ao lado do desemprego crescente, forma-se no Brasil um grande mercado informal, que obviamente não se explica apenas pelo desemprego, já que outros fatores influem em seu desenvolvimento (carga tributária absurda, burocracia estatal irracional etc.).

Junto ao mercado informal, forma-se uma intricada rede de precarização do trabalho humano, em que não são raros os casos de exploração da mão-de-obra infantil, trabalho escravo, excesso de jornada, péssimas condições de higiene, assédio moral etc. O mais curioso é que esse mercado informal supre, em grande parte, as necessidades do chamado mercado formal, que terceiriza para parceiros inidôneos boa parte de suas etapas produtivas. Apenas para exemplificar, o trabalho infantil em carvoarias sustentava as necessidades energéticas de grandes siderúrgicas nacionais e multinacionais, até a ação firme do Ministério Público do Trabalho e da fiscalização do trabalho.

As negociações coletivas no Brasil estão muito aquém da necessidade de proteção do trabalhador brasileiro. Pouco se tem avançado pela força dos sindicatos, que normalmente se concentram mais nas cláusulas de contribuições assistenciais do que propriamente no interesse dos representados.

Fazendo um exercício vatídico, se a legislação brasileira de proteção ao trabalhador fosse revogada ou drasticamente reduzida, como preconizam alguns especialistas de plantão, o ambiente social resultante seria de selvageria, de prevalência pura da lei do mais forte. Os sindicatos hoje existentes não conseguiriam nem abrandar o sofrimento resultante. Voltaríamos, verdadeiramente aos tempos que antecederam e justificaram o nascimento do Direito do Trabalho e, num verdadeiro círculo histórico, pela paz ou pela guerra, terminaríamos recriando o vetusto Direito do Trabalho.

O intervencionismo estatal, caracterizado pela participação determinante do Estado na elaboração de leis reguladoras das relações de trabalho, reduzindo significativamente o autonomismo individual, ganhou com o passar dos tempos o estigma de protetor apenas dos interesses dos trabalhadores, o que é um grande equívoco, já que, indubitavelmente, o Direito do Trabalho também é bastante útil ao capital, que vê reduzidos os conflitos sociais e o ímpeto da classe trabalhadora em modificar a sua condição e a estrutura de poder reinante.[4] Neste sentido o abalizado escólio do mestre português José Barros Moura, que assim afirma:

Útil à burguesia, o direito do trabalho interessa também aos trabalhadores, embora por razões opostas. A burguesia que, obviamente nunca desejou um direito de proteção dos assalariados tem necessidade dele. Ela faz nesse plano concessões políticas que visam reduzir as tensões sociais retirando força à luta de classes, mas um tal direito, por obrigar o capitalismo a adaptar-se, é contrário aos seus interesses imediatos. Pelo seu lado, os trabalhadores beneficiam-se de uma concreta limitação da exploração que sobre eles é exercida. As coisas são, no entanto, bem mais complexas, pois este direito favorece a concentração capitalista agindo sobre as condições da concorrência — com o que beneficiam os sectores mais fortes e aptos da classe dominante em detrimento de outros sectores da mesma classe. Por outro lado, as garantias sociais podem diminuir para os trabalhadores as razões para quererem transformar a sua condição. Porém, como tais garantias, além de insuficientes, são periodicamente postas em causa, o direito do trabalho pode, contraditoriamente, alimentar a vontade operária de romper com a ordem econômica e social. Direito contraditório, o seu conteúdo depende em cada momento da relação de forças no campo social.

A existência de normas estatais tuitivas, que primam sobre a vontade individual, não é um privilégio do Direito do Trabalho, já que habitam o Direito Civil (locação residencial) e o Direito Comercial (Código de Defesa do Consumidor), e são essenciais para que o princípio da igualdade passe da retórica política para o cotidiano de cada cidadã e cidadão.

Aproveitando-se desta crise, oportunistas de plantão em todo o Brasil defendem a desregulamentação do Direito do Trabalho, como única fórmula capaz de resolver o problema do desemprego e do subemprego, olvidando, entretanto, que a crise é mundial e, no Brasil, é agravada por uma política econômica que privilegia os ricos e resulta na ampliação das desigualdades sociais.

Assim como não se criam empregos por intermédio de leis e decretos, não menos certo é que não são as leis e decretos protetores do trabalhador que criam desemprego.

3. A negociação coletiva no Brasil

Para que a negociação coletiva se desenvolva no Brasil, em padrões aceitáveis, faz-se necessário ultrapassar três barreiras de relevo: a dependência dos sindicatos, a rigidez da estrutura sindical brasileira, facilitadora da proliferação de sindicatos de fachada, distanciados dos trabalhadores, e uma casta de dirigentes sindicais implacáveis e eficientes na defesa de seus privilégios.

A Constituinte de 1988 foi a chance de ouro — é bem verdade que perdida — para uma mudança radical nesse modelo de sindicalismo equivocado e obsoleto.

Perdida a chance, o que restou foi um ambiente jurídico de "liberdade sindical relativa" ou "meia liberdade sindical", se é possível tal construção. Manteve-se a unicidade sindical, preservando-se, pelo menos em tese, uma reserva de mercado para os sindicatos preexistentes. O que não contavam os defensores da unicidade é com a possibilidade, reconhecida pelo Supremo Tribunal Federal, de desmembramento das entidades sindicais cuja base territorial ultrapassar o limite de um município, e o desmembramento dos sindicatos que agregam categorias conexas ou similares. Tal mitigação na rigidez própria da unicidade sindical resultou na proliferação de entidades sindicais no Brasil em um patamar inimaginável.

O constituinte de 88 manteve o sistema confederativo com a sindicalização por categorias econômica e profissional e preservou a contribuição sindical compulsória, aliás, o grande estímulo para a proliferação de entidades sindicais a que nos referimos anteriormente. Um dinheiro fácil, que foi objeto imediato da cobiça de pseudodirigentes sindicais.

Em relação à negociação coletiva, a Constituição manteve a participação obrigatória do sindicato e ampliou as possibilidades de flexibilização das relações de trabalho, sem, entretanto olvidar o princípio da proteção (art. 7º, *caput*, da Constituição Federal).

Não se pode, como já afirmamos alhures, confundir a flexibilização das condições de trabalho com a desregulamentação do Direito do Trabalho, como fazem alguns autores, pois esta simplesmente retira do trabalhador a proteção do Estado, permitindo que a autonomia privada, individual ou coletiva, regule as condições de trabalho e os direitos e obrigações advindos da relação empregatícia.

Deve-se considerar, ainda, que a desregulamentação pura e simples do direito do trabalho representa a negação do princípio extraído do *caput* e incisos do art. 7º da Constituição Federal, de que os trabalhadores urbanos e rurais têm assegurada uma relação jurídica protegida por um rol mínimo de direitos trabalhistas, cujo traço marcante é aderir automaticamente a toda e qualquer relação individual de trabalho, independentemente da vontade das partes.

A tese da desregulamentação ou do trabalho desprotegido não encontra ressonância na Constituição Federal, pois o princípio da proteção aos trabalhadores nas relações jurídicas trabalhistas, por um rol mínimo de direitos que independem da vontade dos interessados, é independente e não se confunde com cada um dos direitos arrolados. Por outro lado, o princípio da dignidade da pessoa humana rejeita fortemente um ambiente social sem proteções jurídicas mínimas, capazes de impedir a exploração do homem pelo capital.

4. A flexibilização na Constituição

Como regra geral, as condições mínimas de trabalho previstas na CF são inderrogáveis pela vontade das partes, mesmo na esfera da autonomia privada coletiva. A regra integrante do rol de direitos assegurados a trabalhadores urbanos e rurais, que reconhece os acordos e convenções coletivas de trabalho (inciso XXVI do art. 7º), deve ser interpretada à luz do princípio da proteção estampado claramente no *caput* do art. 7º do texto constitucional e não isoladamente, como pretendem alguns, como se fosse uma ferramenta de desconstrução de todo o edifício protetivo de que é parte integrante.

Da mesma forma, ao abrir exceções e permitir a flexibilização das condições de trabalho no art. 7º, incisos VI ("irredutibilidade do salário, salvo o disposto em convenção ou acordo coletivo"), XIII ("duração do trabalho normal não superior a oito horas diárias e quarenta e quatro semanais, facultada a compensação de horários e a redução da jornada, mediante acordo ou convenção coletiva de trabalho") e XIV ("jornada de seis horas para o trabalho realizado em turnos ininterruptos de revezamento, salvo negociação coletiva"), a Constituição em momento algum pretendeu abolir o princípio da proteção, da igualdade e da dignidade da pessoa humana, que formam o arcabouço fundamentador do Direito do Trabalho. Os incisos que permitem a flexibilização (VI, XIII e XIV) e o que lhe instrumentaliza (XXVI) têm de ser interpretados nos lindes estritos do *caput* do art. 7º (princípio da proteção). A flexibilização foi concebida como mais um instrumento de proteção ao trabalhador, mais voltado para a preservação do emprego, máxime nas hipóteses de crise econômica nas empresas. O escopo de tutelar o emprego se justifica se considerarmos que a rigidez do sistema legal vigente antes de 1988 não permitia, salvo hipóteses restritíssimas, qualquer redução salarial na vigência do contrato de trabalho. Tal rigidez, somada à crise econômica, às oscilações comuns ao mercado e à globalização da economia, resultava na impossibilidade jurídica de redução da folha de pagamento e transposição da crise sem o fechamento de empresas e a redução de postos de trabalho, ou ainda, no simples descumprimento das normas trabalhistas pelo empresário em dificuldades financeiras, que simplesmente as olvidava para demitir seus empregados sem qualquer pagamento indenizatório, deixando a questão se arrastar anos a fio nos pretórios trabalhistas.

5. Os limites da flexibilização

Quando o tema confrontado tem a ver com os limites da flexibilização, as opiniões se dividem. Pelo menos quatro correntes doutrinárias pretendem elucidar a questão. A primeira, ampliativa, sustenta a possibilidade de negociação ampla e irrestrita, ao argumento de que se é possível negociar os mais importantes aspectos da relação de emprego, que são o salário e a jornada de trabalho, então não há óbices para que a negociação envolva outros aspectos, já que de menor importância. A segunda corrente sustenta a possibilidade de negociação restrita aos direitos trabalhistas assegurados por lei, não alcançando aqueles de estatura constitucional. A terceira corrente sustenta que os limites da flexibilização estão no caráter patrimonial dos direitos trabalhistas. Por fim, a quarta corrente, mais restritiva, aponta como objeto de flexibilização apenas os aspectos do vínculo de emprego apontados expressamente pela Constituição (salário e jornada de trabalho).

A partir das teses esgrimidas, surgem várias outras indagações, como, por exemplo, se a ampliação das hipóteses de flexibilização depende de lei ou, ainda, se é necessário, para validar a flexibilização, a compensação específica de vantagens.

A resposta a estas indagações não pode passar ao largo de uma definição precisa dos limites da flexibilização, ou, preliminarmente, se tais limites existem.

A nosso ver, a constitucionalização do Direito do Trabalho é uma realidade percebida até pelos mais míopes; logo, é preciso buscar no texto magno a resposta à indagação acerca da existência de limites à flexibilização e, em caso afirmativo, da definição de seus marcos.

O Direito do Trabalho, visto como o arcabouço de normas protetivas do trabalhador, parte mais fraca na relação de emprego, se funda basicamente nos princípios da igualdade material, da dignidade da pessoa humana e da proteção. As críticas a essa proteção, tão em voga ultimamente, não prevaleceram na constituinte de 1988. Por outro lado, o reconhecimento de que o interesse social e importantes marcos axiológicos impõem a proteção da parte mais fraca em determinadas relações jurídicas vem se expandindo ao ponto de alcançar as relações de consumo e avançar sobre a cidadela da autonomia da vontade, que é o Código Civil. O interessante é que as críticas dirigidas à proteção ao trabalhador não se reproduzem quanto ao Código de Defesa do Consumidor e ao novo Código Civil.

Os princípios fundantes do Direito do Trabalho (dignidade da pessoa humana, igualdade material e proteção) foram totalmente incorporados pela Constituição de 1988, vide os arts. 1º, inciso III, 3º, III e IV, 5º e 7º, o que representa para a legislação trabalhista preexistente um verdadeiro mergulho profundo na fonte da juventude.

Uma das grande aleivosias repetidas rotineiramente como justificativa para o desmonte da legislação trabalhista ou sua flexibilização (sentido laico) é que a CLT é velha, ultrapassada, de tendência corporativista, já que editada no início da década de 1940. Ledo engano, próprio daqueles que observam um objeto apenas superficialmente. Nada mais atual que o ideal de igualdade material, dignidade da pessoa e proteção ao mais fraco. Nada mais moderno que os instrumentos de concretização dos princípios constitucionais norteadores da vida em sociedade e das relações dos particulares com o Estado. E a CLT concretiza tais ideais.

Um observador mais atento percebe com facilidade que a CLT em sua primeira redação é bem diferente da CLT do século XXI, pois esta sofreu incontáveis alterações e atualizações. Por outro lado, a jurisprudência reparadora dos efeitos deletérios que o tempo exerce sobre qualquer ser ou objeto, vem se alterando ano a ano, garantindo a juventude necessária a um instrumento legislativo com a importância da CLT. Por fim, após algumas Constituições, temos, desde 1988, uma nova CLT, recepcionada e portanto rejuvenescida pela novel Carta, agora não mais como a CLT de 42, mas como a CLT de 88, impregnada de novos valores, novas esperanças e portanto, renascida e legitimada pelo povo, representado em Assembléia Nacional Constituinte.

A partir destes pressupostos, não se pode entender a flexibilização que decorre da Constituição de 1988 como simples autorização para desregulamentação do Direito do Trabalho, mas, sim, como uma verdadeira tutela do emprego e, conseqüentemente, do interesse do trabalhador e da sociedade em geral. A flexibilização prevista no texto constitucional deve ser interpretada em seus limites à luz dos princípios da dignidade da pessoa, da igualdade material e da proteção.

Da mesma forma, é absurdo apontar e utilizar o reconhecimento das convenções e acordos coletivos do trabalho, previsto no inciso XXVI do art. 7º, como instrumento para a desregulamentação do Direito do Trabalho e antídoto para a proteção legitimamente conferida ao trabalhador.

Assim sendo, entendemos despida de fundamento constitucional a corrente primeiramente apontada, de índole ampliativa, que sustenta a possibilidade de negociação ampla e irrestrita, ao argumento de que se é possível negociar os mais importantes aspectos da relação de emprego (o salário e a jornada de trabalho), então não há óbices para que a flexibilização atinja os demais direitos trabalhistas, já que de menor importância.

Vista de forma superficial a relação de emprego, não se pode negar que o salário e a jornada de trabalho logo se destacam. Entretanto, será possível estabelecer uma escala de valores em que o ambiente de trabalho, visto sob o enfoque da vida, saúde e segurança do trabalhador, seja relegado a um plano secundário? Cremos que não! Será lícito, nessa mesma escala de valores, colocar o direito à não-discriminação no trabalho, máxime sob o ponto de vista das minorias historicamente excluídas, como direito de somenos importância? Será crível, ainda nessa hipotética escala de valores, emprestar à licença-maternidade, pelo menos na ótica das mulheres, a pecha de um direito de pouca importância? E o direito a pré-escolas e creches gratuitas aos filhos e dependentes? Os exemplos são inúmeros. A tese da hierarquização dos direitos trabalhistas, com o salário e a jornada de trabalho no topo da pirâmide, não resiste a uma brisa; logo, como a fundamentação da possibilidade ampla de flexibilização se sustenta nesta frágil premissa, não é preciso estender muito a fundamentação em sentido contrário.

Apenas para não pecar pela omissão, reforçamos nossa convicção deixando claro que não se pode estender tanto a flexibilização, ao ponto de romper os vínculos com o princípio da proteção, previsto no *caput* do próprio art. 7º, com o princípio da dignidade da pessoa humana e com o princípio da igualdade material, que se concretizam justamente a partir de um arcabouço legal mínimo de proteção ao trabalhador.

A segunda corrente sustenta a possibilidade de negociação restrita aos direitos trabalhistas assegurados por lei, não alcançando aqueles de estatura constitucional. A tese parece boa, vista perfunctoriamente, mas também não se sustenta.

Uma simples passada d'olhos no rol de direitos do art. 7º da Constituição é suficiente para fazer emergir uma questão: qual ou quais direitos do trabalhador, contemplados na legislação infraconstitucional, que não têm domicílio constitucional? A resposta é difícil. O constituinte de 1988, não por acaso, mas de caso pensado, constitucionalizou os direitos trabalhistas. E não parou por aí; foi muito mais além, já que os incluiu no rol dos direitos e garantias fundamentais. Não satisfeito, para não deixar margem a qualquer dúvida de sua importância, talvez não para o capital, mas certamente para a grande massa de brasileiras e brasileiros, estabeleceu que as normas definidoras dos direitos e garantias fundamentais têm aplicação imediata (§ 1º do art. 5º da CF).

Ora, se praticamente todos os direitos trabalhistas estão domiciliados no texto constitucional, com a dignidade de direitos e garantias fundamentais de aplicação imediata, na prática, a flexibilização seria esvaziada, a não ser que se entenda que os direitos que podem ser exercidos diretamente a partir da Constituição não possam ser flexibilizados e os que demandam intermediação do legislador infraconstitucional, ao contrário, o possam. Mas mesmo este entendimento é frágil e não resiste a uma análise mais atenta.

O salário mínimo, previsto na Constituição (art. 7º, IV), inegavelmente, demanda intermediação do legislador para poder ser usufruído pelo trabalhador, entretanto, em sã consciência ninguém, nem os liberais mais empedernidos, seria capaz de sustentar a possibilidade de sua flexibilização. Mais um exemplo, a norma que prevê a redução dos riscos inerentes ao trabalho, por meio de normas de saúde, higiene e segurança (art. 7º, XXII), também é carente de intermediação legislativa ordinária, e ninguém duvida que as leis de proteção à vida, saúde e segurança do trabalhador, previstas na CLT e legislação pertinente, não possam ser flexibilizadas.

Nem pode ser de outra forma, já que a intermediação do legislador ordinário para dar efetividade aos direitos e garantias fundamentais, como é o caso dos direitos trabalhistas, é um imperativo da Constituição. A inércia do legislador resulta em inconstitucionalidade por omissão, tão ou mais grave que a inconstitucionalidade por ação.

Não se pode emprestar aos direitos e garantias fundamentais que demandam necessariamente a intermediação do legislador ordinário uma importância secundária ou um valor apenas relativo, ao ponto de poderem ser flexibilizados ao bel-prazer dos atores sociais.

A terceira corrente sustenta que os limites da flexibilização estão localizados no caráter patrimonial dos direitos trabalhistas. Assim, os chamados direitos patrimoniais podem ser livremente flexibilizados e o inverso ocorre com os direitos não-patrimoniais.

A primeira grande dificuldade que encontro reside justamente em estabelecer que direitos, do rol estabelecido no art. 7º da Constituição, são patrimoniais ou não. Mesmo os direitos que não implicam uma obrigação de pagar quantia certa ao trabalhador têm um impacto econômico para o empregador, como regra geral. Vamos exemplificar com o meio ambiente de trabalho. As obrigações previstas em lei, em sua imensa maioria, exceção feita aos adicionais legais, não implicam pagamento ao empregado, mas em adequação física do estabelecimento empresarial e compra de equipamentos de proteção individual, que geram inegável custo, e nem por isso podem ser flexibilizados.

Agora um exemplo que, a nosso ver, desautoriza por inteiro a tese: o salário mínimo. Mesmo sem uma definição precisa do que seja patrimonial, creio inegável que se trate o salário mínimo de um direito trabalhista de natureza patrimonial. Ocorre, entretanto, que mesmo os defensores desta corrente doutrinária sustentam tratar-se de direito trabalhista inflexível.

A nosso ver, salvo melhor juízo, é insustentável a argumentação.

Por fim, a derradeira tese, mais restritiva, porém mais sólida, que aponta como objeto de flexibilização apenas os aspectos do vínculo de emprego expressamente indicados pelo constituinte nos incisos VI, XIII e XIV do art. 7º. Aqui não houve silêncio eloqüente ou omissão, mas uma clareza solar, que talvez esteja produzindo alguma cegueira.

A flexibilização tem seus limites fixados na Constituição — incisos VI, XIII e XIV do art. 7º e em seu próprio *caput*, que alberga o princípio da proteção ao trabalhador —, no princípio da participação obrigatória dos sindicatos na negociação coletiva (art. 8º, VI) e nos demais direitos e garantias fundamentais, dentre os quais destacamos o princípio da igualdade material e o princípio da dignidade da pessoa humana.

O reconhecimento dos acordos e convenções coletivas de trabalho é mais um aspecto da proteção ao trabalhador, insculpido na forma do princípio da proteção, e não pode ser interpretado isoladamente, como vem sendo feito de forma equivocada, de maneira a justificar — tudo em nome da autonomia privada coletiva — o desmonte dos direitos trabalhistas e, conseqüentemente, dos direitos e garantias fundamentais da classe trabalhadora.

Pode até não parecer, mas os limites constitucionais da flexibilização, à luz da quarta corrente doutrinária, que abraçamos, é mais ampla do que aparenta à primeira vista.

Com efeito, quando a Constituição permite a flexibilização mediante redução salarial, deve-se entender que o termo salário alberga todas as parcelas de natureza salarial, que são aquelas pagas como contraprestação pelo serviço prestado. Logo, podem ser reduzidas pela via negocial o salário básico, as comissões, percentagens, gratificações ajustadas, diárias para viagem e abonos pagos pelo empregador,[5] as prestações *in natura* que a empresa, por força do contrato ou do costume, fornecer habitualmente ao empregado,[6] o adicional noturno,[7] a vantagem paga ao bancário pela venda de papéis ou valores mobiliários de empresas pertencentes ao grupo econômico[8], a gratificação por tempo de serviço,[9] a verba quebra-de-caixa[10] etc.

E não poderia ser de outra forma, pois, em contrapartida, a irredutibilidade salarial abrange não apenas o salário fixo, mas todas as demais parcelas de natureza salarial. Entendemos que o objeto da irredutibilidade salarial (inciso VI, art. 7º, da CF) é o mesmo da redutibilidade salarial mediante negociação coletiva (inciso VI, art. 7º, da CF), mesmo porque, a regra geral (irredutibilidade) não pode ter objeto distinto da exceção (redutibilidade), sob pena de se ferir a lógica.

A negociação coletiva, no caso dos salários, encontra barreira intransponível no valor do salário mínimo, pois se pudesse ser reduzido deixaria de ser mínimo. Ademais, trata-se de parcela que tem por objetivo garantir as necessidades vitais básicas, ou seja, a própria sobrevivência do trabalhador e de sua família, sendo, portanto, inalienável e inegociável. Qualquer outra interpretação levaria ao absurdo de se admitir a alienação da própria sobrevivência e da dignidade. Isto nem tanto pelo insuficiente valor do salário mínimo, mas pelo seu valor jurídico.

Outra parcela de natureza salarial que não pode ser objeto de flexibilização é o adicional de hora extra, que a própria Constituição taxou em, no mínimo, 50% (art. 7º, XVI).

Em relação à limitação da jornada de trabalho em 8 horas diárias e 44 semanais (art. 7º, inciso XIII), é interessante observar que a Constituição permite a flexibilização sob a forma de compensação, mas não autoriza a ampliação pura e simples da jornada. É bem verdade que previu horas extras e fixou em 50% o adicional respectivo (art. 7º, inciso XVI), o que não pode ser confundido com a possibilidade de prorrogação rotineira da jornada de trabalho.

Com efeito, o conceito de hora extraordinária pressupõe, obviamente, uma situação de excepcionalidade, que não pode ser confundida com a prorrogação habitual da jornada. Está claro que o trabalho extraordinário não pode, ainda que por acordo ou por convenção, ser transmudado em ordinário, logo, o *caput* do art. 59 da CLT, que permite a prorrogação habitual da jornada de trabalho, em duas horas diárias, mediante acordo individual de trabalho ou negociação coletiva, não foi recepcionado pela Carta de 1988.

A nosso ver, a regra geral de que a flexibilização deve decorrer da negociação coletiva tem por exceção a compensação da jornada de trabalho, porquanto a possibilidade foi tratada conjuntamente com a redução da jornada; e seria absurdo exigir negociação coletiva para viabilizar a redução pura e simples da jornada de trabalho. Ademais, quando o constituinte quis se referir à negociação coletiva, o fez expressamente (vide art. 7º, inciso XIV, e art. 8º, inciso VI) ou usando os termos "acordo coletivo" ou "acordo coletivo de trabalho" (art. 7º, incisos VI e XXVI), diferentemente do que fez na hipótese da compensação de jornada, quando se referiu a "acordo ou convenção coletiva de trabalho" (art. 7º, inciso XIII), abrangendo desta forma o acordo individual e o coletivo de trabalho, além da convenção coletiva.

Por fim, ao permitir a flexibilização da jornada de trabalho nos turnos ininterruptos de revezamento, a Constituição não autorizou a extrapolação dos limites diário e semanal da jornada de trabalho expressos no inciso XIII do art. 7º, que são 8 horas diárias e 44 horas semanais.

6. A ampliação das hipóteses de flexibilização e a legislação ordinária

Definido que os lindes da flexibilização são as hipóteses expressamente previstas nos inciso VI, XIII e XIV da Constituição Federal, além dos princípios da proteção (*caput* do art. 7º), da igualdade material (art. 5º), da dignidade da pessoa humana (art. 1º, III) e demais garantias e direitos fundamentais pertinentes, surge o seguinte questionamento: a ampliação das hipóteses de flexibilização depende de lei? Entendemos que, considerando-se a amplitude do termo salário e das questões que envolvem a limitação da jornada, não se faz necessária lei ordinária para a flexibilização envolvendo tais direitos, desde que utilizados em prol do trabalhador e não como instrumento vulgar de desmonte do Direito do Trabalho.

Nossa legislação já é bastante flexível, e essa tendência já vem desde a década de 1960, quando o FGTS aboliu, na prática, a estabilidade no emprego e inaugurou a era da denúncia vazia do contrato de trabalho. Nos últimos anos, as leis trabalhistas aprovadas tiveram cunho flexibilizante, pouco ou quase nada se avançou em termos de ampliação de direitos dos trabalhadores, já que as poucas leis aprovadas com esse escopo simplesmente reproduziram avanços já consagrados pela jurisprudência trabalhista. Um pequeno exercício de memória é suficiente para demonstrar nossa afirmação. Vejamos: A recente Lei de Falências (Lei nº 11.101, de 9 de fevereiro de 2005) flexibilizou a proteção ao salário até então existente em caso de falência do empregador ao restringir o privilégio do crédito trabalhista ao limite de 150 salários mínimos. A legislação revogada estendia a proteção à totalidade do crédito trabalhista. O retrocesso foi inegável. A Medida Provisória nº 2.164-41, de 24 de agosto de 2001, instituiu o "banco de horas", que flexibilizou a compensação de jornada, dando-lhe uma periodicidade anual. A mesma Medida Provisória instituiu o regime de tempo parcial, que flexibiliza a jornada de trabalho e o correspondente salário. A Lei nº 11.180, de 23 de setembro de 2005, que disciplina a aprendizagem, com direitos trabalhistas reduzidos em relação ao contrato de trabalho comum. A Lei nº 10.243, de 19 de junho de 2001, que ampliou as hipóteses em que as parcelas *in natura* não integram o salário do empregado. Os exemplos são muitos, mas paramos por aqui, para não nos tornarmos cansativos.

7. A compensação específica de vantagens para validar a flexibilização

Outra questão: é necessária compensação específica de vantagens para se admitir redução de direitos? Acreditamos que não, deixando claro, porém, que não se pode utilizar, voltamos a insistir, a flexibilização como instrumento de desregulamentação do trabalho. Não se pode aceitar que o sindicato, em nome dos representados, abra mão de direitos assegurados por lei, fruto de conquistas históricas. Só se abre mão de um direito, principalmente alheio, em troca de outro, isto é, de alguma vantagem.

Não é necessário que a convenção ou o acordo coletivo traga expressamente os seguinte dizeres: tal direito está sendo reduzido em troca deste outro. Entretanto, é necessário verificar se o instrumento normativo como um todo (teoria do conglobamento) traz alguma vantagem para os trabalhadores.

Assim como não se pode presumir que todo instrumento coletivo de flexibilização seja nulo, também não se pode presumir que todo instrumento flexibilizante traga alguma vantagem para o trabalhador. A utilização, bastante comum na jurisprudência, da teoria do conglobamento pressupõe uma vantagem para o empregado na utilização do instrumento normativo. Parece óbvio também que o empregador tem de saber pelo menos aduzir que vantagem é essa e demonstrá-la, sob pena de se acolher a tese da nulidade do ajuste coletivo. Se nem o empregador consegue indicar a contrapartida do empregado, aí sim, é lícito presumir que tal contrapartida não existe.

Nos parece claro, também, que a vantagem produzida pela negociação que resulta em flexibilização de algum direito tem de ser considerada à luz da circunstância específica do caso concreto. Exemplificando: a redução dos salários dos empregados de uma indústria em estado pré-falimentar em garantia dos empregos parece um ajuste vantajoso do ponto de vista dos empregados dessa indústria.

8. Os aspectos formais da flexibilização

Uma questão da maior importância, mas que costuma passar ao largo das preocupações dos operadores do direito, tem a ver com os requisitos formais de validade das convenções e acordos coletivos com cláusulas de flexibilização.

A flexibilização, como regra geral, deve decorrer de negociação coletiva, que conta com a participação do sindicato representativo da categoria profissional. A validade dessa negociação não pode prescindir de certos aspectos formais que dão segurança e legitimam a atuação do sindicato.

Assim, não é valida a flexibilização, salvo as hipóteses excepcionais previstas em lei, sem a participação da entidade sindical (art. 8º, VI, da CF). Da mesma forma, não é válida a flexibilização quando o instrumento normativo for entabulado por sindicato profissional ilegítimo para representar os trabalhadores atingidos. A negociação coletiva tendente à flexibilização deve observar, além dos estatutos da entidade sindical, os requisitos legais, como os arts. 612/614 da CLT. Os editais de convocação e as respectivas Assembléias devem ser válidos, isto é, devem ser publicados regularmente em todos os municípios que compõem a base territorial da entidade e a categoria deve ser bem informada sobre o que está votando. A Assembléia deve ser representativa, não se admitindo o comparecimento irrisório de interessados, pois tal ausência demonstra o desinteresse da categoria com a negociação.

Em resumo, todos os vícios que maculam a legitimidade dos sindicatos para o ajuizamento de dissídios coletivos, em princípio, também maculam a negociação que resulta em flexibilização das condições de trabalho.

Notas

1. *Apud*, Nazaré Sidrim Nassar, Rozita. *Flexibilização do Direito do Trabalho*, São Paulo: Ltr, 1991, p. 19.
2. Ob. cit. p. 20.
3. Mascaro Nascimento, Amauri. *Curso de Direito do Trabalho*, São Paulo, Saraiva, 2001, p. 139.
4. *A Convenção Coletiva entre as Fontes de Direito do Trabalho*, Almedina-Coimbra, 1984, p. 45.
5. *Vide* art. 457, § 1º, da CLT.
6. *Vide* art. 458 da CLT.
7. *Vide* Súmula nº 60/TST.
8. *Vide* Súmula nº 93/TST.
9. *Vide* Súmula nº 203/TST.
10. *Vide* Súmula nº 247/TST.

Limites da Vontade Coletiva, Diante da Constituição e da Lei

GELSON DE AZEVEDO
Ministro do Tribunal Superior do Trabalho

Sumário

1. Introdução
2. Correntes doutrinárias e jurisprudência
3. Conclusão

1. Introdução

Acordos coletivos, convenções coletivas e transações em ações coletivas têm sido celebrados, em que as categorias profissionais dispõem de direitos estabelecidos na Constituição Federal e na lei.

Exemplos

I. Já apreciados pelo TST:
   a) Ausência de registro de horário (art. 74, § 2º, da CLT);
   b) Hora noturna com 60 minutos, sem alteração do adicional de 20% (SDC – art. 73, § 1º, da CLT);
   c) Horas do segundo motorista não remuneradas;

d) Revisão das decisões que fixaram condições de trabalho, somente após dois anos de vigência, diante de mudanças das circunstâncias que as inspiraram (SDC, art. 873, da CLT);
e) Hora *in itinere* padronizada em uma hora (vinculação: Súmula nº 90/TST);
f) Turnos de trabalho 12 x 36 em hospitais;
g) Dilação do prazo para registro do contrato de trabalho na CTPS (SDC – art. 29 da CLT);
h) Natureza indenizatória da ajuda-alimentação;
i) Credenciamento de portuários conferentes de carga e dobra de turnos de trabalho.

II. Outras hipóteses noticiadas, mas que não ascenderam ao TST:
a) Troca da segunda parcela do décimo terceiro salário por garantia contra despedida sem justa causa pelo período de seis meses;
b) Compensação de folgas e de faltas injustificadas, no período aquisitivo, com trabalho nas férias, desde que não excedente ao período de dez dias, previstos como de possibilidade de abono (art. 143 da CLT, c/c art. 130, § 1º, da CLT);
c) Adicional de risco portuário/complessividade independentemente de intermitência ou habitualidade;
d) Em agroindústria, aceitação de existência de duas categorias diversas – industriários e rurais —, com fixação de tempos diferenciados à disposição *in itinere*, e com vantagens diversas.

O Ministério Público, diante de tais eventos, tem ajuizado ações de natureza anulatória nas duas primeiras hipóteses (acordo coletivo e convenção coletiva), ou interposto recurso ordinário, na última hipótese referida (transação, se homologada pelo Tribunal Regional competente), das cláusulas respectivas, objetivando seu desfazimento, por contrariarem, tais cláusulas, normas constitucional ou legais.

Tem ocorrido, ainda:

I. Recusarem-se o Tribunal Regional ou o Tribunal Superior do Trabalho a homologar ditas cláusulas ou, ainda, este último, em sede de recurso ordinário interposto pelo Ministério Público ou pelas partes, acolher a pretensão anulatória.

II. Ajuizar o empregado ação individual, objetivando a garantia do direito assegurado na Constituição e na lei, sustentando que a vontade coletiva, na espécie, há de subordinar-se a elas.

2. Correntes doutrinárias e jurisprudência

Sobre os limites do poder de disposição dos direitos trabalhistas, pela vontade coletiva, diante da vontade social expressa na Constituição e na lei, há duas correntes doutrinárias e jurisprudenciais, a saber:

I. **Prevalência da vontade coletiva**, por força do que se dispõe o art. 7º, XXVI, da CF/88.
Ou seja: o direito do trabalhador ao reconhecimento dos acordos e convenções coletivos é garantia constitucional de hierarquia igual a dos direitos de que se estaria a dispor. Logo, uma vez manifestada a vontade da categoria, esta há de prevalecer, sob pena de não ter sentido o dispositivo constitucional referido. Tal prevalência, mister se diga, somente pode ser entendida como dirigida a terceiros, uma vez que a observância pelos sujeitos contratantes decorre do princípio *pacta sunt servanda*. Por outro lado, reduzir tal reconhecimento a hipóteses não previstas constitucional ou legalmente seria subestimar a norma constitucional correspondente, deixando à liberdade da categoria faixa muito estreita de deliberação, restrita, por certo, a circunstâncias menores das relações de trabalho.

II. **Prevalência da norma constitucional ou legal**, por força do que se dispõe no art. 7º, XIII e XIV, da Constituição Federal de 1988.
Ou seja: a Constituição, diante de tantos direitos que assegura ao trabalhador, admite poder de disposição por manifestação de vontade coletiva apenas em relação à jornada de trabalho e à redutibilidade do salário, o que significa dizer não o admitir em relação às demais hipóteses contidas no seu art. 7º. Em outras palavras: a interpretação da norma excepcional deve ser feita de forma restritiva.

Os defensores da primeira corrente contra-argumentam no sentido de que, podendo a vontade coletiva dispor dos dois direitos mais significativos para o trabalhador — salário e carga horária de trabalho — certamente poderá dispor dos direitos de menor significação. Isto é: podendo o mais, poderá o menos.

Cito, ainda, por demasiado, uma **corrente que denomino intermediária**, segundo a qual a vontade coletiva encontraria limite de disposição em relação aos direitos assegurados na Constituição Federal, não, porém, em relação aos direitos assegurados em lei.

Brevíssima análise da primeira corrente enseja a constatação de que nela não se distinguem direitos patrimoniais de direitos não-patrimoniais e de que nela se defende, sem restrições, a prevalência da norma contratual sobre a norma constitucional ou legal, o que, acredito, estaria assegurado no inciso XXVI do art. 7º mencionado.

Analisando com mais vagar, a segunda corrente, constato que, na essência, fundamentam-se seus defensores em três princípios basilares do Direito do Trabalho:

a) a irrenunciabilidade dos direitos trabalhistas.

Ou seja, as normas trabalhistas são de ordem pública. Logo, o interesse a tutelar por meio delas pertence diretamente ao trabalhador, mas indiretamente à sociedade. Dele, portanto, o trabalhador não poderia dispor, uma vez que estaria ferindo, embora indiretamente, o interesse da sociedade;

b) vício presumido do consentimento.

Ou seja: gozando os direitos trabalhistas de tutela constitucional e legal, a manifestação de vontade pela qual o trabalhador a eles renuncia presume-se viciada por erro, dolo ou coação ou mesmo simulação, dentre outras hipóteses, como estado de perigo, lesão ou fraude contra credores;

c) prevalência da norma mais benéfica.

Ou seja: a existência de duas normas a regular a mesma relação jurídica – uma constitucional ou legal e outra de natureza contratual, esta com o mesmo *status* daquela, diante da norma constitucional que lhe assegura o reconhecimento – levaria o julgador a optar pela mais benéfica, no caso, certamente a primeira.

3. Conclusão

Diante de tal contrariedade, permito-me reanalisar a questão sob diferente enfoque: sem renunciar aos princípios seculares do Direito do Trabalho, a eles dou o que denomino verdadeiro dimensionamento.

Assim:

a) **irrenunciabilidade não significa intransacionabilidade.**

Isto é: o que o respectivo princípio veda, no interesse da sociedade, é a renúncia, não, porém, a transação, tratando-se, por evidente, de direitos patrimoniais. Estes, por sua natureza, não estão necessariamente vinculados ao interesse social, circunstância que permite sejam transacionados. Registre-se, por demasia, que o acordo coletivo, a convenção coletiva e a transação realizada em ação coletiva resultam de ampla negociação, em que perdas e ganhos recíprocos têm presunção de comutatividade. Tal transação, de resto, vincula-se a uma vontade coletiva que manifesta um interesse também coletivo, notoriamente prevalentes (vontade e interesses coletivos) sobre vontade e interesses individuais.

b) **não se pode *presumir* vício de consentimento, tratando-se de vontade coletiva, manifestada em assembléia de trabalhadores.**

Pode-se, isto, sim, *provar* a existência de vício, por todos os meios legalmente admitidos, na forma do que dispõe no Código Civil, o que é circunstância totalmente diversa;

c) **tratando-se de direitos patrimoniais e pertinentes a categoria profissional, o conceito de *benéfico* não pode ser determinado por pessoa diversa da categoria profissional, tendo em vista o interesse coletivo.**

Registre-se que o mesmo não ocorre em relação aos direitos não-patrimoniais, cujo interesse de preservação é social e não, individual.

Analise-se, por exemplo, a hipótese acima mencionada, de troca do valor da segunda parcela do décimo terceiro salário por garantia contra despedida sem justa causa.

A aceitação da proposta, pelos empregados, observados os trâmites legais próprios à existência, validade e eficácia da manifestação da vontade coletiva, implica transação, com vício de consentimento **presumidamente** inexistente, diante do entendimento de ser mais benéfica a garantia ao emprego do que o valor pertinente à segunda parcela do décimo terceiro salário.

Hipótese diversa, no sentido de que a alegação e demonstração de dificuldade financeira da empresa não representava a verdade — erro, por exemplo —, permitiria ao Sindicato da categoria profissional ajuizar ação anulatória do acordo realizado, como previsto em lei em relação aos negócios jurídicos em geral.

O que se afirma é a inexistência de presunção de vício, na manifestação de vontade pelo empregado; não porém, a inexistência de vício, vício a ser provado na forma da lei.

Em face do exposto — transacionabilidade dos direitos patrimoniais, porque alheios ao interesse da sociedade; inexistência de presunção de vício de consentimento e impossibilidade de determinar-se os limites do conceito de benéfico, na circunstância concreta dos trabalhadores, ao que acresce a noção de que o acordo e a convenção coletivos devem ser compreendidos em seu conjunto de normas, a presumir comutatividade — pode-se estabelecer que, ressalvados os direitos estabelecidos na Constituição e na lei pertinentes à higidez física e mental do trabalhador (férias, repouso semanal remunerado, intervalos para descanso durante a jornada etc.) e ao interesse de terceiros (FGTS, contribuições previdenciárias e fiscais etc.), os demais, de natureza patrimonial, podem ser objeto de livre disposição transacional pela vontade coletiva.

É o que penso.

Parte VI

O Trabalho Intelectual e Artístico e a Contratação entre Pessoas Jurídicas

O Trabalho Intelectual e Artístico e a Contratação entre Pessoas Jurídicas

JOSÉ LUCIANO DE CASTILHO PEREIRA
Ministro do Tribunal Superior do Trabalho

Sumário

1. A cultura como produto do trabalho humano
2. A nova ordem econômica do século XIX
3. O novo papel do Estado
4. A situação do trabalhador com a Revolução Industrial
5. O surgimento do Direito do Trabalho
6. O papel do Estado no fortalecimento do Direito do Trabalho
7. O mundo do trabalho no Brasil
8. O art.129 da Lei nº 11.196/05
9. Conclusão

1. A cultura como produto do trabalho humano

Começo dizendo que a cultura é resultado do trabalho humano.

Mas pode este conceito de cultura abrigar todas as formas do livre trabalho humano?

Tenho comigo, repetindo lição que aprendi do professor Edgar da Mata Machado, que cultura é o acréscimo que o homem faz à natureza.

O terreno sobre o qual este prédio está construído é obra da natureza; mas o prédio que estamos utilizando é trabalho do homem.

É trabalho de que homem?

De todos os que fizeram este acréscimo à natureza, desde aquele que elaborou o projeto arquitetônico até o mais humilde operário, que nunca passou de servente desta construção civil.

Por aí se constata que a cultura — enquanto fruto do trabalho do homem — tem substancial vínculo complementar com a ação de cada um, em ordem à obra a ser executada.

O trabalho de cada um complementa o do outro. Se é verdade que somente com o servente a obra não seria feita, é igualmente incontestável que o arquiteto, sozinho, não a executaria.

A obra da cultura é, pois, resultado da cooperação no trabalho, nela ficando impressa a marca da dignidade humana.

2. A nova ordem econômica do século XIX

No século XIX, a produção, cada vez em escala maior, alterou profundamente as relações existentes entre o detentor do capital — dinheiro e máquinas — e o que tinha de colocar toda sua força de trabalho a serviço dos novos empreendimentos industriais.

Em ordem à produção e à produtividade, a máquina foi ficando mais importante do que o trabalho humano, que foi sendo transformado em mercadoria cada vez mais descartável.

E com o inesgotável crescimento da automação a produção passou a atingir níveis inimagináveis:

Quem produz tem de vender.

Quem vende precisa ter lucros.

Para aumentar os lucros é preciso produzir com custos cada vez mais baixos.

E assim o capitalismo, gestado no final da Idade Média, e que ganhou extraordinária importância a partir do final do século XV, com o mercantilismo, vai cada vez menos precisando da força do Estado, que deveria se afastar da vida econômica, pois esta teria suas leis próprias, inderrogáveis por ato estatal.

3. O novo papel do Estado

Ao Estado restou o dever de assegurar o livre-comércio, bem como garantir a estabilidade dos contratos – "*pacta sunt servanda*" —, fundamental à vida econômica.

Foi o resultado do soprar dos ventos da Revolução Francesa que conduziu à estruturação do Estado Liberal. O Estado do "*laissez-passer, laissez-faire*".

O Capitalismo, para seu desenvolvimento, precisa, substancialmente, da santificação do contrato. Daí ensinar Sílvio Rodrigues, invocando lição de Santiago Dantas, que o Direito Contratual foi um dos instrumentos mais eficazes da expansão capitalista, no século XIX.[1]

É também o que pensa Arnold Wald, ao lembrar que a marcha do mundo para o individualismo levou os homens à divinização do contrato, anotando que George Sorel, nos seus estudos sobre o pragmatismo, reconheceu que houve tempo em que se considerava o **direito comercial, que unia os povos, como uma espécie de *direito natural*.**[2]

Como leciona Humberto Theodoro Júnior, o contrato deveria ser respeitado, pois as operações econômicas precisavam lidar com situações previsíveis e calculáveis. Não era concebível que o negócio livremente pactuado pudesse ser revogado por uma das partes, ou mesmo ser alterado ou revisto pelo judiciário, que apenas podia ser invocado para, coativamente, fazer cumprir o contrato.[3]

Assim, foi acabando o espaço para se descobrir alguma função social no contrato.

4. A situação do trabalhador com a Revolução Industrial

No quadro que está sendo traçado, o trabalhador foi passando a valer apenas como peça da engrenagem econômica; enquanto homem, passou a valer cada vez menos.

Aqui, vale transcrever a informação de Eric J. Hobsbawn:

> Sem dúvida, os trabalhadores comuns da maior parte da Europa pré-industrial acreditavam que tinham ou que podiam exigir certos direitos. E mais, mesmo quando esses direitos não eram reconhecidos como legalmente válidos perante as cortes das autoridades governamentais, e eles podiam sê-lo ou não, algumas dessas

prerrogativas eram moralmente aceitas até mesmo pelos governos e pelas classes dominantes. Desta forma, o preâmbulo do Estatuto dos Artífices do período elisabetano, em 1563, nitidamente considerava como sendo dever do Estado "banir a indolência, incentivar a lavoura e garantir aos empregados salários proporcionalmente convenientes, tanto nos tempos de escassez quanto nos tempos de fartura". Este pensamento fazia parte da "economia moral" que E. P. Thompson discutiu tão bem. Baseava-se numa visão geral do que constituía uma ordem social justa, e sabemos que ele parecia legitimar não só certas exigências e expectativas dos trabalhadores pobres, mas, na medida em que esta prerrogativa moral fosse infringida, também suas rebeliões contra essa infração. Assim, na década de 1790, os nobres e os senhores proprietários que monopolizavam o solo da Inglaterra fizeram o possível para garantir aos pobres do meio rural uma renda mínima ou uma previdência social através da modificação da Lei dos Pobres, quando a expansão da miséria no meio rural pareceu atingir proporções fora de qualquer precedente ou propósito. (Não estou discutindo aqui os efeitos de sua iniciativa, mas suas intenções.) Novamente, quando os trabalhadores desempregados e empurrados para a miséria começaram a destruir as máquinas debulhadoras que lhes roubavam seu principal emprego de inverno, muitos dos pequenos nobres (*gentry*) foram mais que compreensivos com eles: Sir B. Bunbury, baronete, chegou a mandar circulares a todos os seus arrendatários em East Anglia, em 1822, solicitando-lhes que não empregassem estas máquinas, e ele não foi o único. Eles também, na medida em que, na condição de magistrados, tivessem de julgar processos por destruição de equipamento, tratavam os acusados com notável clemência. [4]

Mas, como já pontuado, esse humanismo foi sendo devorado a partir da segunda metade do século XIX, pelo capitalismo selvagem, que foi substituindo a busca da felicidade humana pela incessante procura do lucro.

Surge grande agitação cultural em busca de uma solução do impasse cada vez maior entre a certeza de que não era possível interromper o progresso e a busca de um caminho garantidor da vida humana dos trabalhadores.

Crescia, assim, a chamada questão social.

E foi sendo descoberto que a máquina era uma inimiga do trabalhador, pois tomava seu emprego.

É deste tempo o **ludismo**, que levou operários ingleses a, mascarados, quebrarem máquinas das fábricas.

Muitos movimentos foram surgindo, como o anarquismo, o comunismo, a Doutrina Social da Igreja, sendo que esta ganhou importância com a encíclica **Rerum Novarum**, na busca de uma saída para o impasse crescente gerado por um capitalismo cada vez mais selvagem.

Mas antes que um caminho fosse aberto estourou a Primeira Guerra Mundial, quando se viu, pela primeira vez, em escala gigantesca, o poder de destruição da nova tecnologia, que não mostrou o menor respeito pela dignidade de todos os homens.

5. O surgimento do Direito do Trabalho

É neste quadro que foi surgindo um direito novo — o Direito do Trabalho —, pois o Direito de então não tinha resposta para a normatização daquela nova realidade, que parecia conduzir todos à plena barbárie.

O Direito do Trabalho foi se estruturando dentro do sistema capitalista, como ensina Maurício Marinho Delgado, tendo as seguintes funções:

a) a melhoria das condições de pactuação da força de trabalho, na ordem socioeconômica, com caráter modernizante e progressista;
b) uma função civilizatória e democrática.
c) mas tendo nascido dentro do capitalismo é acusado de ter função conservadora, na medida em que ele é legitimador da parte social do mundo capitalista.

Neste caso, lembra o juiz e professor mineiro que:

> na verdade, o divisor aqui pertinente é o que identifica dois pólos opostos: no primeiro, o capitalismo sem reciprocidade, desenfreado, que exacerba os mecanismos de concentração de renda e exclusão econômico-social próprios ao mercado; no segundo pólo, a existência de mecanismos racionais que civilizam o sistema socioeconômico dominante, fazendo-o bem funcionar, porém adequado a parâmetros mínimos de justiça social.[5]

O Direito do Trabalho, portanto, surgiu para humanizar as relações de trabalho.

E o Direito do Trabalho tem sido o grande instrumento que as democracias ocidentais encontraram para integrar o ser humano ao sistema socioeconômico, especialmente daqueles cujo único patrimônio é sua força de trabalho.

6. O papel do Estado no fortalecimento do Direito do Trabalho

O fundamentalismo que presidia o "**laissez-passer, lassez-faire**" começou a ser questionado, pelo mundo selvagem que ele criava, num perigoso clima de extraordinária competição e de desumana exclusão social, como já indicado acima.

Na teoria, a certeza da não-intervenção do Estado começou a ser flexibilizada, por exemplo, com a divulgação do pensamento de John Stuart Mill e, especialmente — já no princípio do Século XX — com a força das idéias de Keynes. Mas o intervencionismo keynesiano somente passou a ser quase obrigatório com a gravíssima crise que explodiu em 1929 e que fez o liberalismo ortodoxo perder toda a força.

Maurício Godinho Delgado assim sintetiza este período do capitalismo, convivendo com o intervencionismo estatal:

> Uma política pública intervencionista, apta a garantir o equilíbrio, a estabilidade e o crescimento econômico, assegurando o ganho empresarial em face da combinação de fatores como a ampliação permanente do mercado, a renovação tecnológica e o financiamento a custo razoável, tudo permitindo a contrapartida empresarial e de todo o conjunto do sistema no sentido de assegurar a participação consistente dos trabalhadores nos benefícios conquistados pelo sistema econômico. Um círculo virtuoso, portanto, de crescimento e distribuição de renda à base do emprego e da correspondente retribuição material e cultural assegurada a esta.[6]

Foi o que aconteceu nos Estados Unidos, com o New Deal, quando forte foi a intervenção estatal, em ordem ao reerguimento econômico e social da combalida nação americana, como ensina Paul Singer.[7]

Assim foi se estruturando o Estado do Bem-Estar Social, no qual o termo *desenvolvimento* não tinha conotação puramente econômica e tudo acontecia dentro do capitalismo.

Como se sabe, a partir do fim da Segunda Guerra Mundial começou a Guerra Fria, que, maniqueisticamente, dividiu o mundo em duas partes.

Isso fez com que no mundo ocidental — do lado de fora da chamada Cortina de Ferro — o social ficasse cada mais forte, para demonstrar aos trabalhadores que do lado de cá a vida era muito melhor do que pregavam os ateus comunistas.

Nesse tempo é que se fortaleceu o Direito do Trabalho, na mesma linha de suas origens. Mas em meados dos anos 1970, como conseqüência de grave crise mundial, o liberalismo ortodoxo foi, de novo, ganhando força. E, em 1990, com o esfacelamento do mundo soviético, com sua visão marxista assim se manifestou Eric Hobsbawn:

> O principal efeito de 1989 é que o capitalismo e os ricos pararam, por enquanto, de ter medo. Tudo o que fez com que a democracia ocidental valesse a pena para seus povos — previdência social, o estado de bem-estar social, uma renda alta e crescente para os trabalhadores, e sua conseqüência natural, a diminuição da desigualdade social e a desigualdade de oportunidades — resultou do medo. Medo dos pobres e do maior e mais bem organizado bloco de cidadãos dos Estados industrializados — os trabalhadores; medo de uma alternativa que existia na realidade e que podia realmente se espalhar, notavelmente na forma do comunismo soviético. Medo da instabilidade do próprio sistema. Isto preocupou as mentes dos capitalistas ocidentais nos anos 1930. Medo do bloco socialista, tão dramaticamente ampliado depois de 1945 e representado por uma das duas superpotências, manteve-os preocupados após a guerra. O que quer que Stalin tenha feito aos russos, ele foi bom para o povo comum do Ocidente."[8]

Lamentavelmente, eram proféticas as palavras de Hobsbawn.

Rapidamente, no mundo do trabalho caminhamos de volta ao final do século XIX. O trabalhador voltando a ser tratado como simples e descartável mercadoria, e a intervenção do Estado, em ordem à justiça das relações contratuais, voltando a ser vista como indébita interferência nas rígidas e inderrogáveis leis do mercado.

Não é mais a justiça social que se procura, mas o lucro, que passa a ser a única razão de ser de todas as atividades.

7. O mundo do trabalho no Brasil

Como é sabido por todos, durante quatro séculos a economia brasileira, totalmente voltada para o exterior, esteve fundamentada no trabalho escravo.

A abolição formal da escravidão ocorreu em maio de 1888. Mas o regime da escravidão foi seguido por uma precarização do trabalho humano, do qual, de modo efetivo, o Estado somente começou a cuidar a partir da Revolução de 1930.

Muitas são as leis trabalhistas que foram surgindo, demonstrando uma enorme preocupação com a questão social.[9]

Finalmente, em 1943, surgiu a Consolidação das Leis do Trabalho, que, mais do que reunir a legislação existente, deu uma certa sistematização ao mundo jurídico trabalhista no Brasil. Com isto não se está dizendo — deve ser repetido — que todo movimento trabalhista tenha começado, no Brasil, a partir de 1930.

O que registro é que são muito recentes os estudos sobre a classe operária brasileira, como anotaram em 1979, Paulo Sérgio Pinheiro e Michael M. Hall:

> Não seria exagerado dizer que a história da classe operária no Brasil está na sua primeira infância. Em parte essa situação decorre de um problema de fontes; não há, por exemplo a nosso conhecimento, memórias de operários no período nem biografias de operários, ainda que de militantes existam algumas.[10]

De qualquer forma, devem ser fixados alguns pontos:

a) a intervenção do Estado, na elaboração das leis trabalhistas no Brasil, ocorreu quando isto acontecia em vários lugares do mundo, especialmente nos Estados Unidos da América;

b) nossas leis trabalhistas são herdeiras dos movimentos sociais que visavam humanizar o capitalismo; logo elas não surgiram como fruto de uma revolução, no sentido estrito;

c) elas não são herdeiras do fascismo italiano, salvo, como lembra Evaristo de Moraes Filho, na organização sindical, que, substancialmente, é a mesma até hoje.[11]

d) A CLT, entretanto, não se aplicava plenamente aos trabalhadores rurais. Para estes a legislação trabalhista somente chegou em 1963, com o Estatuto do Trabalhador Rural;

e) com esta legislação trabalhista, o Brasil, de 1930 a 1980, teve extraordinário desenvolvimento industrial, chegando a ser a oitava economia industrial do mundo. É o que, reiteradamente, tem ensinado Márcio Pochmann.[12]

Mas as novidades do final do século XIX também começaram a chegar por aqui a partir dos anos 1980.

Começamos também a repetir o que se dizia no "primeiro" mundo — já que quase nula tem sido nossa consciência crítica — de que era preciso diminuir o tamanho do Estado; era necessário restabelecer a santidade dos contratos e, quanto aos contratos de trabalho, somente valeriam os que fossem negociados entre empregados e empregadores.

Começamos a debitar à lei trabalhista — enquanto interferência do Estado na vida econômica — a culpa pela informalidade e pelo desemprego.

As palavras desregulamentação e flexibilização ocupam todos os espaços, significando um passo decisivo à modernidade e ao desenvolvimento.

O resultado prático, como é conhecido, tem sido o contrário do apregoado: menos desenvolvimento econômico e mais precariedade no mercado de trabalho.

As mesmas teses do período anterior a Keynes voltaram a ser sustentadas visando afastar a lei trabalhista das relações de trabalho, que somente pelas partes poderiam ser conduzidas, segundo as inflexíveis leis do mercado, como aqui já pontuado.

O capital luta por conseguir segurança jurídica, mas esta é negada ao trabalhador, que, a qualquer momento, e sem qualquer motivação, pode ser despedido, caindo no limbo dos milhões de brasileiros à procura de um emprego, cada vez mais difícil e mais precarizado.

Afirma-se que o emprego está acabando ao mesmo tempo em que cresce o trabalho informal e, dramaticamente, aumenta o trabalho infantil.

E, como se sabe, ser desempregado no Brasil não é o mesmo do que estar sem emprego na Europa, já que entre nós é mínima a rede de seguridade social.

8. O artigo 129 da Lei nº 11.196, de 21/11/05

Feitas estas considerações gerais na busca de estabelecer o contexto segundo o qual se está cuidando das relações de trabalho no Brasil, passo ao exame do tema central deste painel, que é o exame do art. 129, supramencionado.

Diz o art. 129:

> *Para fins fiscais e previdenciários, a prestação de serviços intelectuais inclusive os de natureza científica, artística ou cultural, em caráter personalíssimo ou não, com ou*

sem a designação de quaisquer obrigações a sócios ou empregados de sociedade prestadora de serviços, quando por esta realizada, se sujeita tão-somente à legislação aplicável às pessoas jurídicas, sem prejuízo da observância do disposto no art. 50 da Lei nº 10.406, de 10 de janeiro de 2002 — Código Civil.

Mas o que estava acontecendo para que se cuidasse de tal dispositivo legal?

Afirma o professor Kiyoshi Harada que tal artigo afasta de vez a insegurança jurídica dos prestadores de serviços organizados em forma de pessoa jurídica, freando as tentativas do fisco de exigir-lhes obrigações tributárias próprias de pessoa física. Diz o eminente professor que a solução é justa, pois "não poderia a maioria dos prestadores de serviços organizados, legitimamente, em forma de sociedade, para trilhar o caminho tributário menos oneroso, continuar debaixo da espada de Dâmocles, por ação de uma minoria que comete abusos."[13]

Roberto Pasqualin sustenta que a grande taxa de desemprego e o alto custo para as empresas para contratar empregados, segundo o regime da CLT, fez surgir as PJs, "normalmente formadas por uma pessoa, o profissional que trabalha com 99,9% do capital, mais um parente que não trabalha e tem uma quota apenas para completar a sociedade". Ao emitir a nota fiscal pelos serviços que presta, o profissional contratado sob o regime PJ evita, para quem emprega, os altos encargos trabalhistas, tributários e previdenciários. Ao mesmo tempo reduz sua própria carga tributária agregada com o lucro presumido, PIS/Cofins cumulativos e isenção de IR na distribuição de lucros. A carga de 27,5% mais contribuição previdenciária do assalariado com carteira assinada cai para 12 a 15% para o profissional PJ que *dá nota*.

O que Pasqualin afirma é que o art. 129 dá um passo para a modernização e simplificação das relações de trabalho no Brasil, e quem está contra é porque não aceita a evolução, prendendo-se a dogmas distanciados de nossa realidade.[14]

Mas o mencionado dispositivo legal cuidou de relações trabalhistas regidas pela CLT?

Deve ser lembrado que havia um Parágrafo Único, que foi vetado pelo Presidente da República.

O parágrafo único estava assim redigido: "O disposto neste artigo não se aplica quando configurada relação de emprego, entre o prestador de serviço e a pessoa jurídica contratante, em virtude de sentença judicial definitiva decorrente de reclamação trabalhista."

E por que houve veto?

As razões para o veto são as seguintes:

O parágrafo único do dispositivo em comento ressalva da regra estabelecida no *caput* a hipótese de ficar configurada relação de emprego entre o prestador de serviço e a pessoa jurídica contratante, em virtude de sentença judicial definitiva decorrente de reclamação trabalhista. Entretanto, as legislações tributária e previdenciária, para incidirem sobre o fato gerador cominado em lei, independem da existência de relação trabalhista entre o tomador do serviço e o prestador do serviço. Ademais, a condicionante da ocorrência do fato gerador à existência de sentença judicial trabalhista definitiva não atende ao princípio da razoabilidade.

Mas onde está a modernização e a simplificação das relações de trabalho?

Nelson Mannrich, com a acuidade própria da formação do professor e do advogado, propõe a instigante questão:

Pode um empregado, por conveniência e de comum acordo com o empregador, optar por sujeitar-se à legislação própria das pessoas jurídicas? Em outras palavras: pode a empresa contratar serviços e não aplicar a legislação trabalhista pelo simples fato de o prestador apresentar-se como se pessoa jurídica fosse?

Lembra o Prof. Mannrich que, na doutrina tradicional, o fato de o empregado ocupar um posto de trabalho é suficiente para desencadear a aplicação da lei, afirmando em seguida:

por óbvio a doutrina moderna abandonou tal concepção anticontratualista, pela simples constatação de que embora o empregado não participe eventualmente da elaboração das cláusulas e condições contratuais — mesmo porque se encarregou o Estado da fixação do conteúdo mínimo e, assim, de ressaltar ainda mais a liberdade contratual, nessa relação desigual — o essencial é a livre manifestação de vontade.[15]

Mas a modernização, desta forma, é restabelecer o "**pacta sunt servanda**"? Se for esta a modernização não estaremos **de volta para o futuro**, mas caminhando a passos céleres para o final do século XIX.

Por tudo que disse até aqui, implantada esta regra da presumida liberdade de contratar e a sacralização do contrato, estaremos enterrando o direito do trabalho, que passará a primo pobre do direito econômico.

Nem se diga, no Brasil, que se tudo for negociado via Sindicato Profissional, a tutela legal passa a ser dispensada.

Como se sabe, entre nós, o mundo sindical nunca esteve tão fragilizado.

Mas é necessário dizer, ainda que brevemente, que também no Brasil é possível que empresa prove que aquele que para ela trabalha não é seu empregado.

Isto acontece, muitas vezes, com os representantes comerciais autônomos que comparecem à Justiça do Trabalho alegando a condição de empregado. Nesse caso, o juiz não decide pelo posto que ele ocupava, mas pela forma como o trabalho foi executado. A prova dirá se houve ou não relação de emprego. O mesmo acontece com aquele empregado eleito diretor. Enquanto diretor, o contrato ficou suspenso? Ainda aqui o juiz decidirá segundo a prova produzida.

Mas, neste tempo, não é possível prosseguir no debate, com propriedade, provocado pelo Prof. Mannrich, que conduziria ao novo Código de Trabalho de Portugal, que no seu art. 4º, 1, afirma que suas normas podem ser afastadas por instrumento de regulamentação coletiva de trabalho.

O direito legislado passou a facultativo, merecendo esta crítica do Professor João Leal Amado, da Universidade Coimbra:

> Diminuir a carga injuntiva da lei e conceder, do mesmo passo, espaços regulatórios alargados a interlocutores sindicais débeis poderá assim, a meu ver, revelar-se um caminho contraproducente. Os próximos tempos mostrarão se o *favor laboratoris* no âmbito do relacionamento entre a lei e a contratação coletiva, ainda sujeito a excepções várias, não terá de ser ressuscitado, enquanto princípio, pelo legislador do trabalho.[16]

Entre nós este tema é familiar, diante do debate, relativamente recente, sobre a reforma do art. 618/CLT. Mas voltemos ao discutido art. 129.

A professora e Juíza Alice Monteiro de Barros publicou importante obra *As Relações de Trabalho no Espetáculo*. Há um capítulo inteiro dedicado à seguridade social e aos artistas. Nele está informado o seguinte:

> Pesquisa realizada pela OIT, no domínio das atividades setoriais, levantou dados nos países industriais de economia de mercado, determinando o grau de proteção social assegurada aos trabalhadores ditos intermitentes, notadamente artistas, músicos, atores e outros trabalhadores do espetáculo.

Foi enviado um questionário a trinta países, mas só alguns responderam.(...) No levantamento dos dados, os pesquisadores enfrentaram dificuldades, entre as quais: a insuficiência ou a ausência de estatísticas e de um balanço de atividades sobre o nível de proteção dos artistas; a complexidade, em certos países, a respeito da legislação; a multiplicidade e a complexidade dos esforços sociais complementares e específicos adotados em favor dos artistas.[17]

Em todos os países pesquisados, cogita-se do trabalhador quanto à sua saúde, aos acidentes de trabalho, à ausência de trabalho, à aposentadoria, ou seja, uma preocupação que não é puramente imediatista e tributária.

Quanto ao Seguro Social para o artista, informa Alice Monteiro de Barros que, nos países que adotam o princípio do seguro social, o nível de cobertura é muito mais baixo para os artistas autônomos do que para os que são assalariados ...[18]

Claramente percebe-se que o Direito do Trabalho é dinâmico. Ele sempre deve estar procurando resolver situações novas, que, cada vez mais, surgem em escala geométrica. Mas se a reforma é trabalhista, é da pessoa humana do trabalhador que se deve tratar. Caso contrário estaremos fora do campo do Direito do Trabalho.

Retomo uma pergunta ainda não respondida: o citado art. 129 interfere no Direito do Trabalho? A resposta somente pode ser negativa, pois ele somente regula situações tributárias e previdenciárias.

Quanto ao Direito do Trabalho, nada mudou. Diante do caso concreto, o juiz dirá se existiu ou não a relação de emprego.

Mas a lei não deveria regular a situação particularíssima do trabalho intelectual e artístico? Sim, deveria. Mas isto não aconteceu com a Lei nº 11.196/05, no seu art. 129.

Enquanto isto, conviveremos com os PJs — boa parte falsas pessoas jurídicas — repudiados até pelo referido art. 129.

Reconheço que a lei trabalhista brasileira é a mesma para o alto e para o humilde empregado. Isto é uma extraordinária dificuldade que, às vezes, não pode ser superada nem pelo bom senso do juiz.

A realidade também diz que para o grande artista, com altos salários, é possível que a vantagem da tributação seja um ganho considerável. Mas é isto que acontece com a maioria? A maioria tem condições de com o que ganha mês a mês cuidar dos infortúnios indesejados, como, por exemplo, uma doença prolongada? E a aposentadoria? E as férias? E o repouso semanal remunerado?

É o que o juiz examinará, caso a caso, como tem sido feito até hoje.

Não foi o juiz quem fez a lei.

9. Conclusão

Como foi dito, a cultura é o acréscimo que o trabalho humano faz à natureza.

O trabalho, assim, tem sempre a força do social, na medida que ele é substancialmente complementar, como também já foi pontuado. Ele tem a marca da dignidade humana. Por isto o Papa João Paulo II, nas comemorações dos 90 anos da *Rerum Novarum*, disse que os movimentos operários do século XIX surgiram como reação "contra a degradação do homem como sujeito do trabalho e contra a exploração inaudita que a acompanhava, no campo dos lucros, das condições de trabalho e de previdência para a pessoa do trabalhador."[19]

Nesta linha, foi feita longa apreciação sobre a evolução do Direito do Trabalho como instrumento de humanização do capitalismo, o que aconteceu, com intervenção estatal, em ordem à justiça social.

Caminhou-se para o Estado do Bem-Estar Social, que passou a ser questionado a partir do esfacelamento do império soviético.

E nos últimos anos estas conquistas passaram a ser questionadas e o Direito do Trabalho passou a ter como objetivo não mais a pessoa do trabalhador, mas a saúde das empresas. Passamos a conviver com naturalidade — como se fosse uma fatalidade — com o desemprego e com a precarização do trabalho humano.

Resta dizer que na medida em que se pretende que o Direito do Trabalho restabeleça a liberdade formal para o contrato, que deve ser sacralizado, o Direito Civil voltou-se para o social, quebrando até a regra do *"pacta sunt servanda"*.

Sinal dos tempos!

Mas este encontro em Angra dos Reis, em clima de absoluta liberdade de pensamento, nos conduz à esperança de que há luz no fim do túnel.

Deve ser recordada a lição do prof. Juan Antonio Sagardoy Bengoechea, tratando das relações de trabalho no novo milênio:

> *Lo más importante de todo este haz de derechos es su delimitación cara a lo que supone el contrato de trabajo. La continua tensión entre los derechos de unos y de otros*

(trabajadores e empresarios) es la clave de la solución de los problemas de colisión. El empresario tiene unos derechos, a nivel constitucional, que deben ser respetados. Pero debe dejarse constancia de que el arrendamiento de fuerza de trabajo se produce um compromisso de la propria persona que no puede privale de sus derechos fundamentales.

La idea motriz de las relaciones laborales en el futuro debe ser la adecuación de los intereses de los trabajadores y de la empresa.[20]

Mas é preciso sempre ouvir as palavras seguras do jovem juiz e jurista Reginaldo Melhado, que, partindo do conflito latente entre o capital e o trabalho, assim coloca os desafios que deveremos enfrentar:

> Preocupados em fundamentar cientificamente as transformações do capitalismo da era da mundialização (...) juristas repensam o âmago da construção teórica do direito do trabalho: o conceito de subordinação. Chega-se mesmo a articular um conceito de parassubordinação, com o fim de sustentar o esvaecimento do poder do capital sobre o trabalho, argumentando com: a) maior capacitação intelectual dos trabalhadores da era tecnológica e; b) as limitações do controle direto sobre o trabalho diante das novas formas jurídicas de prestação de serviços.
>
> Este discurso jurídico é falso. Em realidade, as novas formas de organização da produção capitalista e os novos paradigmas do trabalho marcam a passagem da subordinação convencional para a sujeição *high-tech*. Os novos *standards* de relações de trabalho não levarão a um enfraquecimento do poder do capital sobre o trabalho, senão o contrário.[21]

Que tenhamos a humildade de nunca nos esquecermos de que a descoberta da verdade carece da submissão de nossa inteligência ao objeto estudado. E esta verdade conduz à luta para que a economia esteja submetida à valorização de toda a humanidade, para que o progresso se justifique e valha a pena.

O debate está lançado!

Angra dos Reis, agosto/2006.

Notas

1. *Direito Civil*, Saraiva, 28ª Ed., 2002, p.11.
2. *Questões de Responsabilidade Civil*, Cejup, Belém-PA, 1990, p. 35.
3. *Direitos do Consumidor*, Forense, 2000, p. 7.
4. Mundo do Trabalho, Paz e Terra, 2ª ed., 1988, p. 411/412.

5. *Capitalismo, Trabalho e Emprego – Entre o Paradigma da Destruição e os Caminhos de Reconstrução*, Ltr, Jan. 2006, p. 126.
6. Op. Cit., p. 79.
7. "A Cidadania Para Todos", in *Hstória da cidadania*, Jaime Pinsky e Carla Bassanesi Pinsky (orgs.), Contexto, 2003, p. 241.
8. "Adeus a Tudo Aquilo", in *Depois da queda*, Robin Blackburn (org.), Paz e Terra, 2ª ed., 1993, p. 103.
9. Boris Fausto, in *Getúlio*, Cia das Letras, 2006, p. 49s.
10. *A classe operária no Brasil – 1899-1930*, Alfa-Omega, São Paulo, 1979, p. 16.
11 "A Sentença Normativa", in *Processo do Trabalho, Estudos em Memória de Coqueiro Costa*, Prof. Hugo Gueiros Bernardes (org.), Ltr, 1989, p. 184.
12. "Direito ao Trabalho – Da obrigação à conseqüência", in *história da cidadania*, Jaime Pinsky (org.), Contexto, 2004, p. 108.
13. "MP do Bem, Breves Comentários sobre a Lei nº 11.196/2005", in http.www.escritórioonline.com/webnews/noticia, 12/8/06.
14. "A Contratação de Pessoa Física como Jurídica", in *JTb Jornal Trabalhista*, Consulex, Ano XXIII, nº 1.123, 12/6/2006.
15. "Contratação de Serviços Intelectuais por Meio de Pessoa Jurídica: Mitos e Realidades, in *Revista do Advogado* (AASP — Homenagem Octávio Bueno Magano, nº 86, jul./2006, p. 5762.
16. "Tratamento Mais Favorável e o Art.4º, n. 1, do Código do Trabalho: O Fim de um Princípio", in *A Reforma do Código do Trabalho, et al*, Coimbra, 2004, p. 121.
17. Ltr. 2003, p. 276.
18. *Op. cit.*, p. 278.
19. *Carta encíclica sobre o trabalho humano*, Loyola, item 8, cap. II.
20. *Las Relaciones Laborales em Espana* – 1973-2003, Cinca e Fundación Sagardoy, Madrid, 2004, p. 255.
21. *Metamorfoses do Capital e do Trabalho*, LTr, 2006, p.166.

Contratação de Trabalho Artístico Através de Pessoa Jurídica

VICTOR RUSSOMANO JÚNIOR
Advogado

Sumário

1. Esforço hermenêutico permanente
2. Uns e outros
3. Disciplina legal
4. Conclusão básica
5. Pássaros e o universo
6. Elemento central
7. Pequenas misérias
8. Legítima defesa
9. Terceirização inexistente
10. Particularidades
11. Um poeta anônimo

1. Esforço hermenêutico permanente

Matéria e energia curvam o espaço-tempo, a velocidade diminui o tempo e a massa é encurtada no sentido do movimento.

Isto significa que um ser em deslocamento acentuado terá o tempo diminuído e a massa encurtada, relativamente a um estático.

Aquele em movimento não perceberá, todavia, a diminuição do tempo, porque todos os processos físicos, biológicos e mentais (pensamento, inclusive) terão a mesma conseqüência.

O mesmo estará, por este motivo, sendo transformado em uma panqueca imbecilizada, mas não o perceberá.

O jurista, vinculado exclusivamente à literalidade de textos legais editados em realidade socioeconômica totalmente diferente e, sob muitos aspectos, ultrapassada, não percebendo a passagem do tempo e alheio à modificação das condições econômicas, sociais e tecnológicas, estará em situação equivalente.

O jurista — para merecer tal nome — não pode estar submetido a este processo de achatamento mental. O texto escrito pelo legislador resulta de uma determinada realidade fática e social. As transmutações da sociedade e dos fatos, em particular, obrigam o intérprete das leis a um meticuloso trabalho da adaptação, justaposição e aplicação da lei editada às novas condições históricas e existenciais.

Nesse sentido, a teoria da hermenêutica jurídica há muito tempo — discorrendo sobre o processo intelectual de descoberta da *mens legis* — afirma que o intérprete não deve limitar-se à aplicação da lei segundo aquilo que o legislador "quis" quando a escreveu, mas, sim, segundo aquilo que o legislador "quereria" no momento social, político e cultural em que a lei deve ser aplicada.

É o ajustamento, progressivo e inteligente, da lei nascida de fatos sociais antigos ou recentes aos fatos novos, supervenientes e atuais.

Uma justaposição racionalizada entre o ontem e o hoje do mundo jurídico-social.

2. Uns e outros

Este desconhecimento da realidade mutante é detectável na legislação trabalhista, em si e o é em dois sentidos diversos:

a) A mesma, editada em tempos remotos, há de ser aplicada e interpretada, inclusive quanto ao art. 9º/CLT, face aos elementos modificados da realidade socioeconômica, cultural e tecnológica.

Impossível é, para fins de estabelecer fraude, utilizar princípios iguais em se tratando de trabalhadores com total diferenciação quanto ao conhecimento das conseqüências dos atos praticados.

A caracterização da fraude, no plano trabalhista, como no plano civil, sempre foi estabelecida tendo em vista o nível mental e cultural da parte. Ou seja, quanto mais refinado este nível, mais difícil de se caracterizar a fraude, pois, psicologicamente, a percepção da parte prejudicada, sendo mais aguda, dela se pode inteirar facilmente, medindo os efeitos do ato fraudulento contra ela praticado.

A fraude é vício de consentimento que, na Teoria Geral do Direito, como todos os demais vícios de consentimento, precisa ser provada.

No Direito do Trabalho, algumas vezes, tem-se admitido a "presunção" de fraude, pela insuficiência cultural do trabalhador, considerado no sentido de "arquétipo platônico" da classe operária, o que se torna, cientificamente, difícil de fazer, em relação a trabalhadores culturalmente categorizados.

Resta, sim, no art. 9º/CLT, quanto à fraude, uma única originalidade que, expressamente, é admitida independentemente das condições pessoais do trabalhador prejudicado: a Teoria Geral do Direito atribui a todos os vícios de consentimento o efeito de anulabilidade do ato jurídico e o Direito do Trabalho brasileiro, nos atos práticos em fraude à lei expressa, atribui ao vício de consentimento por fraude o efeito maior de nulidade absoluta do ato realizado.

Tal exceção não resulta, porém, na possibilidade de abandonar o princípio, retro-referido, de que, na avaliação concreta da fraude à lei, o juiz ou qualquer intérprete da lei trabalhista brasileira possa descartar a avaliação das condições pessoais da parte prejudicada, as quais possibilitam a percepção fácil da intenção fraudulenta da parte contrária e, por isso mesmo, lhe permitem recusar o que seja contrário à lei ou aos seus interesses profissionais.

As condições pessoais do trabalhador, no caso vertente, têm o condão de oferecer ao intérprete elementos para apurar a existência da fraude, enquanto o artigo 9º/CLT, que fixa os limites dos efeitos respectivos, tem aplicabilidade à totalidade dos trabalhadores, caso comprovada a fraude, independentemente das condições pessoais.

A avaliação da existência de fraude, assim, há de ser efetuada sob a ótica das condições culturais e profissionais do trabalhador e isso não implica excluir a incidência do princípio isonômico, quanto aos efeitos jurídicos daquela.

b) O ordenamento jurídico-trabalhista fixa um tratamento igualitário entre trabalhadores, independentemente de nível cultural, econômico, profissional e social dos mesmos, impossibilitando a uns e outros a prática de atos e estabelecendo para ambos os mesmos efeitos jurídicos.

3. Disciplina legal

A legislação possibilita a prestação de serviços através de empresas ou pessoas jurídicas. NÃO se trata de aspecto, tema ou possibilidade legal inovatórios. A possibilidade é confirmada e não introduzida pelo art. 129 da Lei nº 11.196/05, segundo o qual:

> Para fins fiscais e previdenciários, a prestação de serviços intelectuais, inclusive os de natureza científica, artística ou cultural, em caráter personalíssimo ou não, com ou sem a designação de quaisquer obrigações a sócios ou empregados da empresa prestadora de serviços, quando por esta realizada, se sujeita tão-somente à legislação aplicável às pessoas jurídicas, sem prejuízo da observância do disposto no artigo 50 da Lei nº 10.406, de 10 de janeiro de 2002.

O artigo 50/CC fixa, por seu turno, que:

> Em caso de abuso da personalidade jurídica, caracterizado pelo desvio de finalidade, ou pela confusão patrimonial, pode o juiz decidir, a requerimento da parte, ou do Ministério Público quando lhe couber intervir no processo, que os efeitos de certas e determinadas relações de obrigações sejam estendidos aos bens particulares dos administradores ou sócios da pessoa jurídica.

O citado preceito legal, não obstante tenha finalidade precípua — fiscal e previdenciária — corrobora, inequivocamente, uma faculdade previamente existente no ordenamento jurídico e tem conseqüências no âmbito trabalhista (exclusão do vínculo empregatício, que não se estabelece, notoriamente, entre pessoas jurídicas).

4. Conclusão básica

O ordenamento jurídico possibilita a contratação de serviços, inclusive artísticos, culturais e científicos, através de pessoa jurídica.

Trata-se de possibilidade legalmente autorizada (e que ressalta, inclusive, dos princípios e ditames legais e fundamentais alusivos à livre iniciativa, auto-organização e liberdade de contratação). Tal contratação, sendo lícita, somente tem limites legalmente estabelecidos. Inclui-se, dentre estes últimos e principalmente, o ato fraudulento (art. 9º/CLT). O conceito é o mesmo, dos diretos trabalhista e comum.

As condições pessoais da pessoa que tem prejuízo são relevantíssimas para se concluir que uma das partes induziu a outra a erro jurídico, portanto, dolosamente (a fraude, por definição, é essencialmente dolosa). O encargo probatório desse dolo, a teor do art. 818/CLT, compete à parte que o articula.

A avaliação da fraude, sobretudo porque a mesma seria fraude *contra legem*, reclama comprovação plena e cabal das características essenciais do ato praticado: má-fé e dolo, a credibilidade do engano a que foi induzido o contratado etc. e, inclusive, a condição pessoal do prejudicado, quanto à possibilidade e plausibilidade fática do engano.

Não obstante sujeita a interpretações várias, a conclusão básica e irredutível que resulta do art. 129 da Lei nº 11.196/05 é a seguinte: somente o órgão jurisdicional detém competência para descaracterizar a pessoa jurídica enquanto e tal e decretar o vínculo empregatício.

5. Pássaros e o universo

Na metade do século passado, dois técnicos que tinham a incumbência de instalar uma antena refletora constataram, através da mesma, uma misteriosa radiação de fundo que permeava a totalidade do espaço. Partiram do pressuposto de que se tratava de estática elétrica causada por contaminantes de fezes de pássaros. Visando eliminá-la, desmontaram, remontaram e limparam a antenas várias e sucessivas vezes, persistindo, todavia, a estática. Os mencionados técnicos foram informados do trabalho de físicos que, nas proximidades, reelaboravam cálculos da radiação cósmica de fundo, que era o eco do *big bang*, que, pensavam os físicos, era possível detectar esquadrinhando o espaço à procura de uma fonte uniforme e isotrópica de microonda. Cristalizou-se um vínculo entre os trabalhos.

Diz-se que os técnicos, compreendendo que a radiação de fundo era o eco do *big bang* original, teriam exclamado, estupefatos: "Vimos uma montanha de titica de passarinho ou a criação do universo!"

Não é pretendida, na presente exposição, a descoberta de algo fantástico e inusitado, como a criação de uma teoria jurídica. Mas a possibilidade legal postulada e chancelada por preceitos legais (contratação de serviços artísticos, científicos e culturais) taxativos não pode ser, todavia e igualmente, reduzida a uma inutilidade.

6. Elemento central

A contratação de serviços artísticos, intelectuais e científicos é, repita-se, uma possibilidade legal. A mesma tem como limite a fraude.

A fraude não é passível de ser analisada segundo os mesmos critérios estabelecidos há décadas e para situação econômica, social, cultural e tecnologicamente distinta.

A S-403, II/TST, mesmo que implícita e analogicamente, confirma o princípio de que, em se tratando de contratação realizada por ambas as partes, com conhecimento do conteúdo e das conseqüências jurídicas do ato (acordo/contrato), é impossível afirmar a existência de dolo (fraude) unilateral

7. Pequenas misérias

Uma personagem de Anna Gavalda, próxima do fim, melancolicamente medita: "O que sobrou? Nada. Um marido morto, uma filha prostituta e um neto que nunca vinha vê-la. Quantas preocupações, quantas lembranças, era um rosário de pequenas misérias...".

O vínculo empregatício não é uma simples recordação e não está no cadafalso, muito menos no leito mortuário.

Há de ser — como o é — motivo de preocupação do operador jurídico e do legislador. Não se trata de decretar, com angústia ou entusiasmo (segundo, respectivamente, doutrinas e interesses), o término do instituto. Ainda não é chegado o tempo de tê-lo como preocupação ou lembrança pretéritas muito menos como pequena miséria (que nunca o foi) de tempos idos, que com desespero se tenta preservar. A preservação não autoriza excluir modalidades outras de contratação, compatíveis com a realidade mutante, especialmente frente a determinado contexto socioeconômico, tecnológico e cultural, distinto daquele primitivo e no qual constituída a legislação e a doutrina laboralista nacionais. Tanto assim é, que:

1. O trabalho, mesmo que através de pessoa jurídica, constitui mecanismo de inclusão social (a qual não é obtida unicamente por meio do vínculo empregatício).
2. A simples inexistência de vínculo empregatício não é equivalente, muito menos automaticamente e por si só, a trabalho precário ou subcontratação.
3. Tal modalidade de contração corresponde à prática e realidade sociais, com aumento do número de pessoas jurídicas constituídas para prestação de serviços (mais de 3.000.000, segundo dado do IBGE/2002 que, portanto, não está atualizado e é crescente), nas mais distintas áreas laborais e econômicas, tais como restaurantes, arquitetura, engenharia, informática, profissionais liberais e redatores (além de artistas).

8. Legítima defesa

A contratação através de PJ não é mecanismo de diminuição de encargos somente sob o ponto de vista empresarial. Constitui meio através do qual o próprio profissional obtém redução de encargos fiscais e análogos, via, principalmente, exclusão da alíquota de 27,5% do IR (substituída pela sistemática de tributação do lucro presumido, equivalente a aproximadamente 12%).

Um comparativo entre os encargos tributários de pessoa física e jurídica, a partir da mesma renda bruta de prestação de serviços (R$ 50.000,00), resulta em rendimentos líquidos equivalentes a, respectivamente, R$ 36.715,35 e 44. 335,00.

Mencione-se que a diminuição de encargos para ambos os contratantes possibilita, outrossim, aumento do pagamento efetuado para o artista. Ele, constituindo pessoa jurídica, tem pleno conhecimento e, além disso, interesse imediato em tal modalidade contratual, não sendo cogitável mera imposição pelo tomador dos serviços ou simples presunção de prejuízo advindo da ausência de direitos trabalhistas, tais como 13º salário, férias, FGTS etc.

Trata-se, inequivocamente, de um fato social e que, além disso, tem embasamento no ordenamento jurídico, não traduz, em si, irregularidade e é compatível com as atuais modalidades de contratação, além de cumprir o objetivo constitucional do direito ao trabalho (que não equiparável a direito ao emprego).

9. Terceirização inexistente

A terceirização não é legalmente definida e tem variada classificação e conceituação doutrinária e jurisprudencial. É possível, todavia, destas últimas, uma característica definidora.

A terceirização constitui hipótese específica na qual há, concretamente, um vínculo empregatício, mas o empregado presta serviços a empresa distinta daquela que constitui o empregador respectivo. O vínculo empregatício, usualmente linear e direto, é transformado em relacionamento triangular, porque o empregado labora para um terceiro (tomador dos serviços).

A prestação laboral é realizada perante um tomador dos serviços distintos do empregador. O vínculo empregatício não é excluído, mas o empregado terceirizado está vinculado ao prestador de serviços e não ao tomador dos mesmos.

A S-331/TST tem aplicabilidade restritiva às hipóteses em que a prestação laboral é realizada por um empregado, mas perante um tomador de serviços, distinto do empregador. Este é o elemento nodal da terceirização.

Inexiste terceirização nas várias hipóteses em que o empregado presta serviços somente para o empregador respectivo, não obstante este último mantenha vínculo contratual/obrigacional com empresa distinta, para a qual o trabalhador não labora diretamente.

Tem-se, exemplificativamente, a franquia, em que há exclusividade, submissão a fornecedores exclusivos, utilização de marca, cumprimento de critérios e parâmetros de produção/comercialização, inclusive quanto à matéria-prima e às instalações etc., e não traduz terceirização.

Há um estreito vínculo interempresarial, mas o empregado da franquia é contratado pela mesma e somente a ela presta serviços.

O trabalhador é contratado diretamente pelo empregador e a prestação laboral é para o mesmo concretizada; isto é, há obrigações que vinculam contratualmente o empregador a outras empresas, mas que não traduzem a prestação pelo empregado em estabelecimento distinto ou para tomador diferente daquele contratante.

O elemento da atividade-fim empresarial não é relevante, muito menos determinante, para efeito de contratação de serviços por meio de pessoa jurídica. Trata-se de limite à terceirização, que não está configurada no caso sob análise.

10. Particularidades

A atividade artística apresenta vários elementos que elidem a subordinação estreita e ínsita ao art. 3º da CLT e, simultaneamente, justificam a constituição de pessoas jurídicas. Destacam-se, dentre as mesmas, as seguintes:

- Alto grau de autonomia técnica, expressão e subjetividade.
- Há prestação de serviços a terceiros, notadamente em campanhas publicitárias, teatro, cinema, festas e eventos.
- Há, igualmente, propaganda de produtos pelo artista, cujas contratações e pagamentos são feitos direta e exclusivamente pela agência de publicidade.
- Muitos artistas têm marca registrada com o nome próprio, em face da visibilidade social e mercadológica.

Mas, **há mais** (confirmando-se que o trabalho artístico é específico e especial):

- A contratação é complexa e disciplina vários aspectos, inclusive direitos autorais.
- O artista é, muitas vezes, contratado para cenas isoladas e únicas ou apenas alguns capítulos.

Constata-se, assim, que se generalizam modalidades de contração distintas do vínculo empregatício, o que corresponde a uma tendência atual e internacional e que, relativamente ao trabalho artístico, tem vários motivos lógicos, práticos e jurídicos, inclusive em face das especificidades do mesmo.

Há, até mesmo e portanto, motivo prático para a contratação de serviços artísticos mediante pessoa jurídica, traduzido pelas características especialíssimas da atividade.

Mencione-se, outrossim, que pessoalidade e exclusividade, não obstante necessárias à configuração do vínculo empregatício, a este não determinam se ausente a subordinação jurídico-hierárquica.

A pessoalidade e a exclusividade são, em outras palavras, compatíveis com o trabalho autônomo e a contratação por meio de pessoa jurídica. Exemplo: um advogado, constituído como autônomo, que percebe honorários de partido, que está vinculado à cláusula de atuação pessoal (vedado o substabelecimento) e que atua há vários anos para determinada pessoa jurídica não é empregado (sendo somente se configurada a subordinação hierárquico-jurídica prevista no art. 3º da CLT).

Mas, HÁ MAIS: prevalecendo a tese tradicional e impermeável às mutações da realidade quanto ao vínculo empregatício, ter-se-iam, até mesmo, absurdos, tais como a submissão de um trabalho de criação artística ou científica (compreendendo, por exemplo, uma obra literária ou resolução de equações da física quântica) a controle de horário e outros comandos comuns da hierarquia empresarial.

11. Um poeta anônimo

O jurista Mozart Victor Russomano publicou na imprensa escrita, há poucos dias, três artigos nos quais revelou a descoberta de um poeta gaúcho e anônimo. Efetuou análise da respectiva obra poética e detectou, como característica enfática da mesma, uma extrema e angustiante melancolia, que ressalta de imediato de uma das dedicatórias: *"Estes versos foram feitos para ela, embora eu saiba que ela jamais os lerá. E se algum dia os ler, jamais saberá que lhe pertencem"*.

Um pequeno mostruário:

> Amei esta mulher apaixonadamente,
> sem limites, sem pausas e sem mágoa.
> Mas, a areia escorreu nas ampulhetas.
> Nas clepsidras já não há mais água.
>
> E hoje tremo de saudade imensa
> daquilo que outrora juntos fomos,
> sucumbindo ao pensar, só e tristonho,
> no desespero do que hoje somos.

Não podemos, operadores do direito, melancólica e saudosamente, permanecermos prisioneiros do passado. O desespero com o presente é próprio das paixões perdidas, mas não do operador do direito atento às mutações socioeconômicas e trabalhistas.

A importância do nosso passado legal e doutrinário é incontestável. Não nos podemos, todavia, nutrir, intelectualmente, de conceitos que o tempo vai tornando imprestáveis ou questionáveis. As novas realidades sociais, políticas, econômicas e morais alteram-se rapidamente e precisamos estar adestrados ao seu ritmo vertiginoso. Ou ajustamos as leis atuais a essas novas realidades, criando, através da jurisprudência ou de alterações no ordenamento jurídico, novas realidades ou marcaremos passo sobre o terreno friável das idéias superadas.

Participantes do II Simpósio Nacional de Direito do Trabalho

Ministro do STF

Gilmar Ferreira Mendes

Ministros do TST

Ronaldo José Lopes Leal
Rider Nogueira de Brito
José Luciano de Castilho Pereira
Vantuil Abdala
João Oreste Dalazen
Gelson de Azevedo
Carlos Alberto Reis de Paula
Ives Gandra da Silva Martins Filho
João Batista Brito Pereira
Maria Cristina Irigoyen Peduzzi
Alberto Luiz Bresciani de Fontan Pereira

Juízes convocados no TST

Guilherme Augusto Caputo Bastos
Josenildo dos Santos Carvalho
Jose Pedro de Camargo R. de Souza
Jose Ronald Cavalcante Soares
Luiz Antonio Lazarim
Luiz Carlos Gomes Godoi
Luiz Ronan Neves Koury

Maria de Assis Calsing
Maria Doralice Novaes
Maria do Perpetuo Socorro W. de Castro
Marcio Ribeiro do Valle

Juízes do Trabalho

Roberto Freitas Pessoa
Presidente do TRT da 5ª Região

Doris Castro Neves
Presidente da Ematra/RJ

José Nilton Ferreira Pandelot
Presidente da Anamatra

Pedro Paulo Teixeira Manus
Juiz do TRT da 2ª Região

Flávia Simões Falcão
Juíza Presidente do TRT da 10ª Região

Nelson Tomaz Braga
Desembargador do TRT da 1ª Região

Ivan Dias Rodrigues Alves
Presidente do TRT da 1ª Região

Theresa Cristina Nahas
Juíza da 61ª Vara do Trabalho de São Paulo

Maria de Lourdes D. Salaberry
Juíza do TRT da 1ª Região

Maria José Aguiar Teixeira Oliveira
Juíza do TRT da 1ª Região

Dora Maria da Costa
Juíza Presidente do TRT da 18ª Região

Ministério Público do Trabalho

Otávio Brito Lopes
Vice-procurador Geral

Sebastião Vieira Caixeta
Presidente da ANPT – Associação Nacional dos Procuradores do Trabalho

Adriane Reis de Araújo
Procuradora do MPT

Advogados

Antonio José Telles de Vasconcello Filho
Aref Assreuy Júnior
Estevão Mallet
Fernando Ximenes
Hegler José Horta Barbosa
João Mário Júnior
João Pedro Ferraz dos Passos
Leucio Leonardo
Lídia Kaoru Yamamoto
Marcus Kalfmann
Osmar Mendes Paixão Côrtes
Renata Silveira Cabral Sulz Gonsalves
Victor Russomano Júnior
Waldir Nilo Passos

ADNT – Academia Nacional de Direito do Trabalho

Arion Sayão Romita
Cássio Mesquita Barros Júnior
Floriano Correa Vaz da Silva

Georgenor de Sousa Franco Filho
João de Lima Teixeira Filho
Luiz Carlos Amorim Robortella
Nelson Mannrich
Yone Frediani
Alexandre de Souza Agra Belmonte

CEU – Centro de Extensão Universitária

Antonio Jorge Pereira Júnior
Ney Prado
Rafael Stanziona de Moraes
Ana Paula Savoia Bergamasco Diniz

Outras Autoridades

Antonio Claudio Ferreira Neto
Diretor Jurídico da TV Globo

Simone Lahorgue Nunes
Diretora Jurídica das Organizações Globo

Wagner Barroso
Diretor Jurídico do Trabalho – Globo

Leonardo Peter da Silva
Secretário Geral do CNJT

Valéria Cristina Fuxreiter Valente
Secretária-geral da Presidência – TST

Valério Augusto Freitas do Carmo
Diretor Geral de Coordenação Judiciária – TST

Michelle Patrick F. de Moraes
Assessora de Ministro do TST

Cleusa Adelaide Moreira Marino
Elisa Aparecida Batista César da Luz
Chefes de Serviço de Gabinete de Ministro do TST

André Luiz I. A de Oliveira Luz
Comunicação Social do TST

Rodolfo Machado Moura
Abert

Maria Fernanda Erdelyi
Revista Consultor Jurídico

Cadastre-se e receba informações sobre nossos lançamentos, novidades e promoções.

Para obter informações sobre lançamentos e novidades da Campus/Elsevier, dentro dos assuntos do seu interesse, basta cadastrar-se no nosso site. É rápido e fácil. Além do catálogo completo on-line, nosso site possui avançado sistema de buscas para consultas, por autor, título ou assunto. Você vai ter acesso às mais importantes publicações sobre Profissional Negócios, Profissional Tecnologia, Universitários, Educação/Referência e Desenvolvimento Pessoal.

Nosso site conta com módulo de segurança de última geração para suas compras.
Tudo ao seu alcance, 24 horas por dia.
Clique www.campus.com.br e fique sempre bem informado.

www.campus.com.br
É rápido e fácil. Cadastre-se agora.

Outras maneiras fáceis de receber informações sobre nossos lançamentos e ficar atualizado.

- ligue grátis: **0800-265340** (2ª a 6ª feira, das 8:00 h às 18:30 h)
- preencha o cupom e envie pelos correios (o selo será pago pela editora)
- ou mande um e-mail para: **info@elsevier.com.br**

Nome: _____
Escolaridade: _____ ☐ Masc ☐ Fem Nasc: __/__/__
Endereço residencial: _____
Bairro: _____ Cidade: _____ Estado: _____
CEP: _____ Tel.: _____ Fax: _____
Empresa: _____
CPF/CNPJ: _____ e-mail: _____
Costuma comprar livros através de: ☐ Livrarias ☐ Feiras e eventos ☐ Mala direta
                                   ☐ Internet

Sua área de interesse é:

☐ **UNIVERSITÁRIOS**
☐ Administração
☐ Computação
☐ Economia
☐ Comunicação
☐ Engenharia
☐ Estatística
☐ Física
☐ Turismo
☐ Psicologia

☐ **EDUCAÇÃO/REFERÊNCIA**
☐ Idiomas
☐ Dicionários
☐ Gramáticas
☐ Soc. e Política
☐ Div. Científica

☐ **PROFISSIONAL**
☐ Tecnologia
☐ Negócios

☐ **DESENVOLVIMENTO PESSOAL**
☐ Educação Familiar
☐ Finanças Pessoais
☐ Qualidade de Vida
☐ Comportamento
☐ Motivação

20299-999 - Rio de Janeiro - RJ

O SELO SERÁ PAGO POR
Elsevier Editora Ltda

CARTÃO RESPOSTA
Não é necessário selar

Cartão Resposta
050120048-7/2003-DR/RJ
Elsevier Editora Ltda
CORREIOS